高等院校**会计学**
新形态系列教材

财务大数据
分析与可视化

◆ 微课版 ◆

王新玲　苏秀花　李静◎编著

人民邮电出版社

北京

图书在版编目（ＣＩＰ）数据

财务大数据分析与可视化 ：微课版 / 王新玲，苏秀花，李静编著. -- 北京 ：人民邮电出版社，2024.3

高等院校会计学新形态系列教材

ISBN 978-7-115-63239-5

Ⅰ．①财… Ⅱ．①王… ②苏… ③李… Ⅲ．①会计分析－可视化软件－高等学校－教材 Ⅳ．①F231.2-39

中国国家版本馆CIP数据核字(2023)第232748号

内 容 提 要

本书选用微软 Power BI 为数据分析工具，将 10 个项目划分为应用入门、进阶提升和财务综合应用三个循序渐进的学习阶段。应用入门包括认知财务大数据与可视化分析、Power BI 初体验、Power BI 数据获取与整理、Power BI 数据建模和 Power BI 数据可视化 5 个项目；进阶提升包括学习 Power BI 动态交互、数据可视化分析实战和爬虫案例分析 3 个项目；财务综合应用包括财务数据可视化综合分析和应收账款数据可视化分析 2 个项目。

本书结构合理、案例丰富、内容详尽、教学资源齐全，适合作为本科和高职财经类专业开设"财务大数据可视化分析""可视化智能分析""大数据与智能财务"等课程的配套教材，也适合作为学习数据分析的在职人员的参考读物。

◆ 编　著　王新玲　苏秀花　李静

　　责任编辑　刘向荣

　　责任印制　胡　南

◆ 人民邮电出版社出版发行　　北京市丰台区成寿寺路 11 号

　　邮编　100164　　电子邮件　315@ptpress.com.cn

　　网址　https://www.ptpress.com.cn

　　三河市君旺印务有限公司印刷

◆ 开本：787×1092　1/16

　　印张：14.25　　　　　　　　2024 年 3 月第 1 版

　　字数：364 千字　　　　　　2025 年 6 月河北第 4 次印刷

定价：59.80 元

读者服务热线：(010)81055256　印装质量热线：(010)81055316

反盗版热线：(010)81055315

前言
PREFACE

随着大数据时代的到来，每个组织都认识到数据中蕴含着巨大的商业价值，"数据是一项重要资产"已成为全社会的共识。面对坐拥的海量数据，该如何提取出对组织有价值的信息呢？无疑，能让数据变现的关键要素是人。因此，数据分析能力成为我们在数字化时代的必备技能。

正是洞察到数字化时代的人才需求，目前，各高校相继开设了"财务大数据可视化分析""可视化智能分析""数据挖掘与分析""大数据与智能财务"等相关课程，结合学科定位介绍 BI、Python 等数据分析工具的应用。本书选用微软 Power BI 为数据分析工具，将学习过程划分为应用入门、进阶提升和财务综合应用三个学习阶段。每个学习阶段的教学目标和内容安排列示于表 1 中。

表 1   学习安排

阶段	目标	项目
应用入门	了解财务大数据、数据分析及 Power BI 基本知识，通过一个数据可视化综合案例体验 Power BI 的魅力，激发学习兴趣。掌握数据获取、数据清洗、数据可视化的技术	项目一　认知财务大数据与可视化分析 项目二　Power BI 初体验 项目三　Power BI 数据获取与整理 项目四　Power BI 数据建模 项目五　Power BI 数据可视化
进阶提升	从 Power BI 技术和业务应用两个方面介绍了进阶内容。技术方面包括动态交互、报表设计；业务方面包括产品战略分析、排名分析、帕累托分析和爬虫案例分析	项目六　学习 Power BI 动态交互 项目七　数据可视化分析实战 项目八　爬虫案例分析
财务综合应用	在掌握 Power BI 基本应用的基础上，聚焦到财务应用领域，用 Power BI 分析工具来解决现实管理问题，提高综合分析问题、解决问题的能力	项目九　财务数据可视化综合分析 项目十　应收账款数据可视化分析

本书特点如下。

1. 目标明确，定位清晰

每个项目都列示了明确的项目目标，提示了完成本项目学习应达成的知识、技能目标。整体项目编排遵循循序渐进的学习规律，内容设计满足经济管理类学员工作所需。

2. 理论简明，突出实操

每个项目都包括基本知识和若干实训。基本知识中对基本概念、一般方法做了简要说明；每个项目的实训设计都环环相扣。实训练习深化读者对基本知识的理解，提高读者的动手能力。

3. 面向应用，注重实效

无论是实训案例的选择，还是可视化项目实战、财务综合应用、通关测试大案例，都精选了不同的财务工作应用场景，贴近工作实际，代入感强。

4. 校企联手，共创精品

本书创作团队既有在高校拥有多年教学经验的教师，也有来自一线的数据分析人员，校企联合能够充分发挥各自的专业优势和业务能力，确保案例生动、务实。

5. 资源丰富，助力教学

本书配套了丰富的教学资源，包括源文件、结果文件、PPT 课件、教学大纲、教案、微课视频等。

本书由天津财经大学王新玲、苏秀花和李静共同编写。

对于新生事物，必然要经过从入门到提升的过程，有万千伙伴陪伴，互相指点借鉴不亦乐乎。我们为本书特别准备了 QQ 教师交流群（QQ 群号：172985790），关于使用本书遇到的任何问题都可以提交到交流群讨论，也期待收到同行及专家的改进建议。

由于编者水平有限，书中难免存在疏漏，敬请同行和广大读者批评指正。

作　者
2024 年 1 月

目录
CONTENTS

项目一

认知财务大数据与可视化分析

知识目标

1. 了解财务大数据的概念及构成。
2. 了解数据分析的基本流程和工具。
3. 熟悉 Power BI Desktop 的工作环境。

技能目标

1. 学会识别个人计算机的系统类型。
2. 学会下载和安装 Power BI Desktop。

素养目标

1. 了解我国大数据战略。
2. 认识数据分析对于未来职业发展的重要性。

了解我国的大数据
战略

任务一　认知财务大数据

一、源起数据的智慧

"用数据说话"是商务人士经常挂在嘴边的一句话。大千世界，每天都在产生巨量数据，每个人都在使用各种各样的数据，数据已经构成了一项重要的资源。

1．数据

万物皆可被记录。数据是人们用来描述客观事物的可鉴别的符号，可以是数字、文字、声音和图像。

描述对象的过程就是将对象抽象为一个个属性，如描述某人，通常用身高、体重、性别等属性。属性是可以被度量的，如身高"180"、性别"男"。描述属性的过程就是量化的过程，也是建模的基础。

2．信息

经过加工对客观世界产生影响的数据称为信息。信息是一种经过选摘、分析、综合的数据。例如，企业日常发生的购销存业务数据、生产数据等经过加工整理形成会计账簿和财务报表后就成为能够影响管理层、投资人和债权人的会计信息。

3．知识

知识是人类在实践中认识客观世界包括人类自身的成果，是人类从各种途径中获得的经过总结与凝练的系统认识。知识包括事实、信息的描述，以及在教育和实践中获得的经验和技能。

4．智慧

智慧是生命所具有的高级创造思维能力，包含对自然与人文的感知、记忆、理解、分析、判断、升华等所有能力。在我们的日常生活中，智慧体现为更好地解决问题的能力。

以上四者之间，数据是对客观事实的忠实记录，信息为人们提供了认识问题本质的观测角度，知识助力我们寻求解决问题的不同途径，智慧让我们具有解决问题的综合能力。四者的关系总结如图 1-1 所示。

希望通过这门课程的学习，大家拥有数据获取和处理的基本能力，积累数据可视化分析的实战经验，提升发现问题—确定方法—解决问题的综合能力。

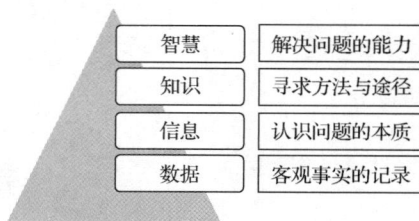

智慧	解决问题的能力
知识	寻求方法与途径
信息	认识问题的本质
数据	客观事实的记录

图 1-1　数据、信息、知识与智慧

二、大数据

大数据（Big Data）也称巨量数据，是指其数据规模巨大到无法通过人工或常规工具在合理时间内完成捕获、管理和处理的数据集合。

国务院 2015 年印发的《促进大数据发展行动纲要》中指出：大数据是以容量大、类型多、存取速度快、应用价值高为主要特征的数据集合。

大数据的四个基本特征可以用 4V 来表述：数据体量大（Volume）、数据种类多（Variety）、处理速度快（Velocity）、商业价值高（Value）。

三、财务大数据

1．财务数据

财务数据是对在企业生产经营过程中涉及价值变动的部分进行记录、计算、汇总而产生的数据，主要包括财务账簿、财务报表，以及企业的各项指标分析数据。

2．财务大数据

企业经营受到国际形势、国家宏观政策和经济环境的影响，要严格遵守相关政策、法律法规，还要考虑同业竞争以及供应链企业、自身资源的限制。传统的分析方法和分析工具不足以支撑对海量数据的获取，更不能按照决策者的信息需求对数据进行深入挖掘和深度分析，导致传统的财务数据仅是对企业经营状况的反映。

财务大数据是利用大数据技术，不仅从企业内部管理信息系统中获取企业经营数据，还从各种数据库、政府网站、上下游合作伙伴、Web 上获取外部数据而形成的海量数据集。

常见财务数据来源如表 1-1 所示。

表 1-1 　　　　　　　　　　　　　　　　　常见财务数据来源

数据分类	网站
宏观经济数据	国家统计局 中国经济信息网
金融统计数据	中国人民银行
财政数据	财政部
税务政策	国家税务总局
证券市场交易信息	上海证券交易所 深圳证券交易所 北京证券交易所
财经网站	新浪财经 网易财经 巨潮资讯
商业数据库	国泰安数据库 CSMAR 锐思数据库 RESSET 万得数据库 Wind

另外，还有以网页新闻、论坛发言、发帖、评论等形式存在的碎片化信息。

任务二　认知数据分析

一、数据分析流程

数据分析通常需要遵循以下步骤，如图 1-2 所示。

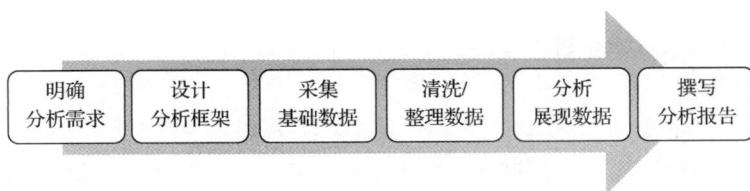

明确
分析需求　设计
分析框架　采集
基础数据　清洗/
整理数据　分析
展现数据　撰写
分析报告

图 1-2　数据分析的流程

1．明确分析需求

明确分析需求是数据分析的起点。明确分析需求就是确定数据分析的目的，明确分析的主题。

2．设计分析框架

分析需求明确之后，需要设计开展数据分析的整体框架。具体包括：从哪些维度展开分析？采用什么方法进行数据分析？使用哪些指标阐释问题？采用何种形式来呈现结果？

3．采集基础数据

这是指根据确定的分析主题，利用各种数据采集技术从多种渠道收集数据分析的相关数据。

传统的数据采集和大数据采集在数据来源、数据类型和数据存储上都体现了不同。大数据采集具有全面性、多维性、高效性的特点；数据源包括所有格式的传感器数据、互联网数据、日志文件、企业业务系统数据、办公文档、文本、图片、各类报表、图像、音频、视频等信息。企业可以借助数据仓库技术（Extract-Transform-Load，ETL）工具，把分散在不同位置的数据加载到企业数据仓库中。

4．清洗（整理）数据

数据清洗是对采集到的数据进行识别，按照数据规范化的要求进行整理。需要清洗的数据包括：残缺数据、错误数据、重复数据、空值等不规范的数据。数据清洗的内容是对数据的一致性进行检查、对无效值和缺失值进行处理，使其满足下一阶段数据分析的要求。

5．分析展现数据

在完成数据清洗的基础上构建数据模型，建立数据表之间的关联，进行指标计算、数据挖掘。利用数据分析工具针对预先设定的分析主题，从不同的分析维度、选择适当的形式对各项指标进行展现。可视化图形是最直观的展现方式之一，能够帮助并启发管理者发现问题。

6．撰写分析报告

数据分析的目标是通过历史和现状分析，发现问题；定位问题原因，制定针对性措施加以改进，以期得到管理改善。而这些都可通过分析报告呈现。

二、数据分析工具

数据分析工具的种类比较多，业务场景不同，使用的工具也有所区别，一款好的数据分析工具可以帮助我们提高数据处理的效率。目前，常用的数据分析工具有以下几款。

1．Excel

作为 Office 家族的重要成员，通用表格处理软件 Excel 是最基础的数据分析工具。

Excel 可以满足绝大部分数据分析工作的需求，同时易学易用，但其能够处理的数据量是一定的，因此在大数据处理中难当大任。

2．SQL

SQL 可以说是从事数据分析相关岗位的人员都要掌握的工具，其入门相对比较简单，SQL常用于数据的增删改查。

3．Python

Python 是一种面向对象、解释型计算机程序设计语言。它的语法简洁清晰，具有强大的编程能力。Python 在爬虫、数据分析和数据可视化等方面都表现出色。

4. BI 工具

BI（Business Intelligence，商业智能）工具是按照数据分析的流程进行设计的，BI 是为数据分析而生的。Tableau、Power BI、FineBI、Smartbi 都属于 BI。

任务三　认知可视化数据分析工具 Power BI

一、了解 Power BI

1. Power BI 是什么

BI 采用现代信息技术，包括数据仓库技术、线上分析处理技术、数据挖掘和数据展现技术进行数据分析，以实现商业价值。BI 的核心是业务分析和优化，目前 BI 应用已经遍及社会生活的各个领域。

Power BI 是微软公司推出的一款可视化智能软件。因其易获得、易使用得以迅速普及，成为市场占有率最高的 BI 产品之一。

Power BI 的主要功能如下。

（1）轻松获取及清洗数据

Power BI 可以轻松连接多种数据源，完成对不同数据类型的数据采集，将非结构化数据转换为结构化数据，提供多种便捷方法清洗数据，为进一步分析做好数据准备。

（2）强大的数据分析及可视化展现

Power BI 提供自助服务，可以方便地进行数据建模、多维度的数据挖掘和分析，并对分析结果进行可视化展现。

（3）共享协作机制

Power BI 可将制作的可视化报表通过发布分享给团队成员，或将报表嵌入应用或网站，以便于工作协同，提高效率。

（4）移动端动态信息查阅

在移动应用广为普及的当下，Power BI 可实现用户在移动设备上随时随地查阅相关动态信息，便于快速决策。

2. Power BI 的产品体系

Power BI 产品体系包括桌面应用 Power BI Desktop、联机应用 Power BI Service 和移动应用 Power BI Mobile。简要说明如下。

（1）Power BI Desktop

Power BI Desktop 是 Power BI 的桌面应用程序。Power BI Desktop 处在 Power BI 工作流程的最前端。该产品本身免费，但如果用户要将创建的可视化报表发布到 Power BI 服务中进行共享，则需要订阅 Power BI 服务。目前微软中国网站提供一定时长的免费试用期。

（2）Power BI Service

Power BI Service 包括 Power BI Pro（专业版）和 Power BI Premium（增值版）两款。

Power BI Pro（专业版）适用于中小企业应用。

Power BI Premium（增值版）适用于对数据分析有较高要求的大中型企业，以及基于 Power BI 进行二次开发的企业。

（3）Power BI Mobile

Power BI 提供 Windows、iOS 和 Android 版的移动应用，用户可在任意移动设备上安全访问和实时查看 Power BI 仪表盘和报表，真正做到直接从移动端监视业务、访问存储在 SQL Server 的本地数据或云端数据。

3. Power BI 的应用流程

在 Power BI 的一般应用流程中可以体会 Power BI 各应用程序之间的关联。Power BI 的一般应用流程如图 1-3 所示。

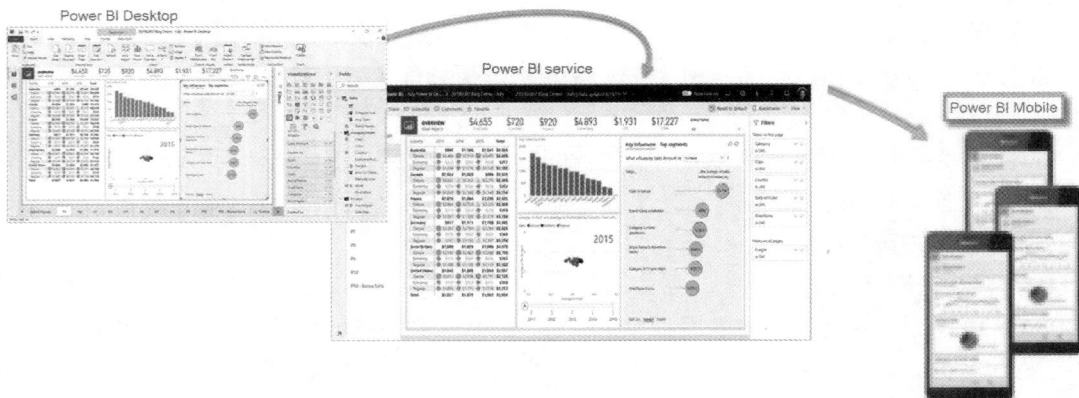

图 1-3　Power BI 的一般应用流程

（1）将数据导入 Power BI Desktop。

（2）在 Power BI Desktop 中整理转换数据并创建发布报告。

（3）发布到 Power BI Service，可在 Power BI Service 中创建新的可视化效果或构建仪表板，并对报表或仪表板进行发布和共享。

（4）通过网页或移动端查看仪表板、报表，从而进行交互。

二、准备 Power BI 实训环境

Power BI Desktop 下载和安装有两条途径：一是从微软应用商店中下载应用；二是通过微软官网下载。

1. 从微软应用商店中直接安装

如果个人计算机的操作系统是 Windows10、Windows11，则可以从微软应用商店中直接安装。

【实训 1-1】从微软应用商店中直接安装

① 执行"开始"|"所有应用"|"Microsoft Store"命令，进入微软应用商店窗口。

② 在搜索框中输入"Power BI Desktop"，找到该应用程序，单击"获取"按钮，后台会自动下载并安装。

Power BI Desktop 更新频率较高，从微软应用商店直接安装后，后台可以随版本更新自动升级，使用户随时享用最新技术成果。

2. 通过微软官网下载并安装

微软 Power BI Desktop 是一款完全免费的产品，用户可自行下载并安装在本地计算机中。

【实训 1-2】从微软官网下载 Power BI Desktop

① 登录微软 Power BI 主页，从"产品"菜单中选择"Power BI Desktop"，进入产品介绍界面。

② 单击"免费下载"右侧的"查看下载或语言选项"，如图 1-4 所示，进入下载中心界面。在"选择语言"下拉列表中选择"中文 (简体)"选项。

图 1-4　单击"查看下载或语言选项"

③ 单击"下载"，进入"选择您想要的下载"界面，如图 1-5 所示。

选择您想要的下载	
文件名	大小
PBIDesktopSetup_x64.exe	377.2 兆字节
PBIDesktopSetup.exe	341.9 兆字节

图 1-5　选择要下载的程序

如果你的操作系统是 64 位的，则选中"PBIDesktopSetup_x64.exe"复选框；如果你的操作系统是 32 位的，则选中"PBIDesktopSetup.exe"复选框。

④ 单击"下一个"按钮，将安装程序下载至默认路径。

⑤ 双击安装文件，系统即可自动安装。

无论采用哪种安装方式，安装完成后，桌面上都会创建快捷方式，双击该快捷方式即可启动 Power BI Desktop 应用程序。

三、认识 Power BI Desktop 的工作界面

Power BI Desktop 的工作界面主要由菜单栏、视图、画布和报表编辑器几个部分组成，如图 1-6 所示。

图 1-6　Power BI Desktop 的工作界面

1. 菜单栏

菜单栏位于工作界面最上方，沿袭了 Office 套件的一贯风格，分为主菜单和功能区两部分。

主菜单包括"文件""主页""插入""建模""视图""优化"和"帮助"菜单。选中某个菜单，在功能区中便可看到该菜单下的所有功能，并以功能图标的方式展现。当鼠标指针停留在某个功能图标处时，系统会给出该功能的简要说明。

2. 视图

Power BI Desktop 工作界面的左侧为视图部分。Power BI Desktop 提供了报表视图、表格视图（也称数据视图）和模型视图三种不同的视图展现方式。

（1）报表视图

报表视图是默认的视图，如图 1-7 所示。在报表视图中，用户可以在画布上创建可视化图表。可视化图表可以包含文本、图形等各种可视化对象。用户还可以创建新的表页，每一表页的初始状态就是一张空白的画布。

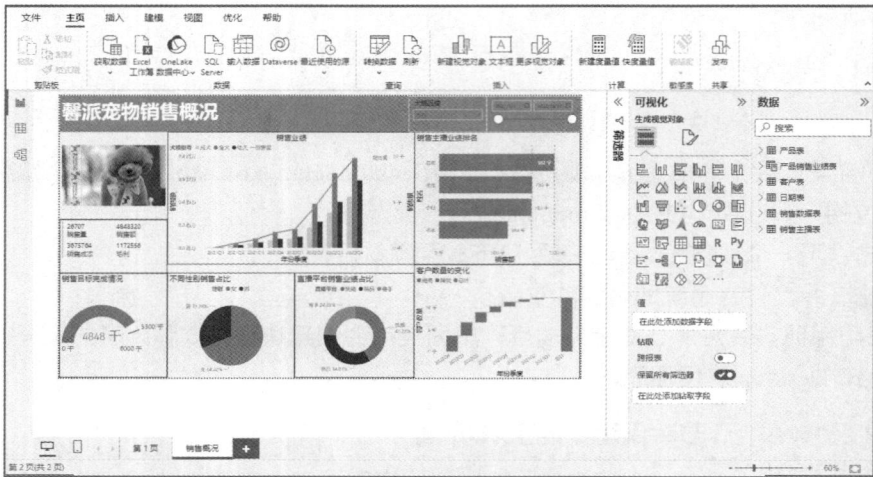

图 1-7 报表视图

（2）表格视图

表格视图中显示用于生成可视化图表的数据，如图 1-8 所示。在数据视图下，用户可以方便地对数据进行浏览、检查、清洗、创建度量值等操作。

图 1-8 表格视图

（3）模型视图

模型视图也称为关系视图，用于建立或查看当前模型中表与表之间的关联，如图1-9所示。

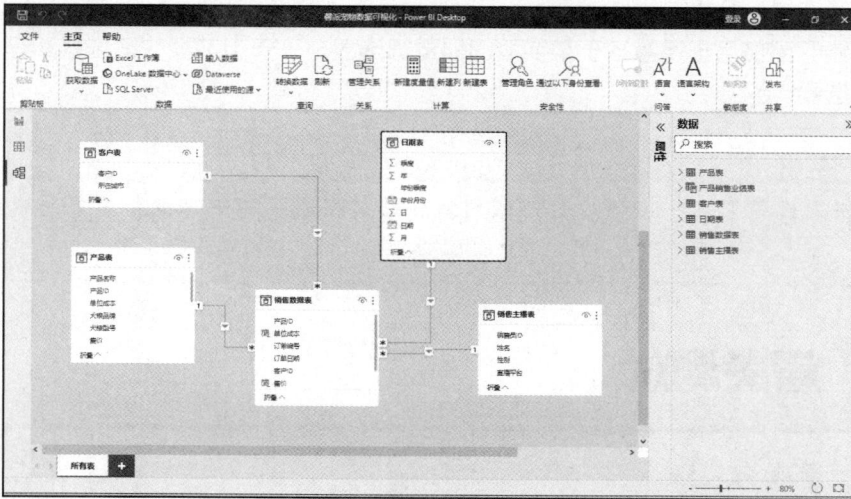

图1-9　模型视图

3. 画布

用户在画布上可以创建、叠加和展现可视化效果。

画布下方为页标签，标注了"第1页"，用户可以单击 ✚ 按钮创建新页。

4. 报表编辑器

Power BI Desktop 工作界面的右侧为报表编辑器，它由"筛选器""可视化"和"数据"三个窗格组成。

（1）"可视化"窗格

"可视化"窗格用于选择可视化图表的类型，如堆积柱形图、卡片图、表、切片器等，如图1-10所示。

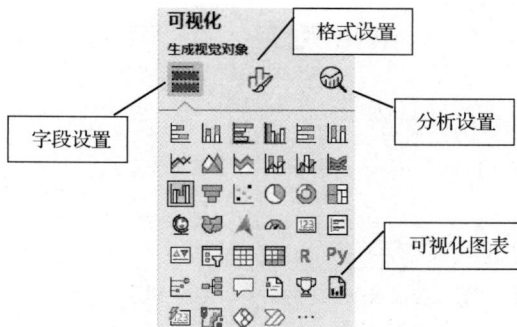

图1-10　"可视化"窗格

在可视化图表类型上方有三个按钮，分别用于对可视化对象进行字段设置、格式设置和分析设置。

（2）"数据"窗格

"数据"窗格中显示数据模型中的表、字段和度量值。用户可以从"数据"窗格中拖动字段到画布或者拖动到"可视化"窗格中创建可视化报表；也可以拖动到"筛选器"窗格中构建筛选条件。

（3）"筛选器"窗格

"筛选器"窗格用于设置基于某字段的视觉筛选器、基于当前页的筛选器和基于本文件所有页面的筛选器。

> **提示**
>
> ● 报表编辑器各个窗格中显示的内容会随着报表画布中可视化对象的不同而发生变化。

🏆 通关测试

一、判断题

1. 数据是人们用来描述客观事物的可鉴别的符号，可以是数字、文字、声音和图像。
（　　）

2. 从微软应用商店中获取的 Power BI 能随版本更新自动升级。　　　　（　　）

3. Power BI Desktop 工作界面的左侧为报表编辑器。　　　　　　　　（　　）

二、单选题

1. 大数据有四个基本特征，用（　　）来描述。

　　A. 4Q　　　　　　B. 4W　　　　　　　C. 4C　　　　　　　　D. 4V

2. 数据分析的首要步骤是（　　）。

　　A. 明确分析需求　　　　　　　　　B. 设计分析框架

　　C. 采集基础数据　　　　　　　　　D. 数据分析展现

3. 视频属于（　　）。

　　A. 结构化数据　　B. 非结构化数据　　C. 半结构化数据

三、多选题

1. 以下哪些属于结构化数据？（　　）

　　A. 企业数据库中的财务数据　　　　B. 网页

　　C. 图片　　　　　　　　　　　　　D. 12306 订票出行数据

2. 数据分析工具包括以下哪几个？（　　）

　　A. Excel　　　　　B. Windows　　　　C. SQL　　　　　　　D. BI

3. Power BI Desktop 提供了哪些视图？（　　）

　　A. 表格视图　　B. 报表视图　　　　C. 设计视图　　　　D. 模型视图

四、实训题

登录帆软官网，查看我国优秀 BI 厂商"帆软"提供了哪些行业解决方案。

项目二

Power BI 初体验

知识目标

1. 了解 Power BI 数据分析的完整过程。
2. 熟悉柱状图、条形图、环形图、瀑布图、树状图等常见可视化对象。

技能目标

1. 能够按照项目指引，完成数据获取、整理和建模。
2. 能够按照项目指引，完成可视化图表的制作。

素养目标

1. 了解面向问题的分析方法。
2. 建立大数据时代逻辑思维。

让数据成为你的
竞争力

任务一　　了解模拟案例

一、基本情况

苏苏奶茶是一家主营奶茶的连锁零售企业，创建已有两年，主营椰果奶茶、芋圆奶茶、红豆奶茶和炭烧奶茶四个品种，每种奶茶售卖时又分为大杯、中杯、小杯三种规格。

苏苏奶茶采取直营销售模式，已在全国不同省份建立了 22 家直营门店，且保留了 2021 年、2022 年两年的全部销售数据。

二、明确分析需求

1．管理需求

新的一年到来之际，公司管理层希望通过对两年的销售数据进行分析，发现问题，寻找业务增长点，确定企业战略和发力点。为此，管理层需要了解以下几个问题。

① 哪种品牌的产品更受欢迎？它们各自的贡献度是多少？

② 哪种产品更受欢迎？各产品排名情况是怎样的？

③ 销售目标达成了吗？

④ 销售情况与不同年度、季度、月份有关联吗？

⑤ 客户数量增长情况如何？

2．需求解析

决策需要数据支持。将企业上述管理需求转化为清晰的数据需求，如表 2-1 所示。

表 2-1　　　　　　　　　　　　将管理需求转化为数据需求

管理需求	数据需求
哪种品牌的产品更受欢迎？它们各自的贡献度是多少？	按品牌进行销售额或销售量分析，并计算销售占比
哪种产品更受欢迎？各产品排名情况是怎样的？	按产品进行销售额或销售量分析，并按销售额或销售量排名
销售目标达成了吗？	将销售额或销售量与计划目标进行对比
销售情况与不同年度、季度、月份有关联吗？	按照各种日期对销售额或销售量进行分层分析
客户数量增长情况如何？	进行客户数据变动分析

通过需求解析可以看出，所需的数据支持大部分是从不同角度、不同维度对销售额、销售量等数据进行深入的观察与分析。

三、设计分析框架

1．了解数据表的类型

在 Power BI 中，数据表分为事实表和维度表两类。

事实表主要存放用于度量或计算的数值信息，数据量往往很大，销售数据表就是一个非常典型的事实表。事实表存放数据的基本原则是不管发生多少笔交易都必须如实地记录下来。维度表主要存放用于分组或分类的字段信息，数据量较小。

数据分析的本质就是通过不同维度表中的各个维度对事实表中的数据进行分析。

2．数据表设计

根据以上理解，我们将苏苏奶茶数据表设计为三个维度表（产品表、门店表、日期表）和一个事实表（销售数据表）。每张数据表都设有一个主键，如产品表中的"产品 ID"、门店表中的"门店 ID"、日期表中的"日期"、销售数据表中的"订单编号"都是所在数据表的主键，被设为主键的字段值是不能重复的，也不能为空值，它能够唯一标识数据表中的一条记录。各数据表的详细信息如下。

（1）产品表

产品表包括产品 ID、产品分类、规格、产品名称、单价、单位成本信息，共 12 条记录，如表 2-2 所示。

表 2-2　　　　　　　　　　　　　　　　　　产品表

产品 ID	产品分类	规格	产品名称	单价/元	单位成本/元
1001	椰果	大杯	椰果大杯	28	20
1002	椰果	中杯	椰果中杯	25	19
1003	椰果	小杯	椰果小杯	20	15
1004	芋圆	大杯	芋圆大杯	30	21
1005	芋圆	中杯	芋圆中杯	27	20
1006	芋圆	小杯	芋圆小杯	25	18
1007	红豆	大杯	红豆大杯	31	22
1008	红豆	中杯	红豆中杯	29	21
1009	红豆	小杯	红豆小杯	27	18
1010	炭烧	大杯	炭烧大杯	32	22
1011	炭烧	中杯	炭烧中杯	30	20
1012	炭烧	小杯	炭烧小杯	28	19

（2）门店表

门店表包括门店 ID、门店、省份信息，共 22 家门店，如表 2-3 所示。

表 2-3　　　　　　　　　　　　　　　　　　门店表

门店 ID	门店	省份
101	北京市	北京
102	金华市	浙江
103	杭州市	浙江
…	……	……
121	哈尔滨市	黑龙江
122	昆明市	云南

（3）日期表

日期表包含日期和年份季度两列，如表 2-4 所示。

表 2-4　　　　　　　　　　　　　　　　　　日期表

日期	年份季度
2021-1-1	2021Q1
2021-1-2	2021Q1
2021-1-3	2021Q1
2021-1-4	2021Q1
2021-1-5	2021Q1

续表

日期	年份季度
2021-1-6	2021Q1
...	
2022-12-30	2022Q4
2022-12-31	2022Q4

（4）销售数据表

销售数据表包括订单编号、订单日期、门店 ID、产品 ID、会员 ID 和数量信息，共 20788 条销售记录，如表 2-5 所示。

表 2-5　　　　　　　　　　　　　销售数据表

订单编号	订单日期	门店 ID	产品 ID	会员 ID	数量
10000001	2021-1-26	101	1001	177	2
10000002	2021-1-27	101	1002	126	3
10000003	2021-1-29	101	1003	159	1
...	...	...	...	...	...
10020788	2022-12-30	106	1005	5334	4

遵循数据分析的基本流程，应用 Power BI 的工作过程大致分为以下四个步骤：首先是获取数据；其次是整理数据；再次是构建数据模型；最后是制作可视化报告。

任务二　数据获取初体验

Power BI 支持从多种数据源获取数据。本任务将从教学资源"源文件"|"项目二"|"苏苏奶茶"Excel 文件中获取数据。

【实训 2-1】从 Excel 文件"苏苏奶茶.xlsx"中获取数据。

① 双击桌面上的 Power BI Desktop 快捷图标，打开 Power BI Desktop 登录界面，如图 2-1 所示。

实训 2-1

图 2-1　Power BI Desktop 登录界面

② 单击"获取数据"，打开"获取数据"对话框，如图 2-2 所示。

图 2-2　获取数据

提示

● 如果已进入 Power BI Desktop，则可以执行"主页"|"获取数据"命令获取数据。

● 因为从 Excel 中获取数据是最常用的操作，因此"主页"中单独设立了从 Excel 中获取数据的功能图标。

● Power BI Desktop 中也设置了从 Excel 导入数据的快捷方式，如图 2-3 所示。

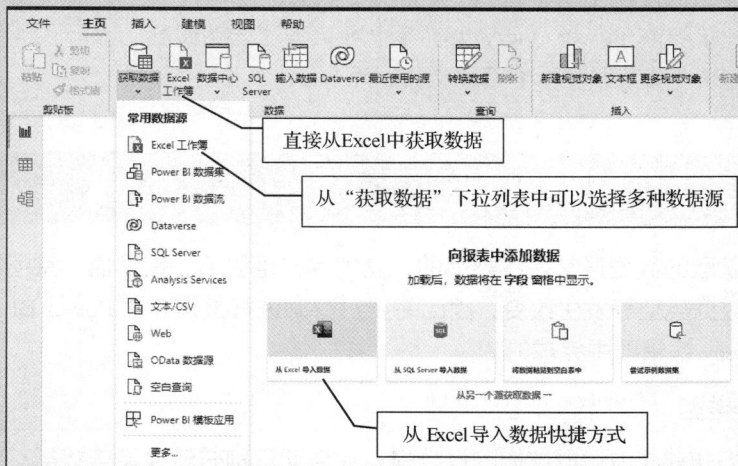

图 2-3　从"主页"中获取数据

③ 选择"Excel 工作簿"，单击"连接"按钮，打开"打开"对话框。选择存放"苏苏奶茶"文件路径，选择"苏苏奶茶.xlsx"Excel 文件，单击"打开"按钮，打开"导航器"对话框。

④ 导航器左侧窗口显示"苏苏奶茶.xlsx"和"建议的表格"两个组。"苏苏奶茶"组下显示四张表，单击某张表，在右侧窗口中就能预览表中的详细内容，可以选择某张表，也可以选择所有表，本例选中"苏苏奶茶"组下的所有表，如图 2-4 所示。

图 2-4　在导航器中选择要加载的表

⑤ 单击"加载"按钮，将文件加载到 Power BI Desktop 界面中，在"数据"窗格中可以看到已加载的表。

⑥ 进入"表格视图"，在"数据"窗格中选择不同的表，可以看到表中的所有记录。

> **提示**
>
> ● 如果在"导航器"对话框中单击"转换数据"按钮，则直接进入 Power Query 编辑器窗口，可以直接在 Power Query 编辑器中对数据进行整理。
>
> ● Power BI 不能直接导入扩展名为.xls 的 Excel 文件。

任务三　数据整理初体验

从数据源中获取的数据通常是不规范的，其中存在重复值、错误值、空值等；导入过程中也会造成列名、数据类型等发生改变，因此需要对数据进行整理。在 Power BI 中，数据整理工作是在 Power Query 编辑器中完成的。

一、更改数据类型

Power BI 在从 Excel 中读取数据的过程中，会自动识别并转换某些数据类型。因此导入完成后，用户需要检查各个表中的数据类型是否正确。

【实训 2-2】接【实训 2-1】，更改数据类型。将产品表中的"产品 ID"，门店表中的"门店 ID"，销售数据表中的"订单编号""产品 ID""门店 ID""会员 ID"列设置为文本类型。将"日期表"中的"日期"和"销售数据表"中的"订单日期"设置为日期类型。

实训 2-2

① 执行"主页"|"转换数据"命令，进入 Power Query 编辑器，如图 2-5 所示。

图 2-5　Power Query 编辑器

② 单击左侧查询列表中的"产品表",可以看到"产品 ID"列左端显示 123,即 Power BI 自动将该列的数据类型识别为"整型"。单击"产品 ID"列左端的 123,在展开的列表中选择 ABC,如图 2-6 所示。

③ 系统弹出"更改列类型"信息提示框,如图 2-7 所示。单击"替换当前转换"按钮,将该列数据类型更改为"文本"。

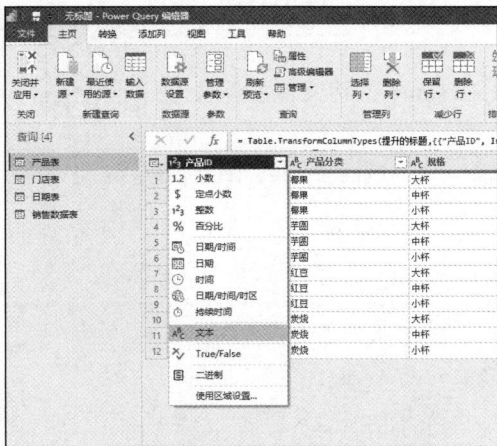

图 2-6　更改"产品 ID"列数据类型

图 2-7　更改列类型信息提示框

④ 同理,修改"门店表"中的"门店 ID",销售数据表中"订单编号""产品 ID""会员 ID""门店 ID"列的数据类型为文本。修改"日期表"中的"日期"和"销售数据表"中的"订单日期"为日期型。

二、删除空行和错误值

当导入的数据表中数据过多时,记录中可能存在空值或错误值。用户在数据可视化之前需要删除空行和错误值。

【实训 2-3】接【实训 2-2】,删除"门店表"中的空行。

① 在 Power Query 编辑器左侧的查询列表中选中"门店表",状态栏显示门店表中有 38 行记录。浏览门店表内容,只有 22 个门店,其余记录均显

实训 2-3

示"null"。

② 执行"主页"|"删除行"|"删除空行"命令，删除门店表中的空行，如图 2-8 所示。

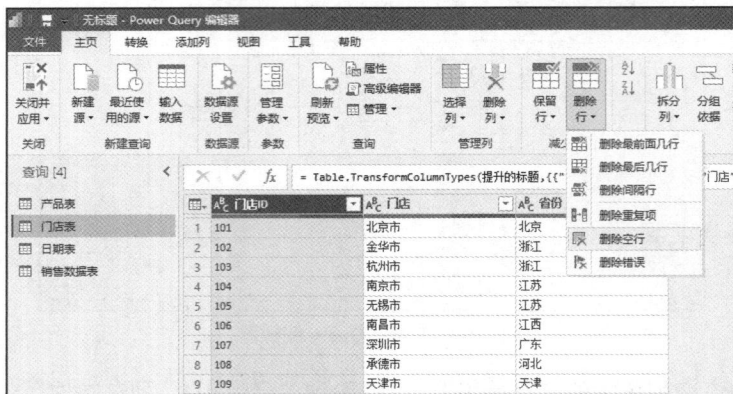

图 2-8　删除空行

③ 删除完成后，状态栏显示门店表中还有 22 条记录。

三、返回 Power BI Desktop

在 Power Query 编辑器中完成数据整理工作后，需要返回 Power BI Desktop。

✎【实训 2-4】接【实训 2-3】，返回 Power BI Desktop 并将文件名保存为"苏苏奶茶"。

① 执行"文件"|"关闭并应用"命令，保存编辑结果并返回 Power BI Desktop。

实训 2-4

提示

● 关闭并应用：关闭 Power Query 编辑器窗口，并应用所有挂起的更改。

● 应用：不关闭 Power Query 编辑器窗口，只应用所有挂起的更改。

● 关闭：关闭 Power Query 编辑器窗口，不应用所有挂起的更改。

② 单击左上角"保存"按钮圖或执行"文件"|"保存"命令，打开"另存为"对话框。选择保存该文件的路径，将文件名设置为"苏苏奶茶"，保存类型为"Power BI 文件(*.pbix)"，单击"保存"按钮。

提示

● 如果没有保存 Power BI 文件，则第一次关闭 Power BI Desktop 界面时，系统也会自动提醒是否保存文件。

● 使用 Power Query 编辑器整理数据后，结果就被存储在 Power Query 编辑器中，在 Power BI Desktop 中构建数据模型，使用 DAX 语言新建度量值、新建列，以及可视化设计等各种操作不会影响 Power Query 编辑器中整理后的基础数据。

任务四 数据建模初体验

数据建模就是为数据分析做好充分的数据准备，主要包括两个方面的内容：第一，建立表与表之间的数据关联；第二，完善数据可视化需要的数据和各项指标。

一、数据建模

数据建模有两种途径：自动识别和手动关联。

1. 自动识别

【实训 2-5】将苏苏奶茶 4 张表之间建立关联，如图 2-9 所示。

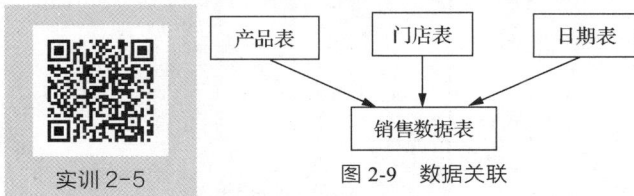

实训 2-5

图 2-9　数据关联

① 单击界面左侧的"模型视图"图标 唱 。模型视图中显示了系统自动识别的表与表之间的关系。如图 2-10 所示，产品表与销售数据表已自动进行了关联。

② 将鼠标指针指向产品表与销售数据表之间的连接线，可以看到两个表之间是通过"产品ID"字段连接的。如果自动识别错误，则可以直接删除该连接线。

③ 用鼠标拖曳表最上面的标题行，可以移动表的位置，将维度表和事实表有规律地排列。

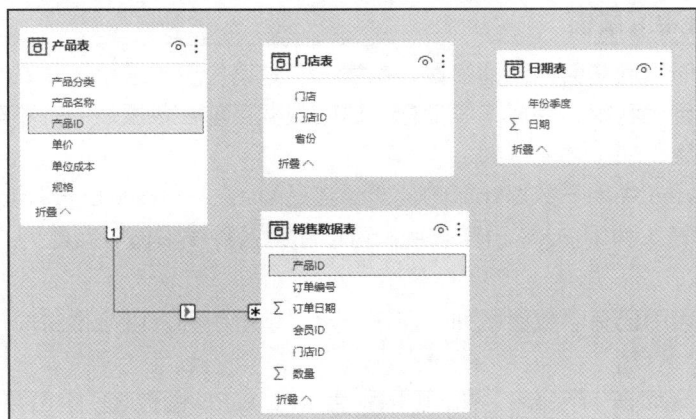

图 2-10　系统自动识别的关联

> **提示**
>
> ● Power BI 能自动关联是因为产品表和销售数据表的"产品 ID"名称一致，数据类型也一致。
>
> ● 日期表和销售数据表之间没有完全相同的列名，因此没有建立自动关联。

2. 手动关联

【实训 2-6】接【实训 2-5】，建立"门店表""日期表"与"销售数据表"之间的关联。

① 在模型视图中，将"日期表"中的"日期"字段拖曳到"销售数据表"中的"订单日期"字段上，如此在"日期表"和"销售数据表"之间建立"1：

实训 2-6

*"关联。

② 将"门店表"中的"门店 ID"字段拖曳到"销售数据表"中的"门店 ID"字段上，如此"门店表"和"销售数据表"之间建立"1：*"关联。

手动关联完成后如图 2-11 所示。

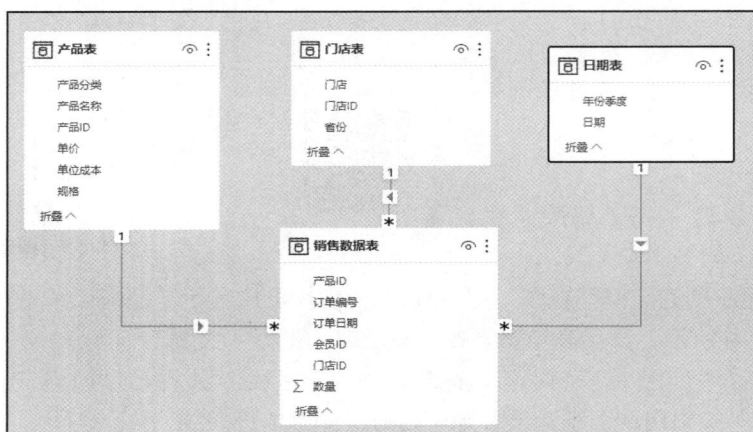

图 2-11　手动关联

二、新建列和新建度量值

进行数据分析时，通常会用到销售量、销售额、总销售量、总销售额、毛利、利润、客户数等数据，还会用到毛利率、完成率等指标，这些数据目前在数据表中并不存在，需要在已有数据基础上进行计算、加工才能得到。

Power BI Desktop 中用于数据计算的公式语言是 Data Analysis Expression（数据分析表达式），简称 DAX 语言。利用 DAX 语言，用户可以新建各种度量值、新建列、新建表。

1．新建列

由于销售数据表中已有"数量"列，现在新建"单价"列，以方便生成"销售额"列。

销售额=单价×数量

目前，"单价"存储在"产品表"中，可以利用 RELATED 函数在"销售数据表"中创建"单价"列。

函数格式：
　　RELATED（列名）
函数功能：
　　把维度表中的数据匹配到事实表中，返回一列。
函数参数：
　　列名是维度表中的列。
注意事项：
　　● 只有在维度表和事实表已经建立关联的情况下才能使用该函数。

【实训 2-7】接【实训 2-6】，在"销售数据表"中新建"单价"列。

① 在 Power BI Desktop 中单击左侧 ▦ 按钮，进入表格视图。

② 单击"数据"窗格中的"销售数据表"，画布中显示销售数据表中的所有记录。

实训 2-7

③ 执行"主页"|"新建列"命令，或者执行"表工具"|"新建列"命令，在"销售数据表"中新增加一列。

④ 在公式编辑栏中输入"单价= RELATED ('产品表' [单价])"，如图 2-12 所示。等号左边的"单价"是新建列的列名，等号右边是 DAX 公式。

⑤ 单击"提交"按钮✓，或者按回车键，可以看到在右侧"数据"窗格中，销售数据表中新增了 ⊞ 单价 字段。

图 2-12　新增"单价"列

提示

● 新建的列既在表格视图和模型视图中显示，也在"数据"窗格中的销售数据表中显示。
● 用 DAX 函数编写公式时，系统具有智能提示功能，为用户提供方便。

2. 新建度量值

度量值是用 DAX 函数创建的一个虚拟的数据值，它不会改变源数据，也不会改变数据模型，并且度量值的计算结果还会随着选择的分析维度不同而发生变化。

构建销售量、销售额等度量值可以使用 SUM、SUMX、DISTINCTCOUNT 等 DAX 函数。

函数格式：

　　SUMX（<表>,<表达式>）

函数功能：

　　SUMX 迭代第一个参数中指定的表，一次一行，并完成第二个参数中指定的计算。

函数参数：

　　第一个参数为被运算的表，第二个参数是对表中的每一行计算的表达式。

✎ 【实训 2-8】接【实训 2-7】，新建以下度量值。

销售量=SUM('销售数据表'[数量])
销售额=SUMX('销售数据表', [数量]×[单价])
客户数量=DISTINCTCOUNT('销售数据表'[会员 ID])
门店数量=DISTINCTCOUNT('销售数据表'[门店 ID])

实训 2-8

① 创建度量值表。在表格视图中执行"主页"|"输入数据"命令，打开"创建表"对话框，在"名称"文本框中输入"度量值表"，如图 2-13 所示。单击"加载"按钮。

图 2-13　创建表

提示

● 新建的度量值表在"数据"窗格中显示，其中包含默认的"列1"字段。

● 度量值可以存放在任何数据表中，不影响度量值的使用，为了方便查找、引用，常常将其集中放在某一张表中，本实训将度量值都放置在新建的度量值表中。

② 新建度量值。选中"度量值表"，执行"主页"|"新建度量值"命令。在公式编辑栏中输入"销售量=SUM('销售数据表'[数量])"，单击"提交"按钮✓或按回车键，在"度量值表"中增加度量值"销售量"。

提示

● 在"数据"窗格中的"度量值表"上单击鼠标右键，从快捷菜单中选择"新建度量值"命令，也可以创建度量值。

③ 同理，按照上面的 DAX 公式，在"度量值表"中分别新增"销售额""客户数量""门店数量"等度量值。

提示

● SUM（'销售数据表'[数量]）是对销售数据表中的"数量"列求和。

● DIST INCTCOUNT（'销售数据表'[会员ID]）是对销售数据表中出现的顾客数量进行统计。

④ 在"数据"窗格度量值表中的"列1"上单击鼠标右键，在弹出的快捷菜单中选择"从模型中删除"命令，完成后如图 2-14 所示。

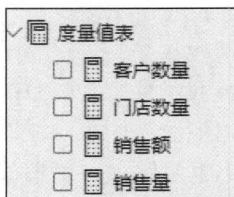

图 2-14　度量值表及新建度量值

提示

● 在书写 DAX 公式时，除了汉字，其他的符号都应该在英文状态下书写。在 DAX 公式中引用的表名称以单引号(")包裹，引用的列名和度量值以方括号([])包裹。

● 度量值前面有计算器图标▤作为标识。

任务五　数据可视化初体验

一、设置报表页面格式

在 Power BI 中，可视化设计是从一张白色画布开始的，为了使可视化效果更具有观赏性，用户可以根据自己的喜好和需求对画布背景、画布设置、壁纸、筛选器窗格、筛选器卡等报表页面格式进行设置，【实训 2-9】只对画布背景做简单设置。

【实训 2-9】接【实训 2-8】，将报表视图中的"第 1 页"改名为"销售分析"，并将此报表页面中的白色画布设置成浅灰色。

① 在 Power BI Desktop 界面中单击左侧的 ▦ 按钮，进入"报表视图"。

② 双击"第 1 页"，修改为"销售分析"。

提示

● 在"第 1 页"处单击鼠标右键，从快捷菜单中选择"重命名页"命令，也可以修改表页名称。

③ 设置报表页面格式。单击"画布背景"，单击"颜色"下拉箭头，选择颜色"白色，10% 较深"，将透明度设置为 50%，如图 2-15 所示。

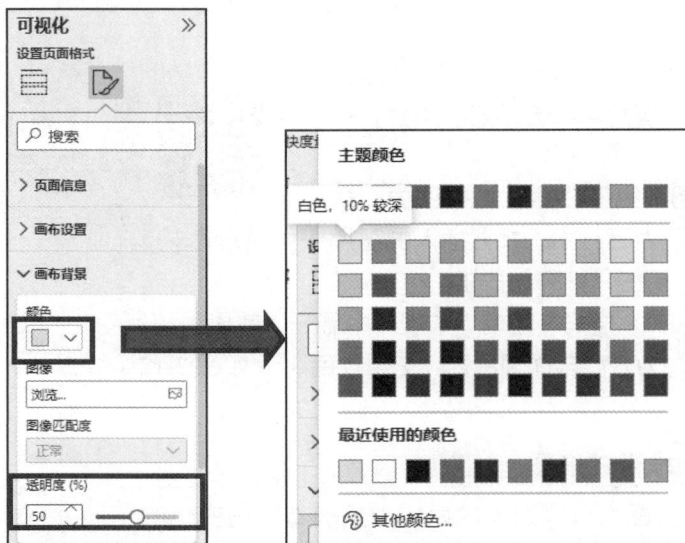

图 2-15　设置页面格式—画布背景

二、设置标题和 Logo

为了体现可视化内容和风格，用户通常会在报告页面上根据可视化报告布局设置标题、图片，这会用到插入文本框、插入图片、插入形状等功能。

1. 插入文本框设置标题

【实训 2-10】接【实训 2-9】，插入文本框设置报告主题。

① 在报表视图中执行"插入"|"文本框"命令，将插入的文本框拖动到画布顶端。

② 在文本框中输入"苏苏奶茶销售分析"，设置字号为 36，选择字体颜色为白色，加粗，左对齐，如图 2-16 所示。

图 2-16　文本框字体设置

③ 设置文本框格式。在界面右侧的"设置文本框格式"窗口的"常规"选项卡中，将"背景"颜色设置为深灰色，透明度为 0。

> **提示**
> ● 在 Power BI 中，可以将鼠标指针移至插入的文本框、按钮、图片及可视化图表的边框上，通过拖动鼠标操作，灵活改变其大小。
> ● 选中文本框时，会显示文本框设置工具栏，在该工具栏中可以设置文本的字体、大小、加粗等。
> ● 鼠标指针指向文本框时，文本框右下角有 ┉ 按钮，单击该按钮，选择"删除"命令，可以删除文本框。

2. 插入图片

【实训 2-11】接【实训 2-10】，在报告中插入"遇见美好"图片展示苏苏奶茶愿景，并为图片设置边框线。

① 在报表视图中执行"插入"|"图像"命令，在"打开文件"对话框中选择要插入的图片文件"遇见美好"，单击"打开"按钮。

② 选中图片，在"格式"窗格"常规"中展开"效果"，设置"视觉对象边框"为开，选择颜色为"主题颜色 3"，如图 2-17 所示。

三、插入折线和堆积柱形图

折线和堆积柱形图可以同时反映两组数据随着时间变化的情况。

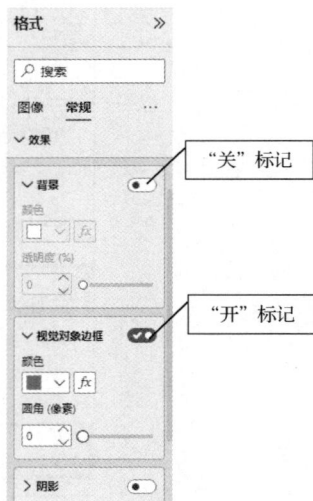

图 2-17　设置图像格式

【实训 2-12】接【实训 2-11】，插入折线和堆积柱形图，反映不同
类别产品销售量和销售额随年份季度的变化情况。

① 在报表视图中单击"可视化"窗格中的 ▥ 图标，插入一个折线和堆
积柱形图。

② 字段设置。设置 X 轴、列 y 轴、行 y 轴、列图例，如图 2-18 所示。

③ 格式设置。设置"标题"文本为"销售业绩"，设置水平对齐为"居中" ▤；设置"背
景"透明度为"100%"；设置"视觉对象边框"为开，如图 2-19 所示。

实训 2-12

图 2-18　字段设置

图 2-19　格式设置

绘制完成的折线和堆积柱形图如图 2-20 所示，可以清晰看出销售业绩随时间的变化。

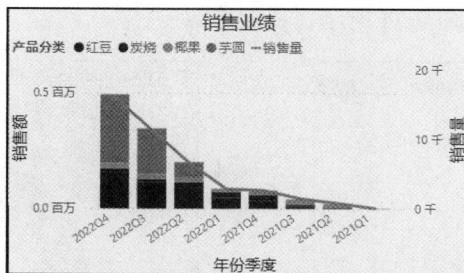

图 2-20　销售业绩的折线和堆积柱形图

> **提示**
>
> ● 在 Power BI 中，可以单击条形图、柱形图右上角的"更多选项"按钮 ⋯，根据图
> 表字段设置情况进行排序。例如，在"销售业绩"图中，数据显示可以按照"轴"和"图
> 例"两种方式排列，默认是按照轴中的"销售额"降序排列，如图 2-21 所示。

④ 排序设置。选择"销售业绩"图，单击图表右上角的"更多选项"按钮 ⋯，在弹出的
菜单中执行"排列轴"|"年份季度"命令；继续单击图表右上角的"更多选项"按钮 ⋯，在弹
出的菜单中执行"排列轴"|"以升序排列"命令，如图 2-22 所示，图表数据排列方式变成按
轴中的"年份季度"升序排列。

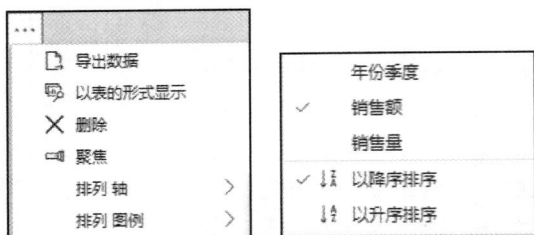

图 2-21 默认排列方式

图 2-22 升序排列

四、插入环形图

环形图是饼图的一种变化形式，这两种图表主要用来表示数据的构成情况。

【实训 2-13】接【实训 2-12】，插入环形图反映不同类别产品销售额占比情况。

① 在报表视图"销售分析"页面中单击"可视化"窗格中的 ◎ 图标，插入一个环形图。

② 字段设置。将产品表中的"产品分类"拖动到"图例"上，将度量值"销售额"拖动到"值"上。

③ 格式设置—视觉对象。选择"图例"|"选项"，将位置设置为"靠上居中"；选择"详细信息标签"|"选项"，将标签内容设置为"类别，总百分比"，如图 2-23 所示。

④ 格式设置—常规。设置标题为"产品类别销售额占比"；设置背景透明度为"100%"；设置"视觉对象边框"为开。

设置完成后的环形图如图 2-24 所示。

图 2-23 格式设置—视觉对象

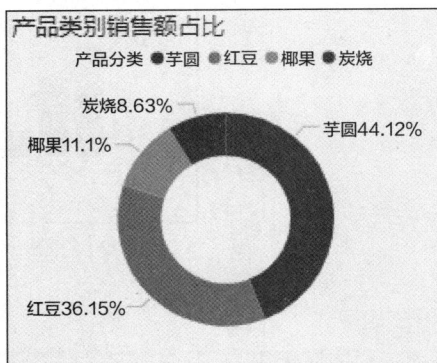

图 2-24 产品类别销售额占比的环形图

五、插入仪表图和多行卡

仪表图、多行卡和卡片图是 Power BI 中用于显示关键绩效指标（Key Performance Indicator，KPI）的可视化对象。其中多行卡和卡片图是 Power BI 可视化对象中最简单、最常用的图表，用户可以把一些重点的 KPI 直接放在卡片图和多行卡上。二者的区别在于多行卡可以同时显示多个指标，而卡片图只能突出显示一个指标。仪表图用于反映在实现目标或 KPI 方面的进度，是一个能够直观地展现 KPI 完成情况的图表。

1. 插入仪表图

实训 2-14

【实训 2-14】接【实训 2-13】，插入仪表图展现销售的完成情况，假设总销售目标为 1200000 元。

① 在报表视图"销售分析"页面中单击"可视化"窗格中的 图标，插入一个仪表图。

② 字段设置。将度量值"销售额"拖动到"值"上。

③ 格式设置—视觉对象。设置"测量轴"最大值为"1500000"，目标值为"1200000"。选择"数据标签"，将"值"的字体设置为"12"，显示单位设置为"千"，如图 2-25 所示；将"目标标签"字体设置为"12"，显示单位设置为"千"；将"标注值"显示单位设置为"千"。

④ 格式设置—常规。设置"标题"为"销售目标完成情况"；设置"背景"透明度为"100%"；设置"视觉对象边框"为开。

仪表图绘制完成后如图 2-26 所示，由此可以看到实际销售与计划目标的差异情况。

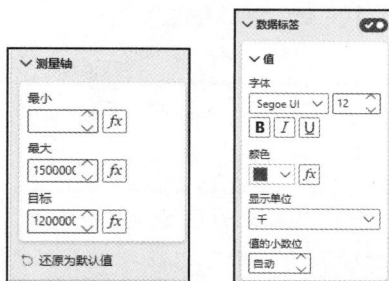

图 2-25　仪表图测量轴和数据标签设置

图 2-26　销售目标完成情况仪表图

2. 插入多行卡

实训 2-15

【实训 2-15】接【实训 2-14】，绘制多行卡展现销售额、销售量、门店数量等关键绩效指标。

① 在报表视图"销售分析"页面中单击"可视化"窗格中的 图标，插入一个多行卡。

② 字段设置。将度量值"销售量""销售额""门店数量"依次拖动到"字段"上。

③ 格式设置—常规。设置"标题"为"总体概况"，字体为"16"，背景色为"蓝色"，如图 2-27 所示。设置"背景"透明度为"100%"；设置"视觉对象边框"为开。

绘制完成的多行卡如图 2-28 所示。

图 2-27　设置标题

总体概况		
1265749	41533	22
销售额	销售量	门店数量

图 2-28　多行卡

六、插入簇状条形图

簇状条形图利用条形的长度反映数据的大小与差异，一般适用于业绩排名分析。

实训 2-16

【实训 2-16】接【实训 2-15】，插入簇状条形图对不同省份的销售业绩进行排名分析。

① 在报表视图"销售分析"页面中单击"可视化"窗格中的▤图标，插入一个簇状条形图。

② 字段设置。将"门店"表中的"省份"拖动到"Y 轴"，将度量值"销售额"拖动到"X 轴"。

③ 格式设置—视觉对象。选择"X 轴"|"值"，将显示单位设置为"千"；设置"数据标签"为开。

④ 格式设置—常规。设置"标题"为"省份销售额排名"；设置"背景"透明度为"100%"；设置"视觉对象边框"为开。

绘制完成后的簇状条形图如图 2-29 所示。

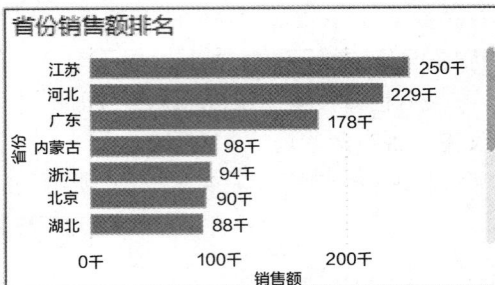

图 2-29　簇状条形图

提示

● 在"格式设置"中通过设置"数据标签"来调整数据的显示单位，如千、百万等。如果需要使用百分比符号、千分位分隔符调整小数位数等，则可以在"度量工具"菜单中对该度量值的格式进行设置。

● 在 Power BI 可视化图表中，用户对有些视觉对象除了可以进行字段设置和格式设置，还可以在前两个设置的基础上做进一步分析，如可以在簇状条形图、瀑布图、散点图等可视化图表中添加恒定线，设置最小值、最大值等。

⑤ 分析设置。单击"可视化"窗格中的🔍按钮，对图表做进一步分析。选择"最大值线"，单击"添加行"，可以在图表中添加一条"最大值"竖线；继续选择"平均值线"，单击"添加行"，在图表中会出现一条"平均值"竖线，如图 2-30 所示。用户还可以对添加的竖线做相应的格式设置，这里不再赘述。

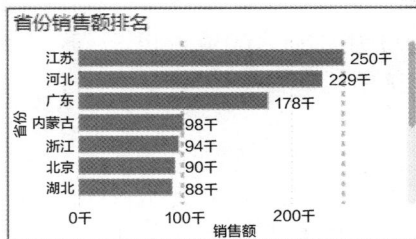

图 2-30　添加"最大值线"和"平均值线"

七、插入瀑布图

瀑布图也称阶梯图，它根据数据的正负值来表示增加和减少，并以此来调整柱子的上升与下降，进而根据柱子的变化来表达最终数据的生成过程。一般情况下，瀑布图有两个应用场景：

一是反映构成整体的各个组成部分的关系；二是反映数据上升和下降变化，很直观地呈现过程数据的变化细节。

【实训 2-17】接【实训 2-16】，插入瀑布图展现客户数量随时间变化的过程。

① 在报表视图的"销售分析"页面中单击"可视化"窗格中的圖图标，插入一个瀑布图。

② 字段设置。将日期表中的"年份季度"拖动到"类别"中，将度量值"客户数量"拖动到"Y 轴"中。

③ 格式设置—常规。设置"标题"为"客户数量的变化"；设置"背景"透明度为"100%"；设置"视觉对象边框"为开。

绘制完成的瀑布图如图 2-31 所示。

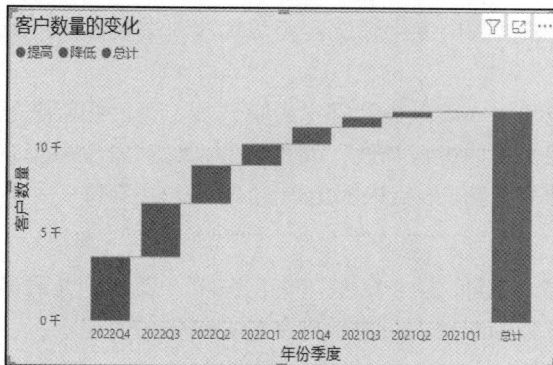

图 2-31　瀑布图

八、插入树状图

树状图将分层数据显示为一组嵌套矩形。每一级层次结构都由一个称为分支节点的彩色矩形（枝）表示，每个分支都包含称为叶节点的稍小矩形，Power BI 根据度量值来确定每个矩形内的空间大小。矩形按从左上（最大）到右下（最小）的顺序排列。

【实训 2-18】用树状图呈现各产品的销售占比情况。

① 在报表视图的"销售分析"页面中单击"可视化"窗格中的圖图标，插入一个树状图。

实训 2-18

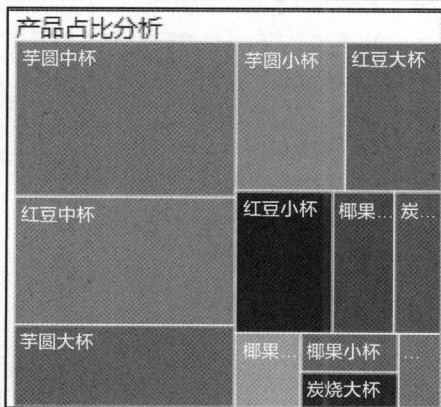

图 2-32　树状图

② 字段设置。将产品表中的"产品名称"拖动到"类别"中，将度量值"销售额"拖动到"值"中。

③ 格式设置—常规。设置"标题"为"产品占比分析"；设置"背景"透明度为"100%"；设置"视觉对象边框"为开。

绘制完成的树状图如图 2-32 所示。

提示

● 树状图既可以表示单层数据关系，又可以表示双层结构。

● 如果在字段设置中将产品表中的"产品分类"拖动到"类别"上，将"销售额"拖动到"值"上，将产品表中的"产品名称"拖动到"详细信息"上，就可以分层显示不同"产品分类"中不同产品的销售情况。

九、筛选器和切片器

Power BI 具有强大的筛选功能，具体体现在 3 个方面：一是在报表视图中使用筛选器和切片器对报表数据进行筛选；二是在数据建模中使用 DAX 函数的筛选功能对报表数据中的行和列进行定义；三是在 Power Query 编辑器中直接在标题行对表中数据进行筛选。此处主要介绍在 Power BI Desktop 的报表视图中使用筛选器和切片器对图表数据进行筛选。

1. 筛选器

筛选器按照筛选的范围大小可以分为视觉级筛选器、页面级筛选器和报告级筛选器。视觉级筛选器针对特定的可视化对象进行筛选，而对其他视觉对象没有影响。页面级筛选器对当前页面中的所有可视化对象有影响。报告级筛选器对 Power BI 文件中所有报表页面的可视化对象有影响。

【实训 2-19】接【实训 2-18】，在"销售分析"页面的"省份销售额排名"图表中设置视觉级筛选器，只显示排名前 5 的省份信息。

① 在"销售分析"页面中选择"省份销售额排名"图表，在"筛选器"窗格中的"此视觉对象上的筛选器"下展开"省份"筛选器卡，如图 2-33 所示，设置"筛选类型"为"前 N 个"，设置"显示项"为"上 5"，将"销售额"拖动到"按值"下的文本框中。

② 单击"省份"筛选器卡右下方的"应用筛选器"按钮，此时"省份销售额排名"图表中只显示销售额前 5 名的信息，如图 2-34 所示。

实训 2-19

图 2-33　设置视觉级筛选器

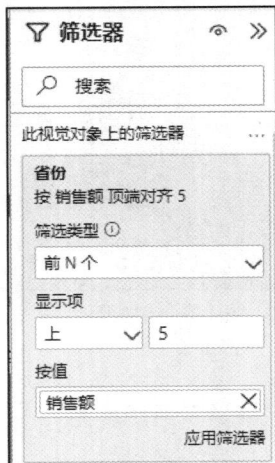

图 2-34　应用筛选器的结果

提示

● 将鼠标指针放置到"省份"筛选器卡上时出现 4 个图标：∧、🔒、◇、👁，分别表示展开或折叠筛选器卡、锁定筛选器、清除筛选器和隐藏筛选器。

● 根据字段所属数据类型，筛选器上有"文本字段"筛选器、"数值字段"筛选器、"日期和时间"筛选器。其中"文本字段"筛选器的筛选类型有 3 个：基本筛选、高级筛选和前 N 个。用户可以根据需求选取不同的筛选类型。

2. 插入切片器

切片器是 Power BI 自带筛选器功能的可视化图表，它具有智能识别功能，如果在切片器中设置日期型数据，则切片器会自动转换成时间轴的格式。用户在报表页面中插入切片器，可以对报表页面数据进行不同维度的数据展示。

（1）设置下拉式切片器

【实训 2-20】接【实训 2-19】，在"销售分析"页面中设置产品类别切片器。

实训 2-20

① 在报表视图的"销售分析"页面中单击"可视化"窗格中的 图标，插入一个切片器。

② 字段设置。将产品表中的"产品分类"拖动到"字段"上。

③ 格式设置—视觉对象。设置切片器样式为"下拉"，设置"使用 CTRL 选择多项"和"显示'全选'选项"为开，如图 2-35 所示。设置"切片器标头"为开；设置"文本"|"字体颜色"为"白色"；设置"值"|"背景"颜色为"白色"。

④ 格式设置—常规。设置"背景"透明度为"100%"；设置"视觉对象边框"为开，视觉对象边框线颜色为"白色"。设置完成的产品类别切片器效果如图 2-36 所示。

图 2-35 设置切片器下拉显示

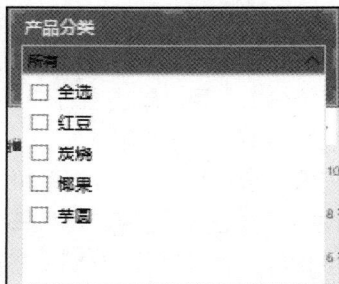

图 2-36 产品类别切片器

（2）设置日期切片器

✎【实训 2-21】接【实训 2-20】，在"销售分析"页面中设置日期切片器。

① 在报表视图的"销售分析"页面中单击"可视化"窗格中的▥图标，插入一个切片器。

② 字段设置。将日期表中的"日期"拖动到"字段"上。

③ 格式设置—视觉对象。设置切片器样式为"介于"，设置"切片器标头"为开；设置标题文本为"空"，其他格式设置同产品类别切片器。设置完成后的日期切片器如图 2-37 所示。

实训 2-21

图 2-37　日期切片器

> **提示**
>
> ● 切片器自带筛选功能，相当于一个页面级筛选器。在产品类别切片器中选择不同分类后，"销售分析"页面上的所有可视化图表会随之改变，反映不同品类的销售情况。同样，可以设置日期切片器的起始日期和结束日期，来反映任何具体时间段或时间点的销售情况。
>
> ● 在 Power BI 中也可以通过同步切片器功能，使某一页面上的切片器影响报表中所有页面的可视化图表，达到报表级筛选器的效果。

十、交互分析

交互分析是 Power BI 可视化分析的重要特征。所谓交互，就是各个视觉对象之间可以交流互动，而不是仅能通过筛选器、切片器来实现互动。实际上，在 Power BI 同一个页面上的所有视觉对象之间都是相互关联的。

1. 体验交互

Power BI 默认在同一个页面上的视觉对象是相互关联的。例如，在"销售分析"页面上单击环形图上的某一个产品类别，整个页面上其他可视化图表的数据也会随之改变，都会高亮显示该产品类别的相关信息。

✎【实训 2-22】苏苏奶茶销售主管希望了解：2022 年各类产品的销售量和销售额、客户数量增长情况、各省份销售额排名及产品占比情况。

实训 2-22

① 选中"销售分析"页，单击鼠标右键，在弹出的快捷菜单中选择"复制页"命令，生成"销售分析 的副本"页，修改页名称为"体验交互"。

② 当前"销售分析"页面展示的是 2021 年、2022 年的数据统计。单击日期筛选器起始日期"2021-01-01"右侧的"日历"图标▤，打开"日历"设置对话框，设置起始日期为"2022-01-01"。

③ 折线和堆积柱形图"销售业绩"、瀑布图"客户数量的变化"、簇状条形图"省份销售额排名"和树状图"产品占比分析"等自动调整为 2022 年的分析数据，如图 2-38 所示。

2. 取消交互

　　用户有时候需要取消在同一个页面上两个视觉对象之间的交互关系，这时就需要使用 Power BI 的"编辑交互"功能。

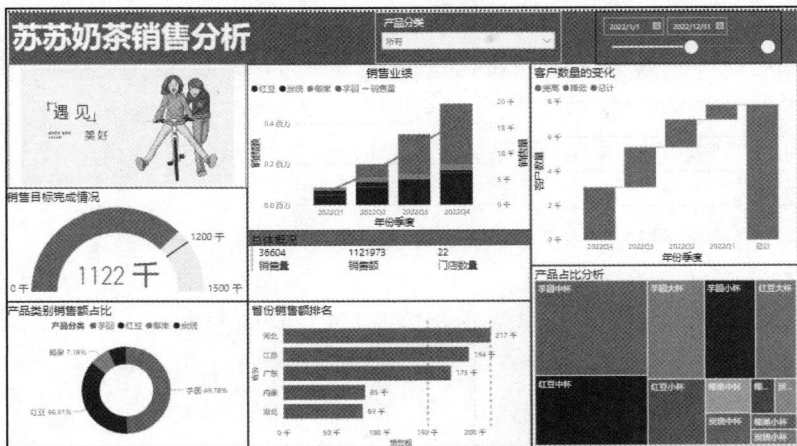

图 2-38　2022 年的苏苏奶茶销售分析

　　【实训 2-23】在"销售分析"页面上取消日期筛选器和"销售目标完成情况"仪表图之间的交互关系。

　　① 在"报表视图"中选定页面上的日期筛选器。执行"格式"|"编辑交互"命令，此时页面上所有可视化对象的右上角出现 、 、 三个图标，分别表示"筛选器""突出显示""无"。

　　② 单击"销售目标完成情况"仪表图右上角的 图标，图标形状变成 ，如图 2-39 所示，表示已经取消两个表之间的自动关联。

　　③ 再次设置日期筛选器，"销售目标完成情况"仪表图中的数据不再发生改变。

实训 2-23

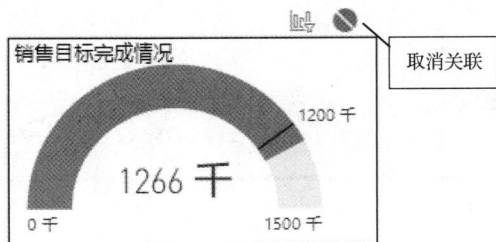

图 2-39　取消编辑交互

> **提示**
>
> ● 如果想恢复日期筛选器和"销售目标完成情况"仪表图之间的交互关系，则只需单击"销售目标完成情况"仪表图右上角的 图标或单击"筛选器"图标 即可。

　　用户通过以上数据分析及可视化展现，不仅能轻松回答管理者关心的几个问题，而且能够通过数据交互洞察数据之间的关联，挖掘更多的隐含信息，为企业决策提供支撑！

通关测试

一、判断题

1. Power BI 文件的扩展名为".pbix"。 （　　　）

2. 新建列不改变基本表的内容，也不能参与建模。 （　　　）

3. Power BI 不能直接导入扩展名为.xls 的 Excel 文件。 （　　　）

二、单选题

1. 在苏苏奶茶案例中，以下哪个表是事实表？（　　　）

    A. 产品表   B. 日期表   C. 销售数据表   D. 门店表

2. 对于销售数据表来说，以下哪个字段可以不设置为固定字段？（　　　）

    A. 产品 ID   B. 单价   C. 数量   D. 金额

3. 在销售数据表中，以下哪个字段是主键？（　　　）

    A. 产品 ID   B. 门店 ID   C. 客户 ID   D. 订单编号

三、多选题

1. 数据表中被设为主键的字段（　　　）。

    A. 必须为数字型   B. 值必须唯一

    C. 不能有空值   D. 一张表中只能有一个主键

2. 以下哪些是度量值的特征？（　　　）

    A. 是在数据表中新建的一个列   B. 用 DAX 公式创建

    C. 可以存放在任何数据表中   D. 不占内存

3. 以下哪些项目在"可视化"窗格中的格式设置中设置？（　　　）

    A. X 轴是哪个列或度量值   B. X 轴字体的大小

    C. 图表的标题文字   D. 图形中的恒定线

四、实训题

1. 设置"省份销售额排名"簇状条形图以升序排序。

2. 取消"日期"切片器和"产品占比分析"树形图之间的交互。

项目三

Power BI 数据获取与整理

知识目标

1. 熟悉常用的数据获取的方法。
2. 了解 Power Query 编辑器。
3. 掌握在 Power Query 编辑器中进行数据转换、添加列、合并数据的方法。

技能目标

1. 学会从不同数据源中获取数据。
2. 学会透视列、逆透视列、文本型数据处理、添加列、合并查询与追加查询。

素养目标

1. 理解数据规范化的含义及一般要求。
2. 能够根据业务需求，灵活、精确、快速地清洗数据。

大国工匠
匠心报国

任务一 Power BI 数据获取

进行数据可视化分析首先要获取数据。Power BI 能够从文件、文件夹、数据库、Azure、联机服务等不同数据源中获取数据。

在项目二中已经学习了从 Excel 文件中获取数据，本项目主要学习从文本文件、文件夹、Web 等常用数据源中获取数据。本项目源数据来自教学资源"源文件"|"项目三"文件夹。

一、从文本文件中获取数据

文本文件主要有两种类型：一是 TXT 文本文件，文件扩展名为.txt，可以存储任何类型的文本数据；二是 CSV 文本文件，也叫逗号分隔文本文件，是以纯文本形式存储的表格数据，通常以逗号或制表符分隔字段。文本文件可以利用记事本等文本编辑器打开，图 3-1 所示为在记事本中打开的"科目期初余额"文本文件。

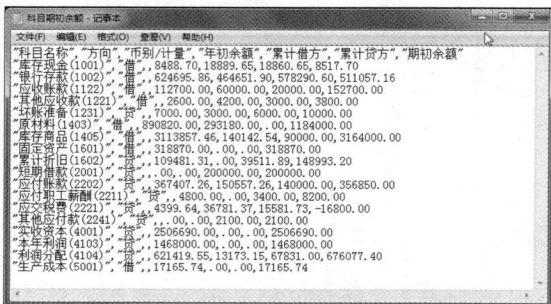

图 3-1 在记事本中打开文本文件

【实训 3-1】从文本文件"科目期初余额"中获取数据。

① 打开 Power BI Desktop 应用程序，执行"主页"|"获取数据"|"文本/CSV"命令，打开"打开"对话框。

② 在"源文件"|"项目三"文件夹中找到要加载的文本文件"科目期初余额.txt"，单击"打开"按钮。系统提示"正在连接"，稍候，打开文本文件预览界面，如图 3-2 所示。

实训 3-1

图 3-2 文本文件预览

③ 单击"加载"按钮,系统提示"正在模型中创建连接""正在将数据加载到模型"等工作进程。加载完成后,选择"表格视图",可以看到文本文件内容,如图 3-3 所示。

图 3-3 文本文件加载完成

提示

● 在图 3-2 中单击"加载"按钮,是将数据加载到 Power BI Desktop;单击"转换数据"按钮是将数据加载到 Power BI Desktop 并进入 Power Query 编辑器。

二、从文件夹中获取数据

企业经常会汇总一些业务或经营数据,这些数据通常以多个文件的形式存放在一个文件夹中。例如,企业 1—7 月的销售明细以 7 个 Excel 工作簿的形式存储在"销售明细 1—7 月"文件夹中。在 Power BI Desktop 中,用户可以直接从文件夹中导入数据,一次性将这 7 个 Excel 工作簿的数据汇总到一个数据表中。

【实训 3-2】批量获取"销售明细 1—7 月"文件夹中的多个 Excel 工作簿文件。

① 在 Power BI Desktop 中执行"主页"|"获取数据"|"更多…"命令,打开"获取数据"对话框。在"全部"列表中选中"文件夹",单击"连接"按钮,设置需要连接的文件夹路径,如图 3-4 所示。

实训 3-2

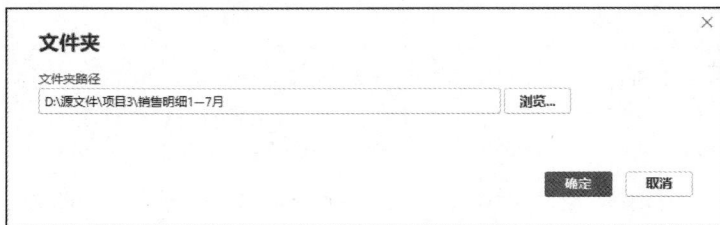

图 3-4 选择文件夹路径

② 单击"确定"按钮，显示文件夹中的所有 Excel 工作簿，如图 3-5 所示。

图 3-5　显示文件夹中的所有 Excel 工作簿

③ 单击"组合"按钮下拉箭头，弹出的列表中显示"合并并转换数据"和"合并和加载"两个选项，选择"合并和加载"选项，打开"合并文件"对话框，如图 3-6 所示。

④ "示例文件"默认为"第一个文件"，选择左侧窗口中的"销售明细"，在右侧窗口中可看到销售明细表中的详细内容。

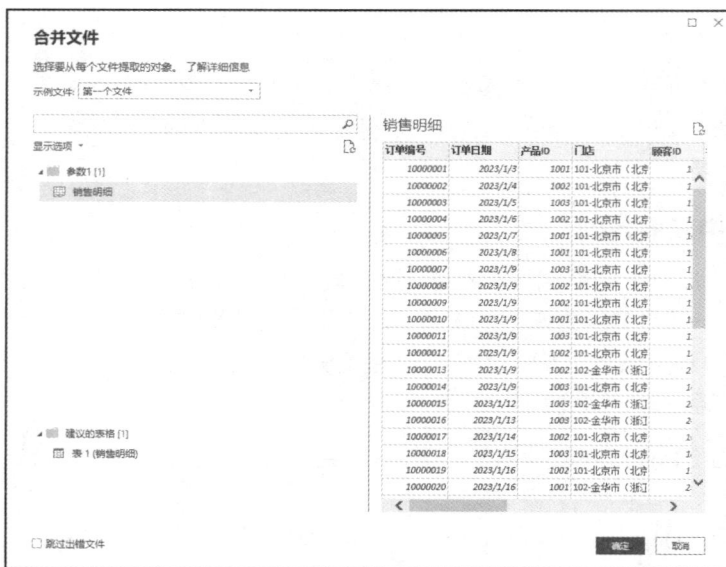

图 3-6　"合并文件"对话框

提示

● 选择"合并和加载"，获取数据后直接返回 Power BI Desktop 界面。
● 选择"合并并转换数据"，将打开并进入 Power Query 编辑器。

---

⑤ 单击"确定"按钮，返回 Power BI Desktop 主界面，在"表格视图"中可以查看合并文件中的记录，如图 3-7 所示。

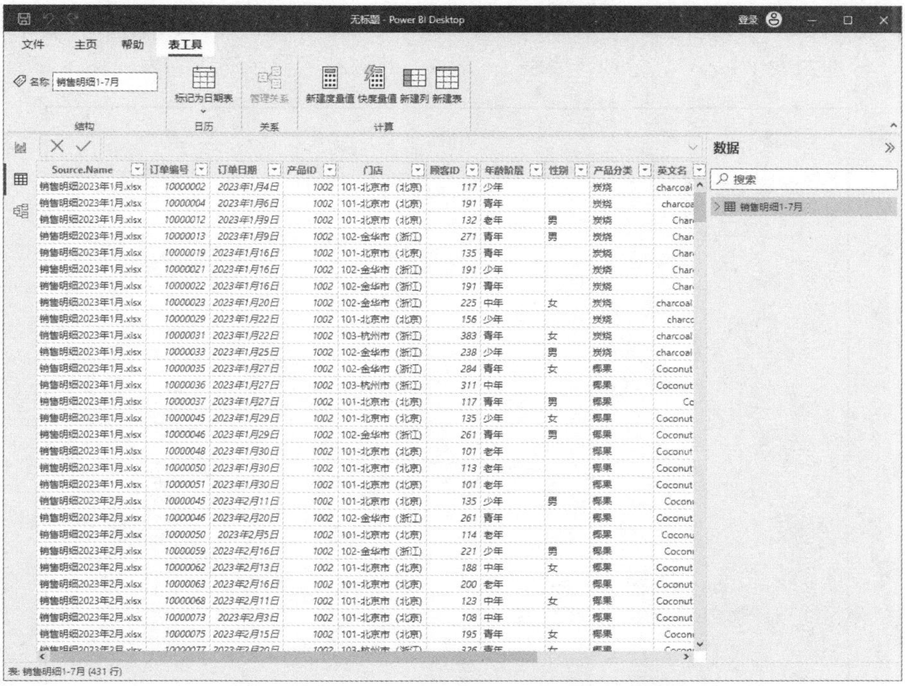

图 3-7　"销售明细 1—7 月"文件夹中的数据加载完成

提示

● 从文件夹获取数据有一个前提条件：文件夹中的文件格式（字段、字段顺序等）必须保持一致，如果文件的格式不一致，则用户需要把各个文件的格式修改一致后再做合并汇总。

三、从 Web 中直接获取数据

Web 也称万维网，是一种基于超文本和 HTTP 的、全球性的、动态交互的、跨平台的分布式图形信息系统。Power BI 提供了直接从 Web 中提取数据的功能，并能实时更新数据。

【实训 3-3】从新浪财经网站直接获取"大盘指数"数据。

① 在 Power BI Desktop 中执行"主页"|"获取数据"|"其他"|"Web"命令，打开"从 Web"对话框。

② 在 URL 中输入 https://vip.stock.finance.sina.com.cn/mkt/#dpzs，如图 3-8所示。

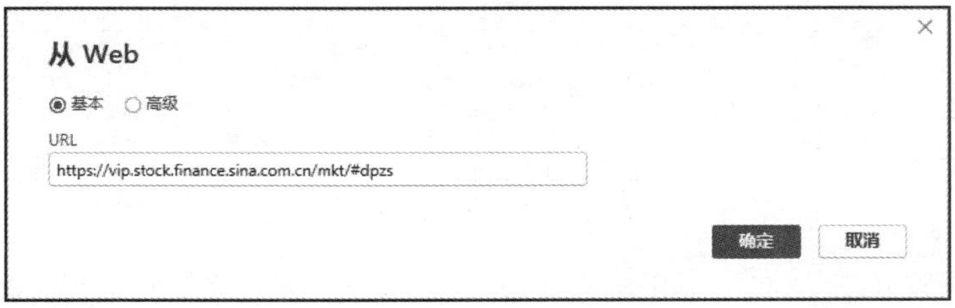

实训 3-3

图 3-8　输入 URL 地址

③ 单击"确定"按钮，打开"导航器"对话框，Power BI 将从页面中抓取的内容拆分为 7 个 HTML 表，分别为表 1～表 7。分别选择表 1～表 7，此时右侧显示对应的表视图，如图 3-9 所示。

图 3-9　HTML 表 7 的表视图

④ 选中"表 7"复选框，单击"加载"按钮，将表 7 加载到 Power BI Desktop。

⑤ 实时更新数据。在 Power BI Desktop 中执行"主页"|"刷新"命令，此时表 7 中的大盘指数可以自动更新为当前网页上的最新指数信息。

四、重新设定数据源

当已设定的数据源文件路径发生改变时，用户就需要重新设定数据源，否则会影响数据建模和数据可视化展示。重新设定数据源的具体操作如下。

① 在 Power BI Desktop 中执行"主页"|"转换数据"|"数据源设置"命令，如图 3-10 所示，打开"数据源设置"对话框。

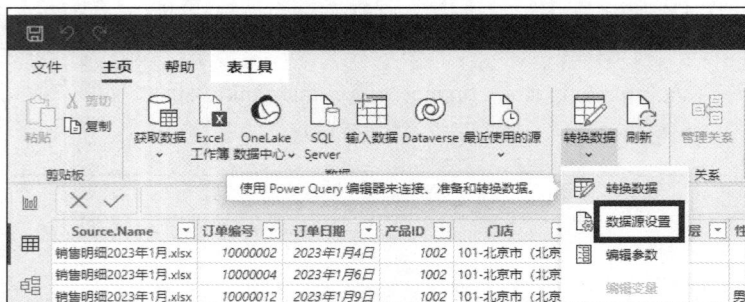

图 3-10　"数据源设置"入口

② 单击"更改源…"按钮，如图 3-11 所示，打开"文件夹"对话框，根据实际情况设定文件夹路径，单击"确定"按钮即可。

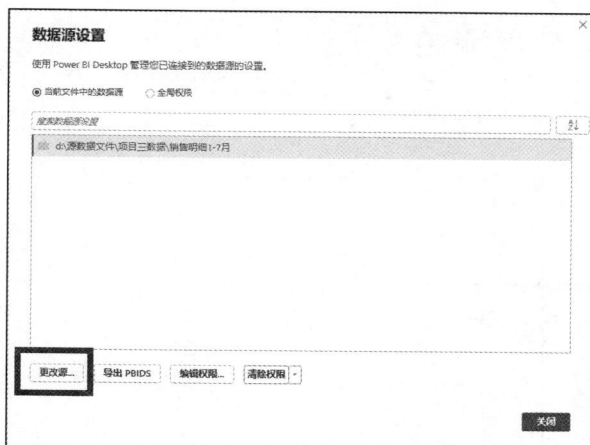

图 3-11 "数据源设置"对话框

提示

● 在 Power Query 编辑器中执行"主页" | "数据源设置"命令，也可以打开"数据源设置"对话框，重新设定数据源。

任务二 认识 Power Query 编辑器

一、打开 Power Query 编辑器

数据整理是在 Power Query 编辑器中完成的。Power Query 编辑器是集成在 Power BI Desktop 中的一个应用程序。打开 Power Query 编辑器的方式有两种。

1. 在导入数据时打开 Power Query 编辑器

从数据源获取数据时，在"导航器"对话框中有一个"转换数据"按钮，如图 3-12 所示。单击"转换数据"按钮，直接打开 Power Query 编辑器。

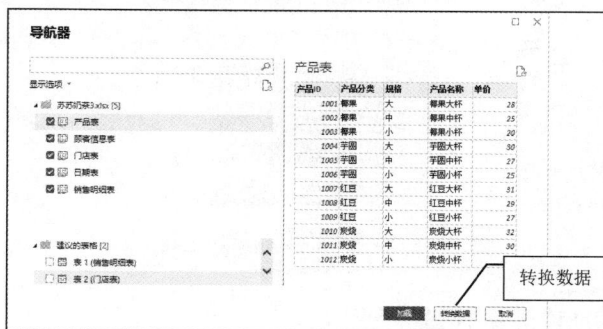

图 3-12 "转换数据"按钮

2. 进入 Power BI 后打开

在 Power BI Desktop 主界面中执行"主页" | "转换数据" | "转换数据"命令，打开 Power Query 编辑器。

二、熟悉 Power Query 编辑器窗口

Power Query 编辑器窗口分为 4 个区域，如图 3-13 所示。

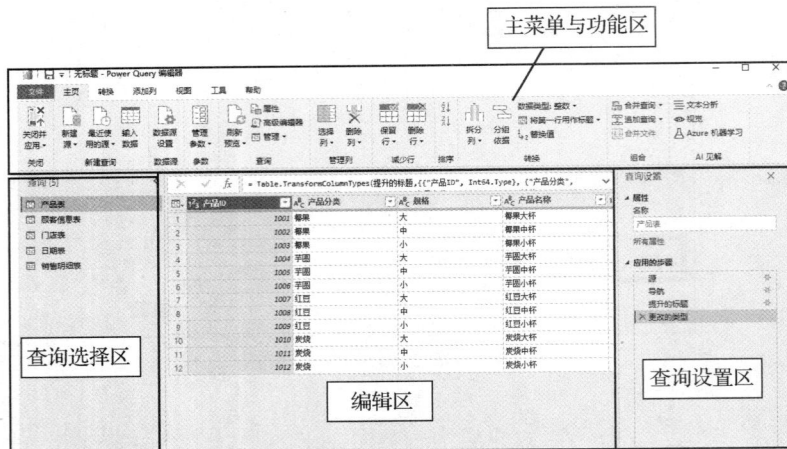

图 3-13　Power Query 编辑器

　　窗口上方为主菜单与功能区，主要提供了对数据进行清理的各类功能。注意 Power Query 编辑器主菜单与功能区中的具体内容与 Power BI Desktop 的主菜单和功能区内容有差异。

　　窗口左侧的查询选择区列出了当前文件中的所有查询，每个查询对应一个表或一个实体；单击选中某个查询，编辑区展现该查询的具体内容。

　　窗口中间为编辑区，显示已选择的查询，可进行编辑。编辑完成后可通过"关闭并应用"将查询上传到数据模型中。

　　窗口右侧为查询设置区，包括"属性"和"应用的步骤"两个部分。"应用的步骤"中会自动记录 Power Query 编辑器的每一步操作。单击步骤前的 ✕ 按钮可删除该步骤。

> **提示**
>
> ● 在 Power Query 编辑器中，数据清洗与转换工作主要由 Power Query 界面中的"转换"和"添加列"两个选项卡中的命令完成，这两个选项卡中的有些命令是一样的。区别在于："转换"选项卡中的命令是在原列上直接修改；而"添加列"选项卡中的命令是在原列基础上新增一列。
>
> ● Excel 2016 及以上版本已经集成了 Power Query 编辑器的插件功能，大家在"数据"选项卡中可以找到这个插件。

三、认识 M 语言

1．利用编辑栏编写或查看 M 代码

　　在 Power Query 编辑器窗口中每次使用功能区的图形化操作命令，在编辑栏中都会自动生成一段 M 代码。用户如果熟悉 M 语言，则也可以在编辑栏中使用 M 语言编写代码来完成数据整理工作，如图 3-14 所示。

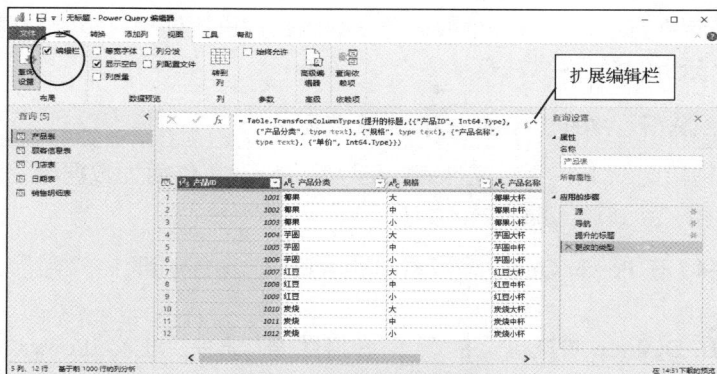

图 3-14　在编辑栏中查看 M 代码

提示

- 如果没有显示编辑栏，则在"视图"选项卡下选中"编辑栏"复选框。
- 如果代码太长，无法显示完整的 M 代码，则可单击编辑栏右侧的"展开"按钮 ⌄ 扩展编辑栏。

2. 在高级编辑器中编写或查看 M 代码

在编辑栏中只能看见当前步骤的 M 代码，如果想查看当前查询所有步骤的 M 代码，则需要进入"高级编辑器"窗口查看。

有两种方法进入"高级编辑器"窗口。一是执行"主页"|"高级编辑器"命令，进入"高级编辑器"窗口；二是执行"视图"|"高级编辑器"命令，进入"高级编辑器"窗口。在"高级编辑器"窗口中能查看到自动生成的所有操作步骤的 M 代码，如图 3-15 所示。

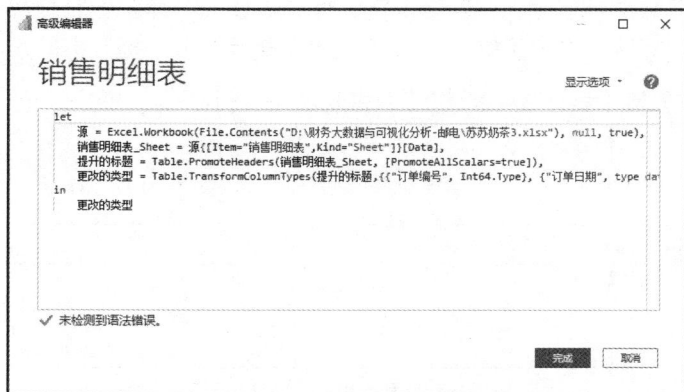

图 3-15　"高级编辑器"窗口

初学者可以直接使用 Power Query 编辑器中的图形化工具对数据进行清洗与转换；而是有一定计算机基础的用户可以在 Power Query 编辑器中直接使用 M 语言对数据进行整理。

任务三　Power BI 数据整理

数据整理是指使用更改数据类型、筛选与删除、文本提取与拆分、透视列与逆透视列、添加列等数据清洗与转换方法，对从各个数据源获取的数据进行处理，将源数据整理成满足数据建模和数据可视化分析的规范化数据。

一、数据准备：从 Power Query 中获取数据

本任务仍以"销售明细 1—7 月"文件夹中的 7 个 Excel 工作簿为数据源，介绍如何在 Power Query 编辑器中利用"新建源"命令导入数据。

【实训 3-4】在 Power Query 编辑器中批量获取"销售明细 1—7 月"文件夹中的数据。

① 在 Power BI Desktop 中执行"主页"|"转换数据"命令，进入"Power Query 编辑器"窗口。

实训 3-4

② 执行"主页"|"新建源"|"更多…"命令，打开"获取数据"对话框，在"全部"列表中选中"文件夹"。

③ 参照"项目三/任务一"中"从文件夹中获取数据"方法批量获取"销售明细 1—7 月"文件夹中的数据。

二、常用数据整理方法

观察"销售明细 1—7 月"数据表，不难发现存在很多数据不规范的问题。例如，有些列数据类型不明确、数据表中存在空值、有重复值、标题不合适等基本问题。Power Query 编辑器提供了修改与检测数据类型、提升标题、筛选与删除、填充与替换等常用的数据整理方法，能够很方便地对数据进行清洗与转换。

1. 将第一行用作标题

数据导入后，Power Query 编辑器会默认所有数据都属于数据行，所以数据表中的第一行可能会包含列名称。而在 Power BI 中，从第一行开始就必须是数据行，标题在数据行之上。一般情况下，Power Query 编辑器获取数据后会自动完成提升标题，如果没有自动处理，就需要用户手动提升标题。

实训 3-5

【实训 3-5】接【实训 3-4】，将"销售明细 1—7 月"表中的第一行数据用作标题。

① 选择"销售明细 1—7 月"表，查看当前标题，如图 3-16 所示。

	A^B_C Source.Name	ABC 123 销售明细表	ABC 123 Column2	ABC 123 Column3	A^B_C Column4	ABC 123 Column
1	销售明细2023年1月.xlsx	订单编号	订单日期	产品ID	门店	顾客ID
2	销售明细2023年1月.xlsx	10000001	2023/1/3	1001	101-北京市（北京）	
3	销售明细2023年1月.xlsx	10000002	2023/1/4	1002	101-北京市（北京）	
4	销售明细2023年1月.xlsx	10000003	2023/1/5	1003	101-北京市（北京）	

图 3-16　提升标题前（部分截图）

② 执行"转换"|"将第一行用作标题"命令，将首行提升为标题，如图 3-17 所示。

	A^B_C 销售明细2023年1月…	ABC 123 订单编号	ABC 123 订单日期	ABC 123 产品ID	A^B_C 门店	ABC 123 顾客ID
1	销售明细2023年1月.xlsx	10000001	2023/1/3	1001	101-北京市（北京）	
2	销售明细2023年1月.xlsx	10000002	2023/1/4	1002	101-北京市（北京）	
3	销售明细2023年1月.xlsx	10000003	2023/1/5	1003	101-北京市（北京）	
4	销售明细2023年1月.xlsx	10000004	2023/1/6	1002	101-北京市（北京）	

图 3-17　提升标题后

提示

● Power Query 编辑器中的"主页"选项卡下也有"将第一行用作标题"命令。

● 单击"将第一行用作标题"命令旁边的下拉按钮▼，还有一个"将标题作为第一行"命令，该命令可以用于降低标题，即将标题作为第一行的数据。

● 单击编辑区左上角的 ▦▾ 按钮，从下拉列表中选择"将第一行用作标题"是一种更为便捷的操作方法。

2. 数据的筛选与删除

Power Query 编辑器提供了数据筛选和删除功能，筛选功能是将需要的、符合要求的数据保留在 Power BI 中。删除功能是将不需要的、不符合条件的数据从 Power BI 模型中删除，主要包括删除行、删除列、删除错误、删除空值、删除重复项等操作。

（1）数据的筛选

项目二中介绍了在 Power BI Desktop 中用户可以通过筛选器、切片器等功能来筛选数据。Power Query 编辑器也具有数据筛选功能。用户使用列名旁边的"筛选"按钮▼可以将需要的数据行保留在 Power BI 中。

【实训 3-6】接【实训 3-5】，使用 Power Query 编辑器的筛选功能过滤掉"销售明细 1—7 月"表中"订单编号"列值为"订单编号"的数据行，并将数据按"订单编号"升序排列。

实训 3-6

① 在 Power Query 编辑器中选择"销售明细 1—7 月"表，单击"订单编号"列右边的"筛选"按钮▼，展开筛选列表。

② 将筛选列表中的滚动条拉到底部找到"订单编号"，取消"订单编号"前的选中标记，单击"确定"按钮。

③ 重新展开"订单编号"筛选列表，单击"升序排列"，使表中数据按照"订单编号"升序排列，如图 3-18 所示。

图 3-18　在 Power Query 编辑器中执行筛选功能

提示

● 执行筛选、排序后，"订单编号"列名旁边的"筛选"按钮图标由▼变成 ⬆。此时，在展开的筛选功能中的"取消筛选器""取消排序"命令处于可用状态，执行"取消筛选器"

"取消排序"命令会取消该列的所有筛选和排序设置。

● 每一列都自带筛选器，该筛选器随着本列数据类型不同而不同：文本筛选器（见图 3-19）是针对文本型数据的，日期筛选器（见图 3-20）是针对日期型数据的，数字筛选器（见图 3-21）是针对数值型数据的。用户可以利用这些筛选器筛选出需要的数据。

图 3-19　文本筛选器　　　　图 3-20　日期筛选器　　　　图 3-21　数字筛选器

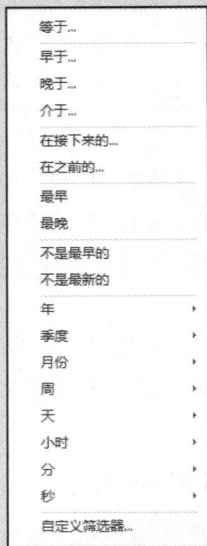

（2）数据的删除

数据整理过程中的一个关键步骤是删除空值、重复值、错误值等不必要数据。例如，通过观察发现，"销售明细 1—7 月"表中有些订单中有大量空值数据；"订单编号"列唯一标识每一条记录，是不能重复的；"数量"列可以通过创建度量值计算得出，是一个多余的列，可以删除。

✍【实训 3-7】接【实训 3-6】，删除"销售明细 1—7 月"表中的空值、"数量"列和重复项。

① 删除空值。在 Power Query 编辑器中选择"销售明细 1—7 月"表，单击"产品 ID"列右边的"筛选"按钮▼。在展开的筛选列表中选择"删除空"，即可删除空值记录。在筛选列表中取消"null"前的选中标记，单击"确定"按钮也可删除空值，如图 3-22 所示。

实训 3-7

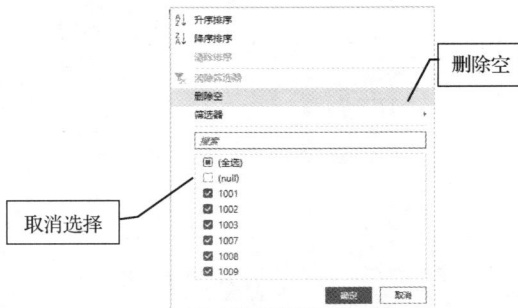

图 3-22　删除空值

提示

● Power Query 编辑器左下角会显示数据表的行数与列数，请注意删除前后数据表记录数（行数）的变化。

② 删除"数量"列。在 Power Query 编辑器中选择"销售明细 1—7 月"表，选定"数量"列，执行"主页"|"删除列"|"删除列"命令，即可将"数量"列删除，如图 3-23 所示。

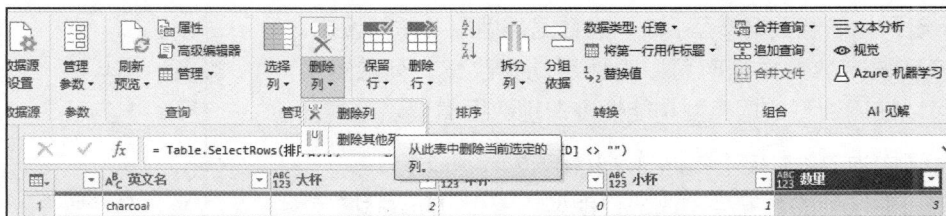

图 3-23　使用"主页"选项卡中的"删除列"命令

提示

● "删除列"的另一种方法：在"数量"列标题上单击鼠标右键，从弹出的快捷菜单中选择"删除"命令。

● "删除列"是删除选定的列，Power Query 编辑器中还有"删除其他列"命令，该命令用于删除选定列以外的所有列。

③ 删除重复项。在 Power Query 编辑器中选择"销售明细 1—7 月"表，在"订单编号"列单击鼠标右键，从弹出的快捷菜单中选择"删除重复项"命令。重复项删除后，数据表记录数（行数）由 253 行变成 251 行。

提示

● 在 Power Query 编辑器中，除了上述筛选、删除空值、删除重复项等功能外，还有"删除行"命令。执行"主页"|"删除行"命令，如图 3-24 所示，可以根据需要选择合适的选项对行数据进行整理。

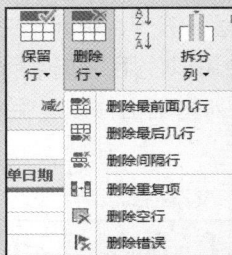

图 3-24　"删除行"命令

3. 更改与检测数据类型

Power BI 中有丰富的数据类型，如小数、整数、日期、文本、百分比等。将数据表导入 Power

BI 时，Power BI 将自动扫描前 1 000 行（默认设置）并尝试检测每列的数据类型，在某些情况下可能无法检测到正确的数据类型，这时就需要我们自行修正数据类型。

在 Power Query 编辑器中，每列列名左侧都有一个数据类型标识按钮，常见的有 123、ABC、圖、%，分别代表整数、文本、日期和百分比数据类型。单击数据类型标识按钮，展开可选数据类型列表，选择正确的数据类型即可。【实训 3-7】中有些列的数据类型已经被系统自动识别出来，如"门店"列名前面的符号按钮显示为 符号，表示该列值为文本型数据类型。但是有些列名前的符号按钮显示为 ABC 123 符号，表示该列为任意数据类型，该列的数据类型需要重新设定。

用户在设定数据类型时可以直接手动更改某一列数据类型，也可以使用检测数据类型功能批量识别数据类型。

✎【实训 3-8】接【实训 3-7】，手动将"订单日期"列的数据类型改成日期型，并使用检测数据类型功能批量将数据类型为"任意值"的列（如订单编号、产品 ID、顾客 ID、大杯、中杯、小杯、售价）自动识别为正确的数据类型。

实训 3-8

① 手动更改数据类型。单击"订单日期"列数据类型标识按钮，如图 3-25 所示，打开数据类型下拉列表，在该列表中选中"日期"，此时"订单日期"列标题名前的数据类型标识按钮由 ABC 123 变成 圖，即将"订单日期"列的数据类型更改成了日期型。

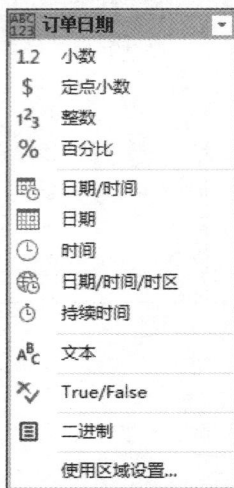

图 3-25　更改"订单日期"数据类型

提示

● 在 Power Query 编辑器中，"主页"选项卡和"转换"选项卡都有更改数据类型功能。

② 检测数据类型。在 Power Query 编辑器中选择"销售明细 1—7 月"表，按住 Ctrl 键，分别选定"订单编号""产品 ID""顾客 ID""大杯""中杯""小杯""售价"七列数据。执行"转换"|"检测数据类型"命令，自动检测这七列的数据类型。

4. 文本型数据的格式转换

文本型数据经常存在英文名字书写不统一、单元格中有多行回车符、数据前后有空格等格式问题。用户在 Power Query 编辑器中可以使用"转换"选项卡或者"添加列"选项卡中的"格式"命令来设置文本格式，前者在原列基础上修改，后者则保留原列。具体文本格式设置方式如表 3-1 所示。

表 3-1　　　　　　　　　　　　　　文本格式设置方式

格式设置方式	含义
大写	将所选列中的所有字母都转换成大写字母
小写	将所选列中的所有字母都转换成小写字母
每个字词首字母大写	将所选列中的每个字词的第一个字母转换成大写字母
修整	从所选列中的每个单元格中删除前导空格和尾随空格

格式设置方式	含义
清除	删除所选列中的非打印字符
添加前缀	向所选列中的每个值开头添加指定的文本字符
添加后缀	向所选列中的每个值结尾添加指定的文本字符

【实训 3-9】接【实训 3-8】，对"销售明细 1—7 月"表中的"英文名"列进行格式转换：每个字词首字母大写、删除每个单元格的前导空格和尾随空格，并在"顾客 ID"列值的开头添加大写字母 C。

① 每个字词首字母大写。选定"英文名"列，执行"转换"|"格式"|"每个字词首字母大写"命令，将所选列中的每个字词的第一个字母转换成大写字母。

② 修整。选定"英文名"列，执行"转换"|"格式"|"修整"命令，在所选列中的每个单元格中删除前导空格和尾随空格。

③ 添加前缀。选定"顾客 ID"列，执行"转换"|"格式"|"添加前缀"命令，打开"前缀"对话框。将值设置为"C"，如图 3-26 所示，单击"确定"按钮即可。

前缀

输入要添加到列中每个值的开头的文本值。

值
| C |

确定 　 取消

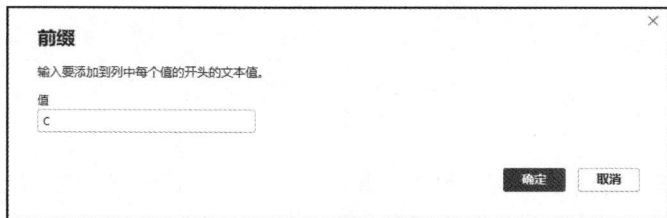

图 3-26　添加前缀

提示

● 对于文本中间的空格，可以利用"替换值"命令进行替换。

● 对于其他类型数据，也可以使用上述文本型数据处理功能，只不过经过文本型数据处理后的数据会直接转换成文本型数据。

5. 数据的填充与替换

（1）数据填充

填充是指将单元格中的值填充到当前列的相邻"空"单元格中，有向上填充和向下填充两个方向。在【实训 3-10】中，顾客"性别"列中有大量缺失数据，需要使用填充功能补齐。

【实训 3-10】接【实训 3-9】，利用填充功能补齐顾客"性别"列数据。

① 按顾客 ID 升序排列。在 Power Query 编辑器中选择"销售明细 1—7月"表，单击"顾客 ID"列名右边的"筛选"按钮▼，在展开的筛选列表中选择"升序排列"。观察此时数据表中"性别"列的数据，可以使用"向下"填充功能补齐数据。

② 向下填充。将鼠标光标定位于"性别"列的任意一个单元格中或选中"性别"列标题，

执行"转换"|"填充"|"向下"命令，如图 3-27 所示，可以将"性别"列的数据补齐。

图 3-27　向下填充数据

（2）数据替换

"替换"功能主要有两个用法：替换值和替换错误。替换值是使用指定新值替换当前列中选定的值。替换错误是使用指定值替换当前选定列中的所有错误。

通过观察发现，在【实训 3-10】中，"门店"列值中的左括号"（"为中文状态下的符号，而右括号")"是英文状态下的符号，为了统一输入格式，可以使用替换功能。

【实训 3-11】接【实训 3-10】，将"门店"列中的"（"（中文状态下输入符号）替换成"("（英文状态下输入符号）。

① 在 Power Query 编辑器中选择"销售明细 1—7 月"表，选定"门店"列，执行"转换"|"替换值"命令，打开"替换值"对话框。

实训 3-11

② 将"要查找的值"设置为"（"（中文状态下输入符号），将"替换为"设置为"("（英文状态下输入符号），单击"确定"按钮，完成替换，如图 3-28 所示。

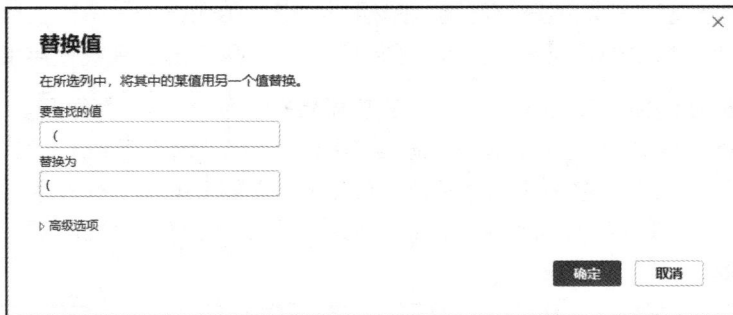

图 3-28　替换值

提示

● 在 Power BI 中输入文本数据时必须严格区分大小写、前后空格，严格区分中、英文状态下的文本符号。

三、二维表与一维表的转换

Power BI 以表格的形式存放数据，数据表格的表现形式主要有一维表和二维表。一维表用来记录信息，表格中的每个字段都是事物的属性；二维表用来展示各类情形下的统计分析结果，需要行和列来定位具体数据。在数据分析过程中，一维表适用于多维度、多角度的数据可视化分析。所以当获取的数据是二维表数据时，我们往往需要将其转换成一维表的形式。

Power Query 编辑器的透视列和逆透视列功能，能够实现一维表和二维表之间的转换。逆透视列是将二维表转换成一维表的过程，而将一维表转换成二维表的过程称为透视列。

1. 将二维表转换成一维表：逆透视列

逆透视列功能有三种用法：一是逆透视列，即将当前选定的所有列转换为属性值对；二是逆透视其他列，即将除当前选定的所有列之外的其他列转换为属性值对；三是仅逆透视选定列，即仅将当前选定的列转换为属性值对。用户可根据实际需要选择不同的逆透视列方式。

【实训 3-12】接【实训 3-11】，将"大杯""中杯"和"小杯"三列数据转换为一维表结构。

① 按住 Ctrl 键，依次选定"大杯""中杯"和"小杯"这三列。

② 执行"转换"|"逆透视列"命令，将"大杯""中杯"和"小杯"这三列数据转化成"属性"和"值"两列数据，如图 3-29 所示，将这三列数据从二维表结构转换成一维表结构。

实训 3-12

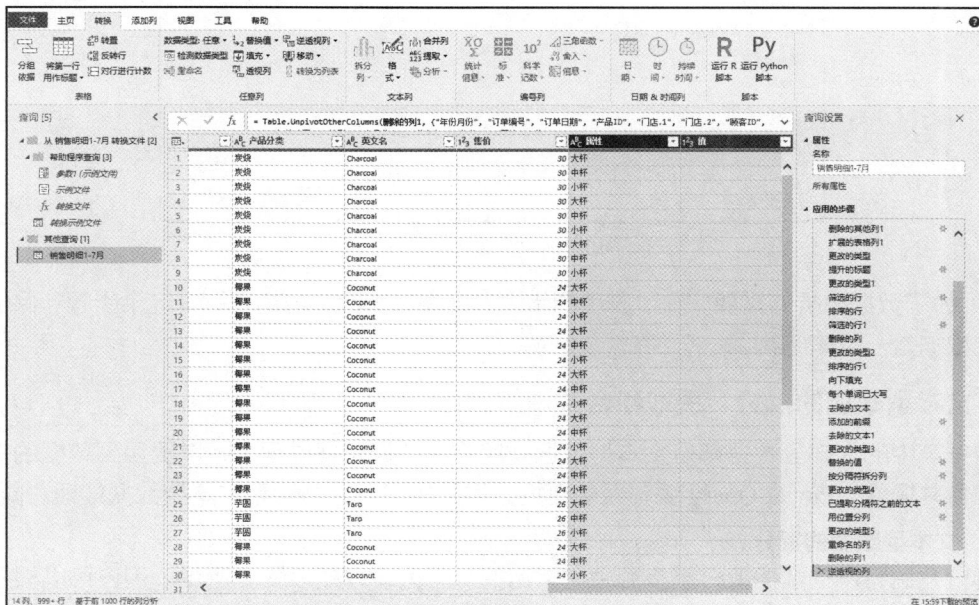

图 3-29　二维表转换成一维表

③ 选择“属性”列，执行“转换”|“重命名列”命令，将“属性”列名改为“规格”。同理，将“值”列名改为“数量”，如图 3-30 所示。

	产品分类	英文名	售价	规格	数量
1	炭烧	Charcoal	30	大杯	1
2	炭烧	Charcoal	30	中杯	2
3	炭烧	Charcoal	30	小杯	0
4	炭烧	Charcoal	30	大杯	1
5	炭烧	Charcoal	30	中杯	1
6	炭烧	Charcoal	30	小杯	0
7	炭烧	Charcoal	30	大杯	0
8	炭烧	Charcoal	30	中杯	0
9	炭烧	Charcoal	30	小杯	2
10	椰果	Coconut	24	大杯	0

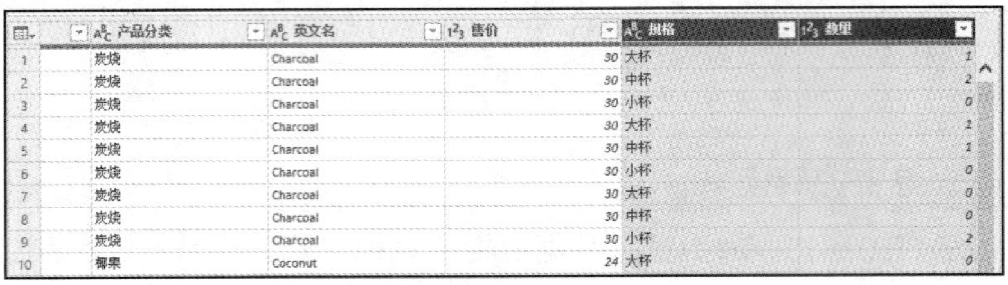

图 3-30　重命名列名

提示

- 当拿到一张数据表时，首先要看它是二维表还是一维表，如果是二维表，则需要使用“逆透视列”功能将其转换成一维表。
- 重命名列名的另一种方式是：双击列名进入编辑状态，直接输入新的列名即可。

2. 将一维表转换成二维表：透视列

透视列是逆透视列的反向操作，即将一维表转换成二维表。

【实训 3-13】接【实训 3-12】，将一维表恢复成二维表。

实训 3-13

① 在 Power Query 编辑器中选择“销售明细 1-7 月”表，选定“规格”和“数量”列。

② 执行“转换”|“透视列”命令，在“透视列”对话框中将“值列”设置为“数量”，如图 3-31 所示，单击“确定”按钮，将一维表又恢复成二维表。

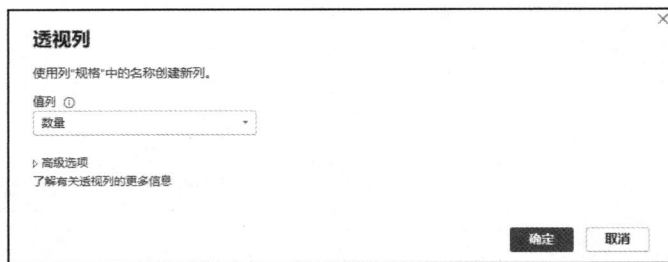

图 3-31　“透视列”对话框

③ 为了数据分析的需要，在“应用的步骤”列表中删除“已透视列”这个步骤，保证数据表中的数据是一维表结构。

四、文本型数据的拆分、提取和合并

数据表中的大部分数据都是文本型数据。用户在数据处理过程中经常要用到数据的拆分、提取和合并操作。Power Query 编辑器中有拆分列、提取、合并列等文本型数据处理功能。

1. 文本型数据的拆分

拆分列是将一列数据拆分至多列中，常用的拆分列命令如表 3-2 所示。用户可以根据实际情况选择合适的拆分功能。

表 3-2   常用的拆分列命令

拆分列命令	含义
按分隔符拆分列	基于指定的分隔符，拆分选中的列值
按字符数拆分列	将所选列的值拆分为具有指定长度的片段
按位置拆分列	将所选列的值拆分成指定位置的片段
按照从小写到大写的转换	按照从小写字母到大写字母的转换拆分选定列中的值
按照从大写到小写的转换	按照从大写字母到小写字母的转换拆分选定列中的值
按照从数字到非数字的转换	按照从数字字符到非数字字符的转换拆分选定列中的值
按照从非数字到数字的转换	按照从非数字字符到数字字符的转换拆分选定列中的值

【实训 3-14】接【实训3-13】，将"门店"列值中的门店 ID、所在城市与省份拆分。

① 选中要拆分的列。在"销售明细 1—7 月"表中选中"门店"列。

② 执行拆分命令。执行"转换"|"拆分列"|"按分隔符"命令，打开"按分隔符拆分列"对话框。系统自动识别出我们想要使用的拆分分隔符及拆分位置，如图 3-32 所示。

图 3-32 "按分隔符拆分列"对话框

③ 查看拆分结果。单击"确定"按钮，"门店"列拆分成两列，如图 3-33 所示。

图 3-33 "门店"列拆分成两列

④ 重命名列。双击"门店.1"列名，将其改成"门店 ID"，并将此列的数据类型更改成文本型。双击"门店.2"列名，将其改成"门店"。

2. 文本数据的提取

提取功能可以提取某列的部分值。常用的文本提取方式如表 3-3 所示。

表 3-3 文本提取方式

提取方式	含义
长度	返回所选列中的文本长度
首字符	从此列每个值的开头返回指定数量的字符
结尾字符	从此列每个值的结尾开始返回指定数量的字符
范围	从指定索引开始，返回指定数量的字符
分隔符之前的文本	返回分隔符之前出现的文本
分隔符之后的文本	返回分隔符之后出现的文本
分隔符之间的文本	返回两个分隔符之间出现的文本

通过观察可知，"销售明细 1—7 月"表的第一列数据是文件夹中每个 Excel 工作簿的名称（如销售明细 2023 年 1 月.xlsx），如果从这一列中提取"年份月份"信息，则需要先使用提取功能将"."分隔符之前的文本提取出来，然后使用拆分列功能将日期与"销售明细"拆分开来。

【实训 3-15】接【实训 3-14】，从"销售明细 1—7 月"表的第一列中提取"年份月份"信息。

① 选中"销售明细 1—7 月"表的"销售明细 2023 年 1 月.xlsx"列。

② 执行"转换"|"提取"|"分隔符之前的文本"命令，打开"分隔符之前的文本"对话框。将分隔符设置为"."，如图 3-34 所示。

实训 3-15

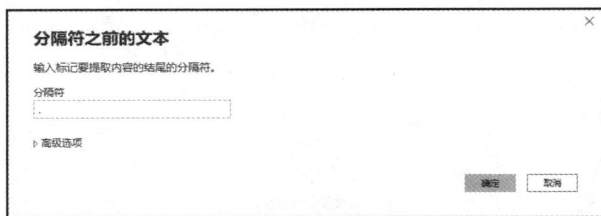

图 3-34 设置"分隔符之前的文本"

③ 查看提取结果。单击"确定"按钮，将第一列"."之前的文本提取出来，即去掉了".xlsx"后缀。

④ 拆分列。选定第一列，执行"转换"|"拆分列"|"按字符数"命令，打开"按字符数拆分列"对话框。将字符数设置为 4，拆分设置为"一次，尽可能靠左"，如图 3-35 所示。单击"确定"按钮，将第一列拆分成两列。

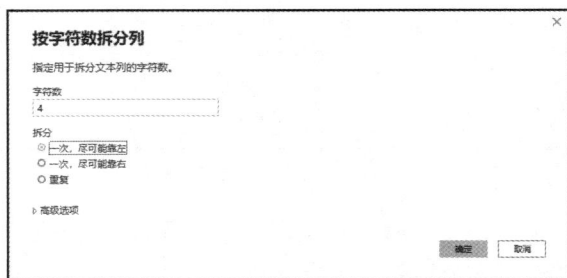

图 3-35 设置"按字符数拆分列"

⑤ 更改数据类型。选定包含"年份月份"数据列，将该列的数据类型修改为"文本"，系

统弹出"更改列类型"信息提示框，单击"替换当前转换"按钮。

⑥ 重命名列。双击包含"年份月份"数据列标题，将列标题改成"年份月份"。

⑦ 删除列。选定包含"销售明细"文本列标题，单击鼠标右键，从弹出的快捷菜单中选择"删除"命令，数据提取完毕，如图 3-36 所示。

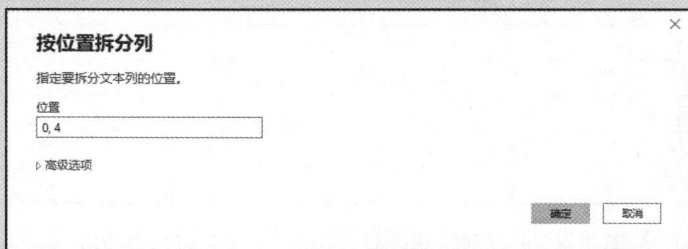

图 3-36 "年份月份"信息提取完毕

提示

● 在"④拆分列"这一步，也可以选择"按位置拆分列"，在"按位置拆分列"对话框中将位置设置为"0,4"，如图 3-37 所示，单击"确定"按钮即可。

图 3-37 设置"按位置拆分列"

3. 文本型数据的合并

与拆分和提取相反的操作是合并列，合并列是指将选中的多列数据合并到一列中。在"转换"选项卡中执行合并列后，原列删除；在"添加列"选项卡中执行合并列后，原列保留，增加了新的合并列。

【实训 3-16】接【实训 3-15】，将"销售明细 1—7 月"表中"产品分类"和"规格"这两列数据合并生成一列，并命名为"产品名称"，原列保留。

① 选中要合并的列。在"销售明细 1—7 月"表中，按住 Ctrl 键，依次选定"产品分类"列和"规格"列。

实训 3-16

② 执行合并列命令。执行"添加列"|"合并列"命令，打开"合并列"对话框。将分隔符设置为"无"，新列名设置为"产品名称"，如图 3-38 所示。

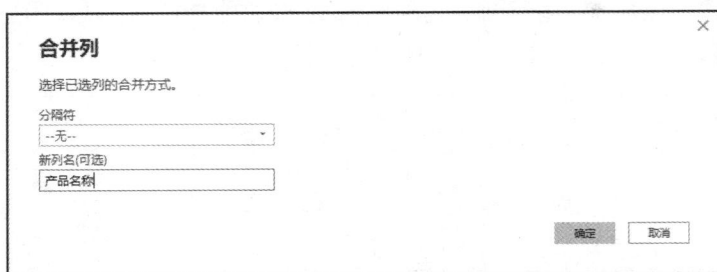

合并列

选择已选列的合并方式。

分隔符
--无--

新列名(可选)
产品名称

确定　　取消

图 3-38　设置"合并列"

③ 查看合并结果。单击"确定"按钮，在"销售明细 1—7 月"表中新增加一列"产品名称"。

提示

● 合并列是按照列值的先后顺序合并成新列的值，为了得到"炭烧大杯"这样的产品名称，在选择列时必须先选择"产品分类"列，再选择"规格"列，然后执行"合并列"命令，否则将会得到"大杯炭烧"形式的产品名称。

五、数值型数据的基本计算

Power Query 编辑器对数值型数据提供了基本的计算功能，具体内容如表 3-4 所示。

表 3-4　　　　　　　　　　　　数值计算分类及具体内容

数值计算分类	具体内容
统计信息	求和、最大值、最小值、平均值、中值、标准偏差、值计数、对非重复值计数等
标准计算	加、减、乘、除、取模、用整数除、百分比等
科学计算	绝对值、幂、平方根、对数、阶乘等
三角函数	正弦、余弦、正切、余切等
舍入	向上舍入、向下舍入、舍入等
信息	奇数、偶数、符号等

【实训 3-17】接【实训 3-16】，根据"售价"列计算折扣价，折扣率为 0.9，要求保留"售价"原列。

① 选中列。在"销售明细 1—7 月"表中选中"售价"列。

② 选择数字计算。执行"添加列"|"标准"|"乘"命令，打开"乘"对话框。将值设置为 0.9，如图 3-39 所示。

实训 3-17

乘

输入对列中每个值进行乘法运算的乘数。

值
ABC
123　　0.9

确定　　取消

图 3-39　输入乘数

③ 查看结果。单击"确定"按钮，在"销售明细 1—7 月"表中新增一列"乘法"。

④ 修改列名。将"乘法"列名改成"折扣价"。

六、日期型数据的处理

在 Power BI 中进行数据建模和数据可视化分析经常用到按照日期型数据的不同维度进行数据分析，需要按照年、月、日、季度等不同颗粒度组合定义时间，如提取日期中的年份、月份、季度、星期、周等。

【实训 3-18】接【实训 3-17】，根据"销售明细 1—7 月"表中的"订单日期"列提取年、月份、季度等信息，并添加到新建列中。

① 选中列。在"销售明细 1—7 月"表中选中"订单日期"列。

② 添加"年"列。执行"添加列"|"日期"|"年"|"年"命令，新建"年"列。同理，添加"月份"列和"季度"列。

实训 3-18

③ 修改数据类型。系统自动识别"年""月份""季度"这三列的数据类型为数字型。将其修改为文本型，如图 3-40 所示。

图 3-40 将"年""月份""季度"列的数据类型修改为文本型

七、常用添加列功能

对数据进行整理时，有时候需要在现有数据表的基础上添加一些辅助列，以便于后续进行多维度、多角度数据可视化分析。如图 3-41 所示，在 Power Query 编辑器中，常见的添加列功能在"添加列"菜单下的"常规"选项中，主要包括：条件列（等同于 Excel 中的 if 函数）、索引列（序号 0、1、2、3…）、重复列（复制一列）、自定义列（根据公式新建列）、示例中的列（使用示例在表中新建列）。

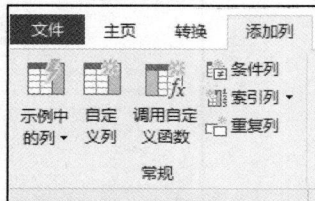

图 3-41 常见添加列操作

1. 添加条件列

条件列即按照一定条件创建新列，这是一个与 Excel 中的 If 函数功能类似的数据处理方法。

【实训 3-19】接【实训 3-18】，在"销售明细 1—7 月"表中添加条件列，把"数量"列分为 3 个区间：0～2、2～4、>4。

① 在"销售明细 1—7 月"表中选中"数量"列。执行"添加列"|"条件列"命令，打开"添加条件列"对话框。

② 在"新列名"文本框中输入"数量区间"。在"列名"中选择"数量"，在运算符中选择"小于或等于"，在"值"文本框中输入"2"。在"输出"文本框中输入"0～2"。

③ 单击"添加子句"按钮，继续输入其他条件，如图 3-42 所示。单击"确定"按钮，在"销售明细 1—7 月"表中新增一列"数量区间"。

④ 将"数量区间"列的数据类型更改为文本型。

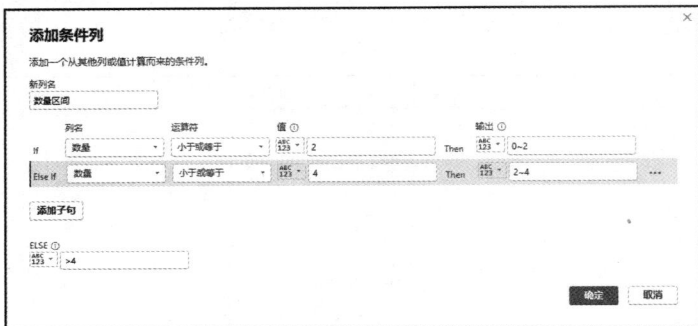

图 3-42　添加条件列

2. 添加索引列

添加索引列就是为数据表添加一个从 0 或者 1 开始，或者自定义范围的序列号。用户在后期的建模分析中，可以利用索引列来排序或者帮助定位到确定的行。

【实训 3-20】接【实训 3-19】，在"销售明细 1—7 月"表中添加一个从 1 开始的索引列。

选中"销售明细 1—7 月"表，执行"添加列"|"索引列"|"从 1"命令，在数据表增加一列从 1 开始的索引列，如图 3-43 所示。

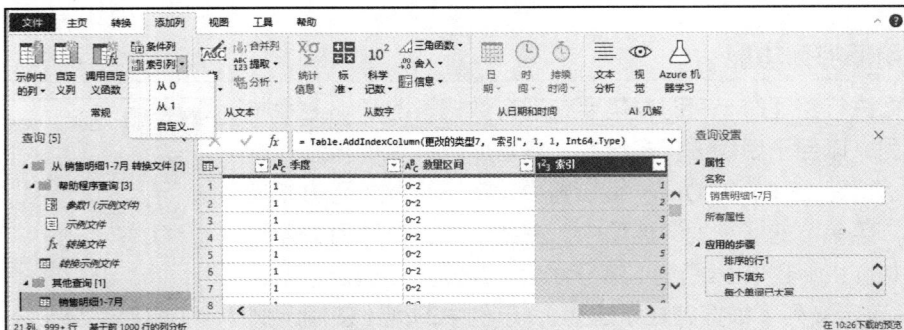

图 3-43　添加索引列

提示

● 索引列也可以选择"从 0"开始，或者选择"自定义"，自行设定"起始索引"和"增量"。

3. 添加示例中的列

在 Power BI 中，添加"示例中的列"是一个智能数据处理功能。添加示例中的列有两种方法：一是从所有列，即使用示例在此表中创建新列；二是从所选内容，即使用示例和当前所选内容在此表中创建新列。

【实训 3-21】接【实训 3-20】，在"销售明细 1—7 月"表中使用"示例中的列"功能，根据"门店"列值添加"所在城市"列。

① 在"销售明细 1—7 月"表中选中"门店"列。执行"添加列"|"示例中的列"|"从所选内容"命令，新增加一列"列 1"。

② 在该列第一行中输入"北京市"，如图 3-44 所示，可以看到整列都出现想要的结果，单击"确定"按钮。

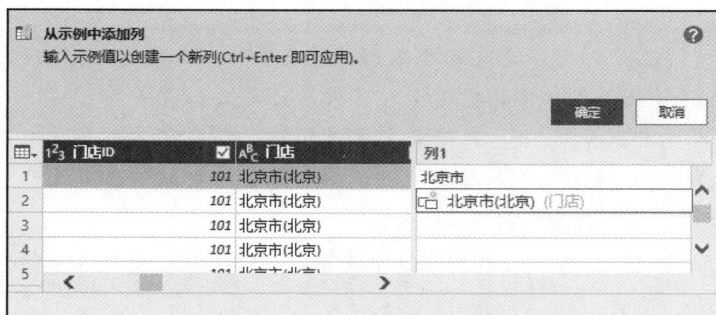

图 3-44　从示例中添加列

③ 将新建列的列名修改为"所在城市"。

提示

● 新添加的列往往自动保存在数据表的最后一列，用户可以使用 Power Query 编辑器"转换"选项卡的"移动"功能，将其移动到合适的位置。

● 用户也可以选定需要移动列的列名，按住鼠标左键，将其直接拖动到合适的位置。

4. 自定义列

如果上述几种方法仍不能满足我们的需求，则还可以通过自定义列的方式来实现添加列。

【实训 3-22】接【实训 3-21】，使用"自定义列"功能添加"年份季度"列，具体数据样式为"××××Q×"，例如，"2023Q1"表示 2023 年第 1 季度。

① 执行"添加列"|"自定义列"命令，打开"自定义列"对话框。

② 将新列名设置为"年份季度"，自定义列公式设置为"=[年]&"Q"&[季

实训 3-22

度]"，如图 3-45 所示。

③ 单击"确定"按钮，新增"年份季度"列完成，将其数据类型修改为文本型。

图 3-45 添加自定义列"年份季度"

提示

● "年"和"季度"列必须是文本型数据才能与其他文本连接，这两列如果是数字型，则用户务必先将其转换成文本型数据类型，再设置自定义列公式。

● 在自定义列公式中，"&"符号是文本连接符；字符常量需要使用英文状态下的双引号（""）引起来；[年]和[季度]是数据表的两列列名，直接从"自定义列"对话框的"可用列"列表中选用，使用方括号（[]）括起来。

● 自定义列与数字也可以进行加减乘除运算，如添加一列并输入公式：=[单价]×2。

八、表格的转置、反转、分组统计

在 Power Query 编辑器的"转换"选项卡中，有几个对整个表格进行处理的命令，如图 3-46 所示，除了"将第一行用作标题"，还有"转置""反转行""对行进行计数"和"分组依据"等功能。

图 3-46 对整个表进行处理的命令

1. 转置

转置就是把表中的行变成列，列变成行，实现行列互换。用户在转置时一般先选中需要转置的列，再执行"转换"|"转置"命令，实现行和列互换。

2. 反转行

反转行是把行的顺序颠倒，将数据最后一行变成第一行，将倒数第二行变成第二行，以此类推。例如，有时候我们想保留每位顾客最近一次的购买记录，则可以先反转行，再删除重复项来实现。

3. 对行进行计数

"对行进行计数"返回当前表的行数。Power Query 查询器中的"对行进行计数"与"分组依据"这两个功能可以进行简单数据统计。一般情况下主要在 Power Query 查询器中进行数

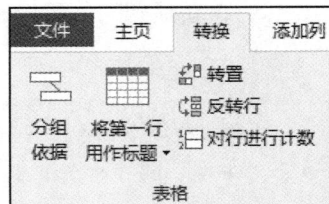

据整理，在 Power BI Desktop 中进行数据分析。

4. 分组依据

分组依据就是分组统计数据，类似于 Excel 的分类汇总功能。"分组依据"功能可以依据数据表中的某一类别对某列数据或某几列数据进行求和、求平均值、求最大值、求最小值、计数等聚合运算。

【实训 3-23】接【实训 3-22】，复制"销售明细 1—7 月"表，将新表命名为"产品销售统计"，在新表中按照"产品名称"统计不同产品的销售总数量，并对"产品销售统计"表进行转置、反转行操作。

实训 3-23

① 复制表。选中"销售明细 1—7 月"表，单击鼠标右键，从弹出的快捷菜单中选择"复制"命令。继续在查询区选择"销售明细 1—7 月"表，单击鼠标右键，从弹出的快捷菜单中选择"粘贴"命令，即可复制整张表，新增"销售明细 1—7 月（2）"数据表，如图 3-47 所示。

② 重命名表。在"销售明细 1—7 月（2）"上单击鼠标右键，从弹出的快捷菜单中选择"重命名"命令，将名称修改为"产品销售统计"，如图 3-48 所示。

图 3-47　复制整张表

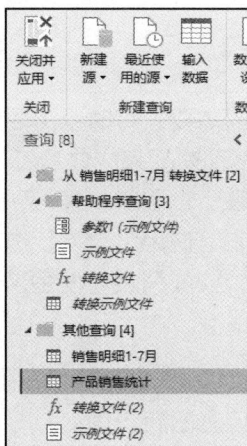

图 3-48　重命名表

③ 设置分组依据。选中"产品销售统计"表，执行"转换"|"分组依据"命令，打开"分组依据"对话框，在其中指定分组依据的列为"产品名称"，将新列名设置为"销售量"，操作设置为"求和"，柱设置为"数量"，如图 3-49 所示。

图 3-49　"分组依据"设置

④ 查看分组结果。单击"确定"按钮。分组后如图 3-50 所示。

⑤ 反转行。选定"产品销售统计"表，执行"转换"|"反转行"命令，可以看到表的行顺序反转了。

⑥ 转置。继续执行"转换"|"转置"命令，可以看到"产品销售统计"表中的行列互换了。

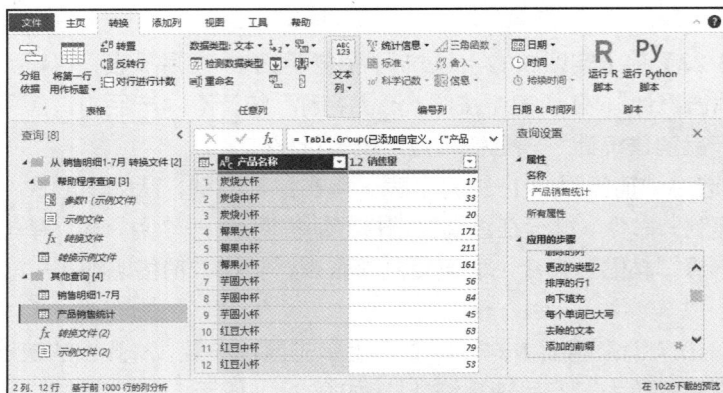

图 3-50 "分组依据"操作结果

九、复制列到表

由于数据分析的需要，有时候需要生成一张存放现有表中某一列数据的辅助表。在 Power Query 编辑器中有两种途径完成这项工作。

一是复制列到表。复制表中某一列，并生成新的查询，不会改变原表数据。

二是转换列到表。使用"转换"选项卡下的"转换到列表"功能也可以将当前选中列直接转换成列表，但是这个操作是在原表上进行的，会改变原表数据。

【实训 3-24】接【实训 3-23】，复制"产品分类"列，并将其转换成列表，生成包含该列的新查询。

① 在"产品分类"列标题上单击鼠标右键，从弹出的快捷菜单中选择"作为新查询添加"命令，生成包含"产品分类"列的列表，如图 3-51 所示。

图 3-51 作为新查询添加

② 执行"列表工具"|"转换"|"到表"命令，打开"到表"对话框，如图 3-52 所示。

③ 默认现有设置，单击"确定"按钮，将"产品分类"列表创建为一个新的查询表。查询区"产品分类"前面的图标由"列表"图标<img>变为"表"图标<img>，如图 3-53 所示。

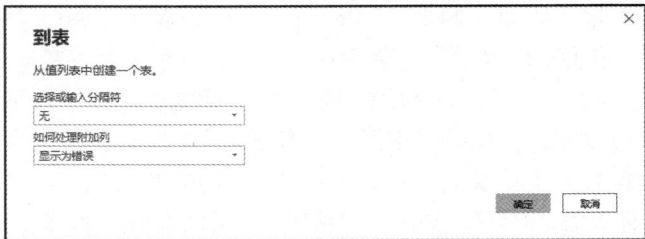

图 3-52 "到表"对话框

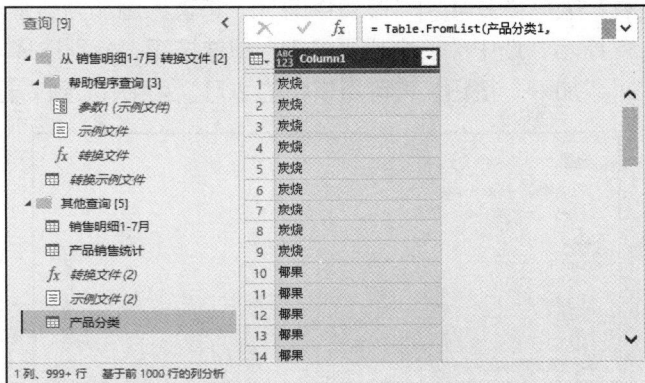

图 3-53 将列表转换成查询表

④ 在该列标题上单击鼠标右键，从弹出的快捷菜单中选择"删除重复项"命令。

⑤ 将该列列名修改为"产品分类"，修改其数据类型为文本，如图 3-54 所示。

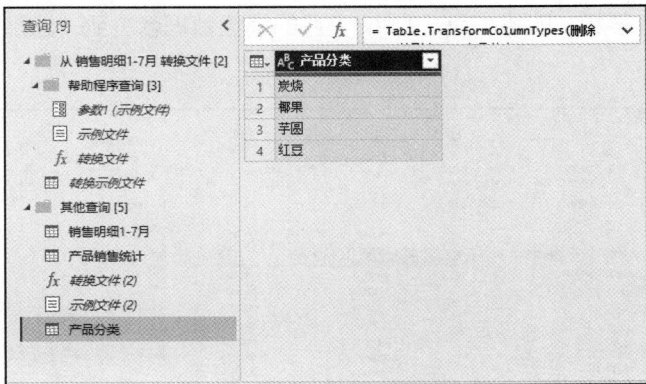

图 3-54 "产品分类"表

十、数据表合并：追加查询与合并查询

用户在 Power Query 编辑器中可以使用"合并查询"和"追加查询"两个功能，将多张表合并成一张表。其中，追加查询是将多张表纵向地合并在一起；而合并查询是将多张表横向地合并为一张表，它与 Excel 中的 VLOOKUP 函数功能类似，会将某些列值从一个表添加到另一个表中。

1．追加查询

追加查询有两个子命令。第一个子命令"追加查询"是在当前表的基础上追加其他表，第二个子命令"将查询追加为新查询"是将追加后的结果生成一张新表。

【实训 3-25】接【实训 3-24】，在 Power Query 编辑器中通过"新建源"，分别获取"销售明细 1—7 月"文件夹中 1 月、2 月和 3 月的数据，并将表更名为"1 月""2 月""3 月"，然后将这三个月的数据合并成一张表。

实训 3-25

① 在 Power Query 编辑器中执行"主页"|"新建源"|"Excel 工作簿"命令，选择"销售明细 1—7 月"文件夹中的"销售明细 2023 年 1 月.xlsx"文件，导入销售明细数据后，将表的名称改为"1 月"，并执行"将第一行用作标题"命令，提升标题。执行同样的操作，导入 2 月、3 月销售明细数据。

② 选中"1 月"表，执行"主页"|"追加查询"|"将查询追加为新查询"命令，打开"追加"对话框，如图 3-55 所示，选中"三个或更多表"单选按钮，分别选择"可用表"列表中的"2 月""3 月"，单击"添加>>"按钮，将可用表中的 2 月、3 月添加到"要追加的表"列表中。

图 3-55 "追加"对话框

③ 单击"确定"按钮，即将 1 月、2 月、3 月的销售数据合并到"追加 1"表中，如图 3-56 所示。

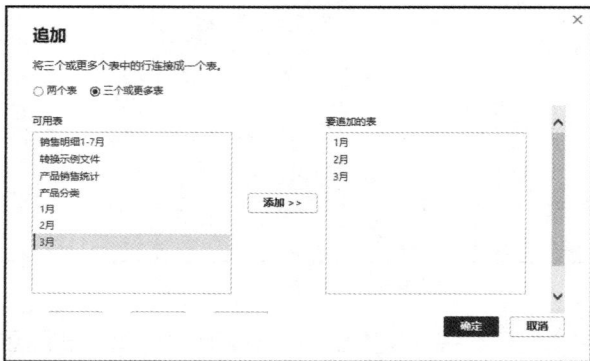

图 3-56 "追加查询"结果显示

2. 合并查询

使用"合并查询"功能横向合并两个表时，两个表中必须存在一个列名、数据类型完全相同的共同列。在合并查询下有两个子命令：第一个子命令"合并查询"是在当前表的基础上合并其他表，第二个子命令"将查询合并为新查询"是将合并后的结果生成一张新表。

假如有一张产品成本信息表，如表 3-5 所示，如何在"销售明细 1—7 月"表中添加产品成本信息？

表 3-5 产品成本信息表

产品分类	产品成本/元
炭烧	16
椰果	14
芋圆	12
红豆	10

① 在 Power Query 编辑器中创建"产品成本信息表"。常见的创建表方式有三种：一是在 Power Query 编辑器中执行"主页"|"输入数据"命令，在"创建表"对话框中输入表 3-5 中的信息；二是在 Excel 中输入表 3-5 中的信息，再利用"新建源"从 Excel 中将数据获取到 Power Query 中；三是在【实训 3-24】使用"复制列到表"功能生成的"产品分类"表中直接添加"成本"列，创建产品成本信息表。

② 使用"合并查询"功能，在"销售明细 1—7 月"表中添加产品成本信息。

✎【实训 3-26】接【实训 3-25】，将"产品分类"表改名为"产品成本信息表"，在该表中添加表 3-5 所示的产品成本信息，并使用"合并查询"功能在"销售明细 1—7 月"表中添加产品成本信息。

① 在 Power Query 编辑器中选择"产品分类"表，将其重命名为"产品成本信息表"，选中"产品分类"列，执行"添加列"|"条件列"命令，打开"添加条件列"对话框，在其中将新列名设置为"产品成本"。条件设置如图 3-57 所示。

实训 3-26

图 3-57 设置"添加条件列"

② 设置完成后，单击"确定"按钮，将"产品成本"列的数据类型改成整数，如图 3-58 所示。

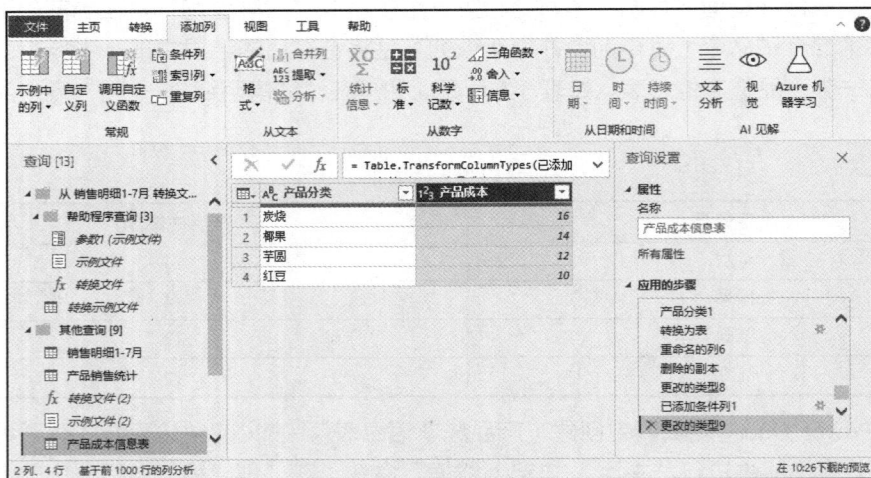

图 3-58 产品成本信息表

③ 合并查询。选定"销售明细 1—7 月"表，执行"主页"|"合并查询"|"合并查询"命令，在"合并"对话框中选择表和匹配列，如图 3-59 所示，在"销售明细 1—7 月"表和"产品成本信息表"下均选择"产品分类"列，联接种类选择"左外部"。

图 3-59 设置"合并"对话框

④ 生成新列。单击"确定"按钮，在"销售明细 1—7 月"表的右侧增加一个新列"产品成本信息表"，此列的列值是"Table"，如图 3-60 所示。

图 3-60　新列"产品成本信息表"的列值为 Table

⑤ 选择连接关键字。单击"产品成本信息表"列标题右侧的"展开"图标🔽，显示可以展开的列，如图 3-61 所示，在展开的列中只选择"产品成本"，单击"确定"即可。

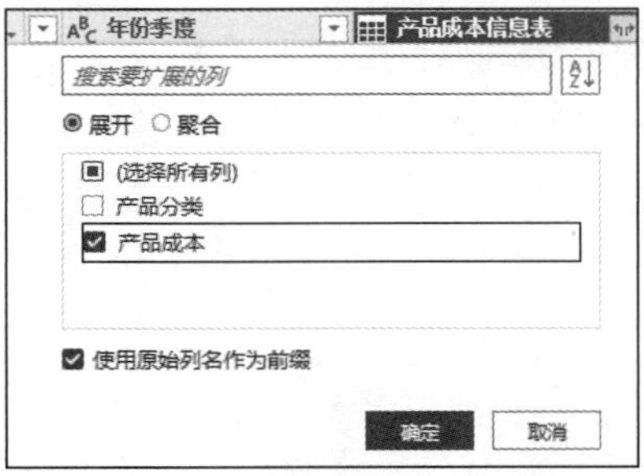

图 3-61　展开显示的列

通关测试

一、判断题

1. 在 Power BI 中可以将一个文件夹中的多个文件全部导入并汇总到一个表中。

　　　　　　　　　　　　　　　　　　　　　　　　　　　　（　　　）

2. 当已设定的数据源文件路径发生改变时，Power BI 能自动调整。　（　　　）

3. 将二维表转换为一维表要使用"透视列"功能。　　　　　　　　（　　　）

4. 添加索引列时 Power BI 默认从数字 1 开始。　　　　　　　　　（　　　）

5. 追加查询时必须指定两个表之间的关联字段。　　　　　　　　　（　　　）

二、单选题

1. 可以使用（　　　）语言在 Power Query 编辑器中完成数据整理工作。

　　A．VBA　　　　　　　B．SQL　　　　　　　C．M　　　　　　　　D．Python

2. 以下哪个图标代表本列为文本数据类型？（　　　）

A. ▦　　　　　　　B. A^B_C　　　　　　　C. 1²3　　　　　　　D. ABC123

3. 新添加的列默认排在数据表的（　　　）。

A. 首列　　　　B. 当前列的前面　　　C. 当前列的后面　　　D. 末列

4. 对于文本列列值中间的空格，可以采用以下哪种方法删除？（　　　）

A. 修整　　　　B. 清除　　　　C. 替换值　　　　D. 替换错误

5. 若数据表中的数据为"one-China principle"，那么指定提取范围为自第 4 个字符开始，提取 2 位，则提取到的字符串为（　　　）。

A. -C　　　　B. Ch　　　　C. nc　　　　D. ci

三、多选题

1. 在 Power BI 中可导入以下哪些文件？（　　　）

A. Excel 文件　　B. Word 文件　　　C. txt 文件　　　D. PDF 文件

2. 以下哪些扩展名表示文本文件？（　　　）

A. .doc　　　　B. .csv　　　　C. txt 文件　　　D. .xml

3. 填充方向有（　　　）。

A. 向上填充　　B. 向下填充　　　C. 向左填充　　　D. 向右填充

4. Power Query 编辑器提供了哪些对文本列的操作？（　　　）

A. 拆分　　　　B. 提取　　　　C. 合并　　　　D. 格式设置

5. 添加列包含以下哪些用法？（　　　）

A. 条件列　　　B. 索引列　　　C. 重复列　　　D. 示例中的列

四、问答题

1. 在 Power BI 中，可以从哪些数据源获取数据？

2. 文本数据的拆分、提取和合并的具体操作有哪些？

3. 合并查询和追加查询有何不同？

五、实训题

1. 从"新浪财经"网站下载"三只松鼠""良品铺子""来伊份"利润表数据。

2. 将下载的利润表数据导入 Power BI。

3. 在 Power Query 编辑器中对获取的数据进行数据整理，将利润表的结构统一整理为包含公司名称、报表日期、报表项目、报表金额等四列数据的报表，并使用"追加查询"功能将三个公司的利润表数据合并成一张报表，命名为"报表数据"，以满足数据可视化分析的要求。

项目四

Power BI 数据建模

知识目标

1. 掌握数据建模的基本方法。
2. 掌握 DAX 公式的书写规范。
3. 理解筛选上下文和行上下文的作用。

技能目标

1. 学会建立数据模型。
2. 学会利用 DAX 公式新建列、新建度量值、新建表。
3. 掌握 CALCULATE 等常用 DAX 函数的应用场景及用法。

素养目标

1. 了解数据建模的基本逻辑。
2. 学会面向问题梳理解决方案。

团队的力量

任务一　数据建模基本认知

一、数据建模的相关概念

1．数据建模

通过获取数据取得的源数据通常都是多张表，在表与表之间建立合适的关联，使之在逻辑上成为一张大表，这个过程就称为数据建模。

数据建模就是建立数据模型。常见的数据模型有层次模型、网状模型、关系模型和面向对象数据模型，其中关系模型是目前最流行，也是最重要的数据模型。

2．新建列

新建列不是从源数据加载而来，而是使用 DAX 公式计算生成的新列。新建列可以像源数据中的列一样使用。新建列不能参与用户交互。

选择要新建列的表，单击"列工具"选项卡中的"新建列"选项，输入 DAX 公式，即可在表中添加新列。

新建列的值占用内存，如果数据表非常大，新建列又过多，则会显著降低数据存取及计算效率，因此非必需不建议新建列。

3．度量值

度量值也是使用 DAX 公式创建的，但与新建列不同，度量值不属于任何表，新建的度量值不执行计算，只有当它被应用于视觉对象中时才执行计算。

度量值的计算结果是动态的，它会随着筛选上下文的不同执行不同的计算。计算结果不存储在数据模型中，不占用内存，并且度量值还能响应用户的交互。

用户可以将新建的度量值放在任何一个表中，但它仅仅是显示在表中而已，并不属于这张表。度量值较多时，建议将度量值单独存放在一个或若干文件夹中，以便查找使用。

综上所述，新建列与度量值在用途、计算、可视化应用、存储等方面均有所区别，具体如表 4-1 所示。

表 4-1　　　　　　　　　　　　　　　度量值与新建列的区别

比较类别	度量值	新建列
用途	用于计算、汇总模型数据	用于扩展数据表信息
计算	使用筛选上下文进行计算	使用行上下文进行计算
可视化应用	通常在可视化效果的"值"区域中使用，用于汇总数据	通常在可视化效果的行、轴、图例或组区域的字段设置中使用，用于筛选、分组和汇总
存储	以公式形式存储在模型中，不使用时几乎不占用内存	存储在表中，占用内存

> **提示**
> - 在 Power BI 中理解上下文的概念非常重要，后面将详细介绍。
> - 在实践应用中，如果能用度量值来解决问题，就不要使用新建列。

4．维度表和事实表

维度表和事实表都是为了更好地理解数据模型而对数据表做的一种区分。

事实表就是业务明细表。一个事实表主要存放一种业务记录，如销售明细表、采购明细表、存货出入库记录表。事实表中的数据一般按业务发生日期逐条记录，因此，事实表中的数据量很大。

维度表从分析问题的角度设计，如按产品分析需要建立产品表，按客户分析需要建立客户表，按日期分析需要建立日期表等。维度表中的数据按照分析维度建立。维度表中的分析维度字段的记录值是唯一的，如门店表中的门店 ID，每个门店都是唯一的，因此记录数较少。

数据分析就是通过维度表中的各个维度来对事实表中的数据进行处理。例如，在苏苏奶茶案例中，我们通过产品表中的产品分类、规格、产品名称，日期表中的日期、年份季度，门店表中的门店、省份等维度来分析销售数据表中的销售量、销售额等数据。维度表与事实表的区别如表 4-2 所示。

表 4-2 维度表与事实表的区别

比较项	维度表	事实表
特征	数据量小，一般行数少于事实表	数据量大，有较多数字型字段，行数多
举例	日期表、客户表、产品表、门店表等	销售数据表、凭证数据表、存货数据表、报表数据表等
用途	设置切片器、筛选器的字段、图表的轴	创建度量值的数据一般来自于事实表
模型视图	"1"的一端	"*"的一端

设计数据表时需要注意以下两点。

（1）不要将所有数据放到一张大表中，而是要按照维度表和事实表的特性，将数据拆分分别放置于维度表和事实表中。

（2）事实表中只存放最基本的字段，能够通过计算得到的字段一般不作为表中的固定字段。

二、数据建模的基本操作

数据建模就是定义表与表之间的关系，即确定两个表之间的连接方式。

在模型视图中，关系表现为一条带有箭头的连接线。连接线与两个表的相接处显示"1"或者"*"。

1．创建关系

Power BI 能自动识别并创建关系，也可以通过手动创建和修改关系。

在 Power BI 模型视图中，当拖动一个表的字段到另一个表时，Power BI 会自动识别关系列，判断哪端是"1"，哪端是"*"，箭头是从"1"指向"*"的方向。

2．查看关系

在苏苏奶茶案例中，当鼠标指针指向或单击日期表和销售数据表之间的连接线时，两张表的关联字段会高亮显示。

3．编辑关系

选中连接线后，单击删除键，可以删除两个表之间的关系。

双击连接线，可以打开"编辑关系"对话框，如图 4-1 所示。

"编辑关系"对话框中除了可以选择相互关联的表和列外，还有两个选项：基数和交叉筛选器方向。

图 4-1 "编辑关系"对话框

（1）基数

基数指明两个表的关系。两表之间有多对一、一对多、一对一和多对多四种关系。这四种关系的具体说明如表 4-3 所示。

表 4-3 关系类型及具体说明

关系类型	具体说明
一对多（1：*）	最常见的类型，代表右表中的关系列有重复值，而左表中是单一值
一对一（1:1）	左表与右表关系列中的值都是唯一的
多对一（*：1）	代表左表中的关系列有重复值，而右表中是单一值
多对多（*：*）	左表与右表关系列中均有重复值

在数学建模中，一般不建议使用一对一和多对多的关系。一对一关系会造成数据存储冗余，说明模型构建不合理，最好使用合并表将两表合二为一；在多对多关系中，两张表中的关系列都不是唯一值，可能会造成多义性。

（2）交叉筛选器方向

交叉筛选器方向表示数据筛选的流向，在关系线上用箭头标示。一般情况下，箭头指向事实表。交叉筛选器方向主要有两种类型。

① 单一：即单向关系。关系中的一个表会沿着箭头的方向对另一个表筛选，而不能反向。例如，表 1 可以按表 2 筛选，但表 2 不能按表 1 筛选。这适用于根据维度表的维度单向对事实表数据进行汇总计算。

② 两个：即双向关系。关系中的两个表可以互相筛选。例如，用户可以通过事实表筛选维度表，也可以通过维度表筛选事实表。除非完全了解启用双向交叉筛选关系导致的后果，否则不应启用双向交叉筛选关系。启用它有可能导致多义性、过度采样、意外结果和性能降低等问题。

4．数据模型的结构

在 Power BI 中，数据模型的结构是指建立关联的维度表与事实表的摆放样式，主要有两种结构：星形结构和雪花结构。

（1）星形结构

星形结构是最适合 Power BI 的数据模型结构，其特点是在事实表外侧只有一层维度表，所有维度表都直接与事实表关联，这种结构呈现的形状类似星形，故而得名，如图 4-2 所示。

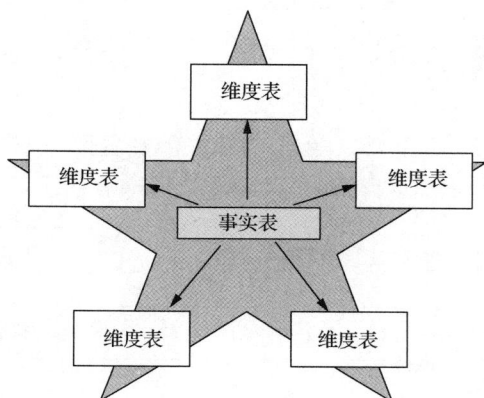

图 4-2　星形结构

星形结构的好处是两个表之间不会有循环关系，一个表到另一个表只有一条路径，这样的数据模型更便于理解，性能更优。在项目二苏苏奶茶数据可视化分析中建立的数据模型就采用这种简单实用的星形结构。一个星形结构并不总是有五个角的星形，这取决于维度表的数量。

（2）雪花结构

雪花结构的特点是在事实表外侧有多层维度表，每个维度表又可能连接多个维度表，就像雪花一样由中心向外延伸，如图 4-3 所示。

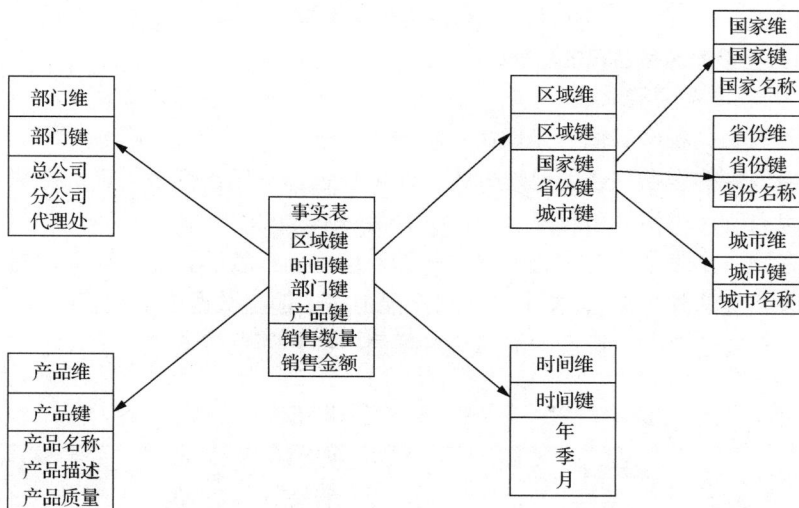

图 4-3　雪花结构

一般情况下，建议采用星形结构来创建数据模型，如果在一个维度上有多个维度表，则需要想办法将它们合并到一张维度表中，简化维度表结构。当然，由于实际业务的复杂性，数据表之间的关系错综复杂，并不一定都适合建立星形结构，但是用户应该努力使数据模型更接近于星形结构。

任务二　初识 DAX 语言

DAX 是 Data Analysis Expression 数据分析表达式的缩写，是专门用于书写数据分析表达式的语言，主要用于创建计算列、度量值和新建表。

一、DAX 语言基本规范

1. DAX 公式构成要素

DAX 公式构成要素有度量值名称、等号、DAX 函数名称、可重复引用的度量值、引用指定表中指定列（或直接引用表）、运算符和常数等，如图 4-4 所示。

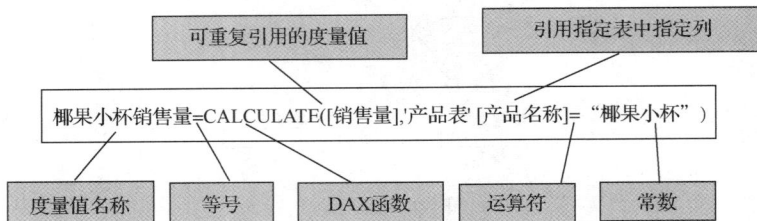

图 4-4　DAX 公式构成要素

度量值名称：在 Power BI Desktop 中执行新建度量值、新建列、新建表时，公式编辑栏首先显示"度量值=""列="或者"表="，"="前面的名称可以根据需要更改。

等号：与 Excel 函数类似，"="表示公式的开头，完成计算后将返回结果。

DAX 函数：每个 DAX 函数都能完成特定的功能。DAX 中的函数按照用途不同分为聚合函数、日期时间函数、筛选函数、逻辑函数等。

DAX 公式中可以引用指定表中的列或引用其他度量值。

2. 表、列、度量值的命名和书写规范

（1）表、列、度量值的命名

Power BI 对表、列和度量值等如何命名有一定要求。

表名称：模型中的表名称必须是唯一的。如果表名称不包含空格、其他特殊字符或任何非英语字符，则可以不用单引号引起来。

列名称：在同一个表中列名称必须是唯一的。但是不同表的列允许拥有相同的名称（在列名称前面加上表名称消除歧义），如'产品表'[产品 ID]与'销售数据表'[产品 ID]。

度量值名称：同一个数据模型内的每个度量值名称必须是唯一的。

> **提示**
> - 所有对象名称都不区分大小写，如名称 SALES 和 Sales 表示同一个表。
> - 对象名称中不得包含这些字符：.、,、;、'、:、/、\、*、|、?、&、%、$、!、+=、()、[]、{}、<>。

（2）在 DAX 公式中引用表、列和度量值

在 DAX 公式中引用表、列和度量值有固定的书写要求，如表 4-4 所示。

表 4-4   Power BI 中表、列和度量值书写要求

对象名称	书写要求	举例
表名称	一般使用单引号引起来	'产品表'
列名称或度量值	使用中括号"[]"括起来	[产品名称][销售量]
表中的列	'表' [列]	'产品表' [产品名称]

提示

● 除了列名、度量值、表名称、常数外，其他公式、运算符等必须在英文状态下书写。

● 输入 DAX 公式时，系统具有自动感知功能，用户通过"'"或"["可以启动智能感知功能。

● 如果 DAX 公式太长或嵌套太多函数，则用户可以使用"Shift+Enter"组合键或者"Alt+Enter"组合键来换行，使用 Tab 键或空格键调整间距，使公式整齐美观，增加易读性。

二、DAX 支持的数据类型和运算

将数据加载到 Power BI Desktop 中时，系统会尝试将数据源列的数据类型转换为能更好地支持、更高效地存储、计算和数据可视化的数据类型。例如，如果从 Excel 导入的数值数据列没有小数值，则 Power BI Desktop 会将整个数据列转换为整数数据类型。

1. DAX 支持的数据类型

在 DAX 公式中使用数据时，DAX 会自动识别所引用列中的数据类型或键入的值的数据类型，DAX 支持的数据类型有整数、小数、货币、True/False、文本、日期/时间、空白/Null 及表数据等数据类型。

2. DAX 中的运算符

DAX 是使用运算符来创建比较值、执行算术计算和处理字符串的表达式。DAX 的基本运算符如表 4-5 所示。

表 4-5   DAX 中的运算符

运算符	符号	含义
算术运算符	+	加法
	−	减法或负号
	*	乘法
	/	除法
	^	求幂
比较运算符	=	等于
	==	严格等于

续表

运算符	符号	含义
比较运算符	>	大于
	<	小于
	>=	大于或等于
	<=	小于或等于
	<>	不等于
文本连接运算符	&	连接两个文本字符串
逻辑运算符	&&	与运算。如果两个表达式均为TRUE，则结果为TRUE；否则结果为FALSE
	||	或运算。如果某一表达式为TRUE，则结果为TRUE；仅当两个表达式都为FALSE时，结果才为FALSE
其他运算符	IN	设置具体取值范围。其语法是使用大括号{}设置取值范围
	( )	括号

提示

● 在比较运算符中，"=="与"="的区别在于：当列值为0或BLANK时，表达式"[列名]=0"的结果均为TRUE，仅当列值为0时，表达式"[列名]==0"的结果才为TRUE，而当列值为BLANK时，表达式"[列名]==0"的结果为FALSE。

● "||"双竖线按键一般位于计算机键盘Enter键的上方。

● IN运算符是在要与表进行比较的每一行之间创建逻辑OR条件，如'产品表'[规格] in {"大杯","中杯","小杯"}。

如果DAX公式中有多种运算，则按照表4-6对运算进行排序。如果运算符具有同等优先级值，则按从左至右的顺序进行。

表4-6　　　　　　　　　　　　　DAX中运算符的优先级

优先级	运算符	说明
1	^	求幂
2	–	负号（如-1中的负号）
3	* 和 /	乘法和除法
4	+ 和 –	加法和减法
5	&	连接两个文本字符串（串联）
6	=、==、<、>、<=、>=、<>、IN	比较
7	&&、||	逻辑运算符

三、新建列与新建度量值

1. 新建列

在Power BI中有两种方法来添加新列：一是在Power Query编辑器中使用图形化工具或M

语言来添加列，如添加自定义列、日期列、示例中的列、索引列、条件列等；二是在 Power BI Desktop 中通过 DAX 公式来创建计算列。二者的区别在于在 Power BI Desktop 的"报表视图"或"表格视图"中新建列是以已经加载到模型中的数据为基础创建的，如项目二中介绍的在销售数据表中使用 RELATED 函数从"产品表"中提取数据新建"单价"列。

像其他任何字段一样，在 Power BI Desktop 中新建的计算列会显示在"数据"窗格中所选当前表中，新建列的前面带有 特殊图标，表示其值为 DAX 公式的计算结果。

【实训 4-1】打开"源文件"|"项目四"|"xm4.pbix"文件，在"日期表"中新增"年份月份"列，其值的样式为"××××年××月"。

① 在 Power BI Desktop 中打开"xm4.pbix"，在表格视图中选择"日期表"。

② 执行"表工具"|"新建列"命令，在公式编辑栏中输入"年份月份 = [年]&"年"&[月]&"月""，按回车键，即可得到图 4-5 所示的"年份月份"列。

实训 4-1

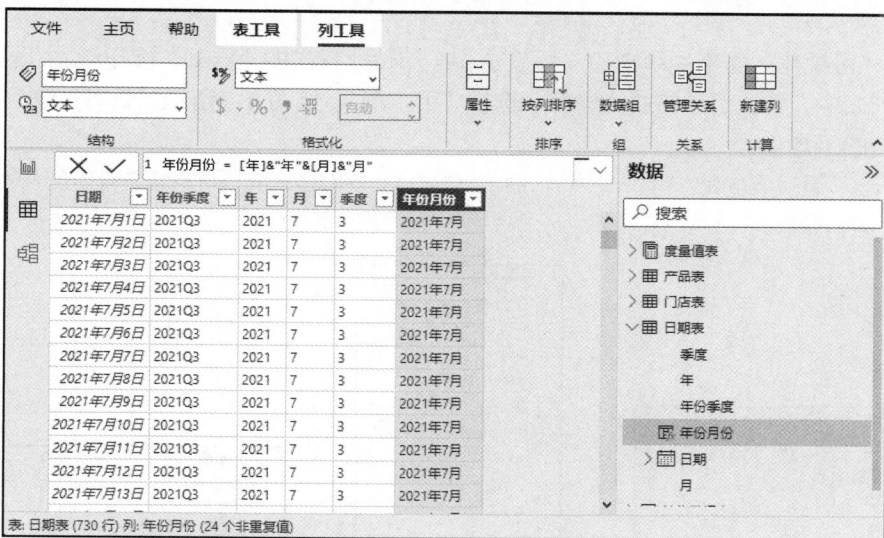

图 4-5 新建"年份月份"列

> **提示**
>
> ● 在新建列之前，用户需要检查日期表"年""月"两列数据是否为文本类型，如果不是，则务必先将其数据类型修改为文本型，然后再新建列。

2. 新建度量值

项目二已经使用 DAX 公式创建了销售量、销售额等度量值，通过 DAX 公式创建的度量值称为显式度量值，也简称为度量值。

除此之外，在 Power BI 中建立可视化模型时对列数据进行聚合运算也会自动创建度量值。

（1）创建隐式度量值

在 Power BI Desktop 的"数据"窗格中，有些列名前面有 ∑ 标志，这表示该列为数值列，如 ∑ 数量 ，将它应用在视觉对象中可以自动汇总列值。

【实训 4-2】将新建页命名为"隐式度量值"，创建一个矩阵表，按照年份季度汇总各产品的销售数量和平均单价。

① 在报表视图中单击"新建页"按钮 ，双击页名称，修改为"隐式度量值"。

② 插入一个矩阵表。将"年份季度"拖动到"行"中，将"数量"和"单价"拖动到"值"字段设置中，生成的矩阵表如图 4-6 所示，系统默认按年份季度对数量和单价求和。

年份季度	数量 的总和	单价 的总和
2021Q1	67	908
2021Q2	806	11368
2021Q3	1440	20410
2021Q4	2616	39019
2022Q1	2819	42770
2022Q2	6527	99128
2022Q3	11235	173903
2022Q4	16023	246011
总计	41533	633517

图 4-6　矩阵表

提示

● 在图 4-6 所示的矩阵表中显示不同年份季度的数量和是没问题的，但是对单价求和是无意义的，需要改变矩阵表中对单价的汇总方式。

③ 在"可视化"窗格中单击值字段设置中"单价"右侧的"展开"按钮 ，如图 4-7 所示，在展开的列表中，默认汇总方式为求和，选择"平均值"，如图 4-8 所示。此时矩阵表中"单价"列显示单价的平均值。

④ 双击"值"下面的"单价的平均值"，修改为"平均单价"，修改"数量的总和"为"数量"，如图 4-9 所示。

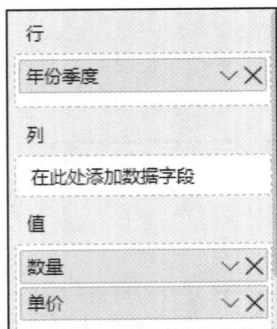

行

年份季度 ∨ ×

列

在此处添加数据字段

值

数量 ∨ ×

单价 ∨ ×

图 4-7　字段设置

删除字段
针对此视觉对象重命名
移动　　　　　　　　>
移到　　　　　　　　>
添加迷你图
条件格式　　　　　　>
删除条件格式
求和
✓ 平均值
最小值
最大值
计数（非重复）
计数
标准偏差
差异
中值
将值显示为　　　　　>
新建快速度量值

图 4-8　设置汇总方式

年份季度	数量	平均单价
2021Q1	67	26.71
2021Q2	806	27.53
2021Q3	1440	28.35
2021Q4	2616	30.15
2022Q1	2819	30.40
2022Q2	6527	30.51
2022Q3	11235	30.66
2022Q4	16023	30.76
总计	41533	30.48

图 4-9　生成新的矩阵表

在上述创建矩阵表的过程中，系统也对表中的数据进行自动计算，如对数量求和，对单价求平均，但我们并没有自行输入 DAX 公式。Power BI 对数据进行自动计算形成的 DAX 公式为隐式度量值。

（2）创建快速度量值

除了上述度量值创建方式外，Power BI Desktop 还有一个名为"快度量值"的功能，即直接从计算列表中选择，然后将结果添加到所选表中。用户可以根据需求在计算列表中选择对每个类别的聚合、筛选器、时间智能、总计、数学运算、文本等计算类别快速创建度量值，如表 4-7 所示。使用此功能可以自动生成 DAX 公式。

表 4-7　　　　　　　　　　　　　计算列表中可供选择的计算类别

计算类别	具体内容
每个类别的聚合	每个类别的平均值、差异、最大值、最小值、加权平均值
筛选器	已筛选的值、与已筛选值的差异和百分比差异、新客户的销售额
时间智能	本年至今总计、本季度至今总计、本月至今总计、年增率变化、季度增率变化、月增率变化、移动平均
总计	汇总、类别合计（应用筛选器）、类别合计（未应用筛选器）
数学运算	加法、减法、乘法、除法、百分比差异、相关系数
文本	星级评分、值连接列表

【实训 4-3】使用"快度量值"功能新建快度量值：门店平均销售额。

① 在表格视图中选择"产品表"，执行"主页"|"快度量值"命令，打开"快度量值"对话框。

② 在"计算"下拉列表中选择计算类别为"每个类别的平均值"，将度量值表中的"销售额"拖入"基值"，将销售数据表中的"门店 ID"拖入"类别"，如图 4-10 所示。

实训 4-3

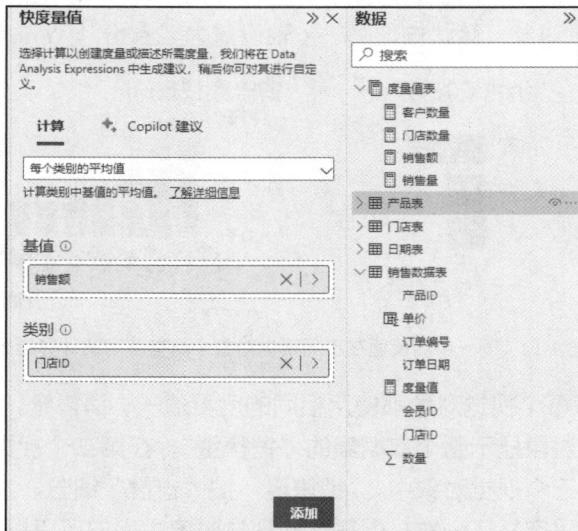

图 4-10　设置快度量值：门店平均销售额

③ 单击"添加"按钮，此时公式编辑栏中自动显示快度量值的 DAX 公式，将该度量值的名称修改为"门店平均销售额"，如图 4-11 所示。单击"提交"按钮✓或按回车键，在"产品表"字段列表中增加了度量值"门店平均销售额"。

```
1  门店平均销售额 =
2  AVERAGEX(KEEPFILTERS(VALUES('销售数据表'[门店ID])), CALCULATE([销售额]))
```

图 4-11　自动生成的"门店平均销售额"DAX 公式

四、理解并应用"上下文"

"上下文"是 DAX 中一个独特并且非常重要的概念。理解"上下文"并有效使用"上下文"对构建高性能的动态交互分析至关重要。众所周知，在 Excel 中是通过地址定义函数的运算范围的，在 DAX 中是通过上下文来定义函数所处的环境变量（即运算范围）的。

DAX 主要有两种类型的上下文：筛选上下文和行上下文。筛选上下文对数据进行筛选，行上下文可以理解为对表的当前行进行处理。

1. 筛选上下文（Filter Context）

筛选上下文即按照一定的规则对数据进行筛选，然后将提取出来的结果作为环境变量代入 DAX 公式。

在 Power BI 中，有很多环境因素会影响 DAX 公式的计算方式和显示方式，如切片器、报表页筛选器、公式中定义的筛选条件等，这些都是创建筛选上下文的方式。筛选上下文使报表中的图表之间呈现动态交互关系。

一般情况下，筛选上下文出现在度量值的应用中。

实训 4-4

【实训 4-4】在报表视图中使用同一个 DAX 度量值"销售量"创建三个视觉对象，如图 4-12 所示，观察筛选上下文是如何影响 DAX 度量值的。

① 创建第一个视觉对象：簇状柱形图。Y 轴设置为"销售量"。

② 创建第二个视觉对象：簇状条形图。Y 轴设置为"规格"，X 轴设置为"销售量"。

③ 创建第三个视觉对象：簇状柱形图。X 轴设置为"省份"，Y 轴设置为"销售量"。

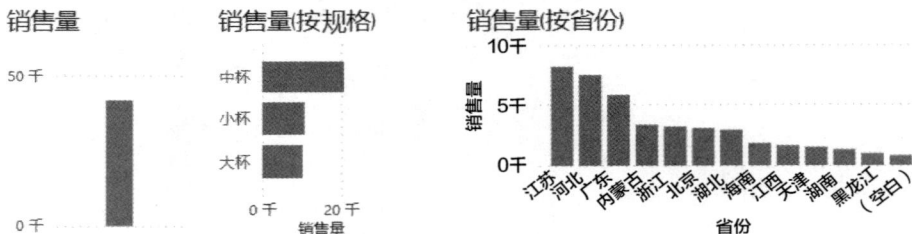

图 4-12　同一个度量值在不同视觉对象中具有不同的计算结果

在图 4-12 中，尽管每个视觉对象都使用相同的度量值——销售量，但这些视觉对象生成的结果不同。第一个视觉对象显示整个数据集的"销售量"，在第二个视觉对象中，"销售量"按照"规格"细分，在第三个视觉对象中，"销售量"按"省份"细分。

可见，尽管度量值只定义了一次，但在这些视觉对象中用户可以以不同的方式使用它。这正是筛选上下文发挥的作用。

视觉对象之间的交互也会更改 DAX 度量值的计算方式。如图 4-13 所示，如果选择第二个视觉对象，然后选中规格"小杯"条形，则三个视觉对象中的汇总结果发生变化。

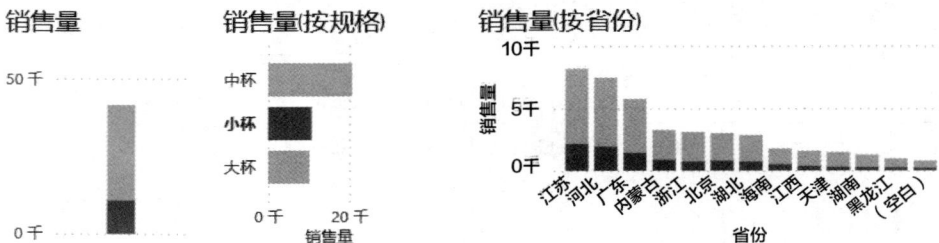

图 4-13　在第二个视觉对象中选中规格"小杯"的计算结果

在第二个视觉对象中选中规格"小杯"更改了 DAX 度量值的筛选上下文。它将第一个视觉对象的计算结果修改为"小杯"的销售量，在第三个视觉对象上还会按"省份"细分"销售量"，但也会突出显示规格"小杯"的结果。这些计算在内存中快速更改，并以高度交互的方式向用户显示结果。

2. 行上下文（Row Context）

行上下文可以理解为仅对当前行进行处理。一般情况下，行上下文出现在新建计算列的应用中，如创建同一个表的两个列列值相减的计算列。

✎ **【实训 4-5】** 在产品表中新建列：单位利润=[单价]−[单位成本]。

此公式仅自动计算获取指定列中当前行的值。

① 在表格视图中选择"产品表"。

② 执行"主页"|"新建列"命令，或者执行"表工具"|"新建列"命令，在公式编辑栏中输入"单位利润= [单价]−[单位成本]"。

③ 单击"提交"按钮√，或者按回车键，产品表中增加了"单位利润"新列。

实训 4-5

3. 筛选上下文与行上下文

筛选上下文和行上下文共同作用于 DAX 公式并对其结果产生影响。筛选上下文和行上下文的比较如表 4-8 所示。

表 4-8　　　　　　　　　　　　　　筛选上下文与行上下文的比较

比较内容	筛选上下文	行上下文
应用场景	度量值	计算列
原理	可视化图表中的每一个值都是基于对该值设定筛选上下文计算出来的	计算列是逐行计算的，每一次执行公式计算都会引用行数据
引用列	不能直接引用列，需要使用聚合函数或带有计算功能的函数汇总引用列的值	一般不对引用列使用聚合函数，"=SUM（[列名]）"输出的列值都是总计数
计算结果	多行的数据表	当前行

🔍 **提示**

● 一般情况下，筛选上下文只出现在度量值中，行上下文只出现在计算列中，但是也有特殊情况，用 SUMX、EARLIER 等迭代函数可以在度量值中引用行上下文。例如，度量值:销售额 = SUMX('销售数据表',[数量]×[单价])中引用了行上下文，其原理是：先逐行计算，引用行上下文，然后汇总求和，引用筛选上下文。

任务三　学习常用 DAX 函数

DAX 函数按照功能不同分为不同类型，如数学函数、聚合函数、日期与时间函数等，如表 4-9 所示。

表 4-9　　　　　　　　　　　　　　函数分类及代表函数

函数分类	代表函数
数学函数	ABS、DIVIDE、INT、EXP、ROUND、ROUNDDOWN、ROUNDUP、SQRT

函数分类	代表函数
聚合函数	AVERAGE、SUM、MAX、MIN、COUNT、COUNTROWS、COUNTBLANK、DISTINCTCOUNT、AVERAGEX、SUMX、MAXX、MINX、COUNTX、RANKX
文本函数	CONCATENATE、FORMAT、LEFT、LEN、LOWER、MID、REPLACE、RIGHT、TRIM、VALUE
日期与时间函数	CALENDAR、DATE、DATEDIFF、DAY、MONTH、QUARTER、TODAY、HOUR、MINUTE、NOW
时间智能函数	TOTALYTD/QTD/MTD：年/季/月初至今； PREVIOUSYEAR/Q/M/D：上一年/季/月/日；NEXTYEAR/Q/M/D：下一年/季/月/日 SAMEPERIODLASTYEAR：上年同期；PARALLELPERIOD：上一期
筛选器函数	ALL、ALLEXCEPT、ALLSELECTED、CALCULATE、FILTER、LOOKUPVALUE、SELECTEDVALUE
信息函数	ISBLANK、ISEMPTY、ISERROR、ISNUMBER、ISTEXT、HASONEFILTER、HASONEVALUE
逻辑函数	AND、FALSE、IF、IFERROR、NOT、OR、SWITCH、TRUE
关系函数	RELATED、RELATEDTABLE
表操作函数	ADDCOLUMNS、EXCEPT、INTERSECT、FILTERS、SUMMARIZE、TOPN、VALUES

除了上述函数外，DAX 中还有财务函数（用于执行财务计算的公式，如净现值和回报率等）和统计函数（计算与统计分布和概率相关的值，如标准偏差和排列数等），这些函数类似于 Excel 中使用的财务函数和统计函数，这里不再累述。

本任务选择了几个最为常用的 DAX 函数，结合案例详解其语法结构及用法。

一、学习 CALCULATE 函数

1. CALCULATE 函数语法

CALCULATE 函数是 DAX 中最强大的筛选器函数，它不仅有筛选功能，还有计算功能。

函数语法：
CALCULATE(<expression>[, <filter1> [, <filter2> [, …]]])
函数功能：
根据第二个及之后参数筛选上下文，返回第一个表达式的值。
函数参数：
expression：要进行求值的表达式，一般为聚合函数或度量值。
filter1,filter2…：一系列筛选条件，多个筛选条件间用逗号或 "&&" 分隔。

CALCULATE 函数的筛选条件有三种：布尔筛选表达式、表筛选表达式、筛选器修饰符函数，如表 4-10 所示。

表 4-10　　　　　　　　　　CALCULATE 函数筛选条件的类别

类别	特点	举例
布尔筛选表达式	计算结果为 TRUE 或 FALSE 的表达式，可以引用单个表中的列，但是不能引用度量值	'产品表'[产品分类]="红豆",'产品表'[规格]="中杯"
表筛选表达式	这个表可以是对模型中基表的引用，也可以是返回表的函数（如 FILTER 函数）	FILTER('产品表', '产品表'[产品分类]="红豆"&&'产品表'[产品分类]="中杯")
筛选器函数	使用 REMOVEFILTERS、All 等筛选器函数来添加、修改筛选器上下文	REMOVEFILTERS('产品表'[产品分类])

2. CALCULATE 函数应用示例

从 CALCULATE 函数的语法结构可以看出它能够把计算表达式和筛选条件整合起来。如果

创建报表或可视化对象时将筛选器、切片器、行、列设置看作初始筛选条件，那么 CALCULATE 函数可以使用内部筛选条件设置对初始筛选条件进行修改，生成新的筛选条件，从而缩小或扩大筛选上下文。

（1）筛选条件为空，不影响外部上下文

【实训 4-6】新建度量值：全销售量 = CALCULATE([销售量])，然后新建矩阵表观察筛选上下文的变化。

① 新建页，命名为"CALCULATE"。

② 在报表视图中选择"产品表"，执行"主页"|"新建度量值"命令，在编辑栏中输入：全销售量= CALCULATE([销售量])，按回车键。

③ 在报表视图中新建矩阵表，将"产品名称"拖到"行"中，将"销售量""全销售量"拖到"值"中，矩阵表完成后如图 4-14 所示。

产品名称	销售量	全销售量
红豆大杯	3581	3581
红豆小杯	3827	3827
红豆中杯	7367	7367
炭烧大杯	831	831
炭烧小杯	877	877
炭烧中杯	1710	1710
椰果大杯	1324	1324
椰果小杯	1418	1418
椰果中杯	2576	2576
芋圆大杯	4454	4454
芋圆小杯	4563	4563
芋圆中杯	9005	9005
总计	**41533**	**41533**

销售量 = SUM('销售数据表'[数量])

全销售量 = CALCULATE([销售量])

图 4-14　CALCULATE 筛选条件为空时的计算结果

创建度量值"全销售量"时，CALCULATE 函数只用了第一个参数，因为该函数内部筛选条件为空，所以此度量值完全依赖初始筛选条件，其计算结果与原度量值"销售量 = SUM('销售数据表'[数量])"一致。

（2）添加筛选条件，缩小上下文

【实训 4-7】接【实训 4-6】，新建度量值：红豆奶茶销售量 = CALCULATE([销售量],'产品表'[产品分类]="红豆")，然后在矩阵表中观察筛选上下文的变化。

① 在报表视图中选择"产品表"，执行"表工具"|"新建度量值"命令，在公式编辑栏中输入：红豆奶茶销售量 = CALCULATE([销售量],'产品表'[产品分类]="红豆")，按回车键。

② 将度量值"红豆奶茶销售量"拖到"值"上，新的矩阵表如图 4-15 所示。

创建度量值"红豆奶茶销售量"时，CALCULATE 函数中添加了筛选条件"'产品表' [产品分类]="红豆""，只计算红豆奶茶的销售量，在矩阵表中只筛选红豆奶茶的销售数据。可见，该度量值已经改变了初始筛选条件，缩小了筛选上下文。

（3）结合 ALL 函数，扩大上下文

【实训 4-8】接【实训 4-7】，新建度量值：All 销售量表=CALCULATE([销售量],ALL('产品表'))，然后在矩阵表中观察结果。

① 在报表视图中选择"产品表"，执行"表工具"|"新建度量值"命令，在公式编辑栏中输入：All 销售量表=CALCULATE([销售量],ALL('产品表'))，按回车键。

② 将度量值"All 销售量表"拖到"值"上，新的矩阵表如图 4-16 所示。

产品名称	销售量	全销售量	红豆奶茶销售量
红豆大杯	3581	3581	3581
红豆小杯	3827	3827	3827
红豆中杯	7367	7367	7367
炭烧大杯	831	831	
炭烧小杯	877	877	
炭烧中杯	1710	1710	
椰果大杯	1324	1324	
椰果小杯	1418	1418	
椰果中杯	2576	2576	
芋圆大杯	4454	4454	
芋圆小杯	4563	4563	
芋圆中杯	9005	9005	
总计	41533	41533	14775

图 4-15　缩小上下文

产品名称	销售量	全销售量	红豆奶茶销售量	All销售量表
红豆大杯	3581	3581	3581	41533
红豆小杯	3827	3827	3827	41533
红豆中杯	7367	7367	7367	41533
炭烧大杯	831	831		41533
炭烧小杯	877	877		41533
炭烧中杯	1710	1710		41533
椰果大杯	1324	1324		41533
椰果小杯	1418	1418		41533
椰果中杯	2576	2576		41533
芋圆大杯	4454	4454		41533
芋圆小杯	4563	4563		41533
芋圆中杯	9005	9005		41533
总计	41533	41533	14775	41533

图 4-16　扩大上下文

创建度量值"All 销售量表"时，CALCULATE 函数中添加了筛选条件"ALL('产品表')"，其含义是清除产品表的所有外部筛选上下文，即涉及"产品表"的初始筛选条件均不起作用，矩阵表中每行统计的都是产品表中所有产品的信息，其值均为所有产品的销售量。所以，CALCULATE 函数与 ALL 函数配合使用可以扩大筛选上下文。

从上述例子中可以看出，使用 CALCULATE 函数创建度量值时：如果筛选条件为空，则不影响外部上下文；如果添加了限制筛选条件，则会缩小上下文；在限制条件中结合 ALL 函数，会扩大上下文。

提示

● 筛选器函数中的 CALCULATETABLE 函数与 CALCULATE 函数具有完全相同的功能，只不过 CALCULATETABLE 函数的第一个参数是模型中的表或返回表的函数，其返回的值是表，而不是具体值。

二、学习 ALL/ALLEXCEPT/ALLSELECTED 函数

DAX 筛选器函数中存在以 ALL 开头的几个函数，这些函数往往不单独使用，而是作为中间函数，用于清除上下文筛选器，可用于更改其他计算的结果集。例如，这些函数经常与CALCULATE 函数一起使用，更改 CALCULATE 函数的计算范围。

1. ALL 函数
（1）ALL 函数语法

函数语法：
ALL([<table> | <column>[, <column>[, <column>[,…]]]])
函数功能：
删除某些初始筛选条件，扩大筛选的范围。
函数参数：
函数的参数必须是对基表的引用或对基列的引用。
注意事项：
不能将 ALL 函数与表表达式或列表达式一起使用。

（2）ALL 函数应用示例

ALL 函数具体用法有以下几种。

ALL( )：删除所有筛选器，只用于清除筛选器，不能返回表。

ALL(\<table>)：删除指定表的筛选器，实际上是返回表中的所有值，同时删除上下文中已应用的筛选器。

ALL (column[, column[, …]])：删除表中指定列的所有筛选器，表中针对其他列的所有筛选器仍有效。需要注意的是，所有列参数必须来自同一张表。

● 使用 ALL()删除所有筛选条件

【实训 4-9】接【实训 4-8】，新建度量值：All 销售量=CALCULATE([销售量],ALL())，并在报表视图中新建两个切片器：规格和门店，观察度量值"All 销售量表"与"All 销售量"的区别。

① 在报表视图中选择"产品表"，执行"表工具"|"新建度量值"命令，在公式编辑栏中输入：All 销售量=CALCULATE([销售量],ALL())，按回车键。

② 新建两个切片器：字段分别设置为"规格""门店"。设置格式—视觉对象：标题和值的字体均设置为"10"。设置格式—常规："视觉对象边框"为开。

③ 将矩阵表行字段修改为"产品分类"，将"All 销售量"拖到"值"中。

④ 在门店筛选器中选择"北京市"，不设置规格筛选条件，矩阵表如图 4-17 所示。查看门店筛选条件的影响。

产品分类	销售量	全销售量	红豆奶茶销售量	All销售量表	All销售量
红豆	1488	1488	1488	3020	41533
炭烧	77	77	1488	3020	41533
椰果	726	726	1488	3020	41533
芋圆	729	729	1488	3020	41533
总计	3020	3020	1488	3020	41533

规格 ∨
☐ 大杯
☐ 小杯
☐ 中杯

门店 ∨
☐ （空白）
■ 北京市
☐ 承德市
☐ 东莞市

All 销售量=CALCULATE([销售量],ALL())
All 销售量表=CALCULATE([销售量],ALL('产品表'))

图 4-17　只设置门店筛选条件

此时，"All 销售量表"反映的是"北京市"门店所有产品的销售量，而"All 销售量"是删除了报表中的所有初始筛选条件，反映的是所有产品、所有门店的销售量。

● 使用 ALL (column[, column[, …]])删除表中指定列的所有筛选器

【实训 4-10】接【实训 4-9】，新建度量值：All 销售量列= CALCULATE([销售量],ALL('产品表' [产品分类]))。观察度量值"All 销售量表""All 销售量"和"All 销售量列"的计算结果。

① 在报表视图中选择"产品表"，执行"表工具"|"新建度量值"命令，在公式编辑栏中输入：All 销售量列= CALCULATE([销售量],ALL（'产品表'[产品分类]))，按回车键。

② 将"All 销售量列"拖到"值"中。

③ 在规格切片器中选择"中杯"，在门店切片器中选择"北京市"，新的矩阵表如图 4-18 所示。

产品分类	销售量	全销售量	红豆奶茶销售量	All销售量表	All销售量	All销售量列
红豆	765	765	765	3020	41533	1504
炭烧	44	44	765	3020	41533	1504
椰果	373	373	765	3020	41533	1504
芋圆	322	322	765	3020	41533	1504
总计	1504	1504	765	3020	41533	1504

规格 ∨
☐ 大杯
☐ 小杯
■ 中杯

门店
☐ （空白）
■ 北京市
☐ 承德市
☐ 东莞市

All 销售量=CALCULATE([销售量],ALL())
All 销售量表=CALCULATE([销售量],ALL('产品表'))
All 销售量列=CALCULATE([销售量],ALL('产品表'[产品分类]))

图 4-18　比较 ALL（'产品表'）与 ALL('产品表' [产品分类])的执行结果

度量值"All 销售量表"删除所有涉及"产品表"的初始筛选条件，计算的是北京市门店所有产品的销售量。度量值"All 销售量列"只删除与产品表"产品分类"列相关的初始筛选条件，其他筛选条件继续起作用，计算的是北京市门店中杯的销售量。

（3）ALL 函数应用场景

使用 ALL 函数解决实际问题的场景很多，如计算不同种类的销售量（额）占总销售量（额）的比率。

实训 4-11

【实训 4-11】接【实训 4-10】，新建度量值"占比"，在报表视图"矩阵表"中展示不同产品分类的销售量占总销售量的百分比。

① 在报表视图中选择"产品表"，执行"表工具"|"新建度量值"命令，在公式编辑栏中输入：占比 = DIVIDE([销售量],[All 销售量])，按回车键。

② 执行"度量工具"|"%"命令，将该度量值的数据格式改成"百分比"。

③ 将"占比"拖到"值"上。

④ 选择规格为"中杯"，新的矩阵表如图 4-19 所示。

产品分类	销售量	All销售量	占比
红豆	7367	41533	17.74%
炭烧	1710	41533	4.12%
椰果	2576	41533	6.20%
芋圆	9005	41533	21.68%
总计	20658	41533	49.74%

规格
☐ 大杯
☐ 小杯
■ 中杯

门店
☐ （空白）
☐ 北京市
☐ 承德市
☐ 东莞市

图 4-19　不同产品销售量占总销售量的比率

提示

● 与除法运算符"/"不同，DIVIDE 函数执行安全除法运算，并在分母为 0 时返回备用结果或空值 BLANK()。其语法格式为：DIVIDE(<numerator>,<denominator> [,<alternateresult>])，其中，第一个参数为分子表达式，第二个参数为分母表达式，第三个参数（可选）是被零除而导致错误时返回的值。例如，DIVIDE(8,0,1)返回的值为 1。

2. ALLEXCEPT 函数

函数语法：

ALLEXCEPT(<table>,<column>[,<column>[,…]])

函数功能：

除指定列外，删除所有筛选条件。

函数参数：

第一个参数必须是对基表的引用；所有后续参数必须是对基列的引用。

注意事项：

不能将表表达式或列表达式用于 ALLEXCEPT 函数。

✎【实训 4-12】接【实训 4-11】，新增加一个度量值：allexcept=
CALCULATE([销售量],ALLEXCEPT('产品表','产品表'[产品分类]))，并在报表
视图"矩阵表"中比较该度量值与其他销售量的执行结果。

① 在报表视图中选择"产品表"，执行"表工具"|"新建度量值"命令，
在公式编辑栏中输入：allexcept= CALCULATE([销售量],ALLEXCEPT('产品
表','产品表'[产品分类]))，按回车键。

② 将"allexcept"拖到"值"上，新的矩阵表如图 4-20 所示。

图 4-20　比较"All 销售量列"与"allexcept"两个度量值的执行结果

"All 销售量列 = CALCULATE([销售量],ALL('产品表'[产品分类]))"只删除与产品表"产
品分类"列相关的初始筛选条件，其他筛选条件继续起作用。而度量值"allexcept"的结果正
好相反，只保留了"产品分类"列的筛选条件，删除了所有其他筛选条件。

3. ALLSELECTED 函数

函数语法：

ALLSELECTED([<tableName> | <columnName>[, <columnName> [, <columnName>[,…]]]])

函数功能：

删除当前指定表或列的上下文筛选器，同时保留所有其他上下文筛选器或显式筛选器。

函数参数：

如果有一个参数，则该参数为 tableName 或 columnName；如果有多个参数，则它们必须是
同一个表中的列。

注意事项：

ALLSELECTED 函数与 ALL 函数不同，因为它保留了在查询中显式设置的所有筛选器，
并且保留了除行和列筛选器之外的所有上下文筛选器。

【实训 4-13】接【实训 4-12】，新建两个度量值：allselected = CALCULATE([销售量],ALLSELECTED('产品表'))；占比 2 = [销售量]/[allselected]，并在报表视图"矩阵表"中比较这两个度量值与其他销售量的执行结果。

实训 4-13

① 在报表视图中选择"产品表"，执行"表工具"|"新建度量值"命令，在公式编辑栏中输入：allselected = CALCULATE([销售量],ALLSELECTED('产品表'))，按回车键。

② 继续执行"表工具"|"新建度量值"命令，在公式编辑栏中输入：占比 2 = [销售量]/[allselected]。执行"度量工具"|"%"命令，将该度量值的数据格式改成"百分比"。

③ 将"allselected"和"占比 2"拖到"值"上，将"门店"切片器的字段修改为"产品分类"，如图 4-21 所示，在"规格"切片器上按住 Ctrl 键，选择"中杯""小杯"；在"产品分类"切片器上按住 Ctrl 键，选择"红豆""炭烧""椰果"。

产品分类	销售量	All销售量	All销售量表	All销售量列	allexcept	allselected	占比	占比2
红豆	11194	41533	41533	31343	14775	17775	26.95%	62.98%
炭烧	2587	41533	41533	31343	3418	17775	6.23%	14.55%
椰果	3994	41533	41533	31343	5318	17775	9.62%	22.47%
总计	17775	41533	41533	31343	23511	17775	42.80%	100.00%

规格
☐ 大杯
■ 小杯
■ 中杯

产品分类
■ 红豆
■ 炭烧
■ 椰果
☐ 芋圆

图 4-21　比较"All 销售量"与"allselected"、"占比"与"占比 2"的计算结果

"All 销售量表= CALCULATE([销售量],ALL('产品表'))"删除所有涉及"产品表"的初始筛选条件，包括显式筛选器（如规格切片器、产品分类切片器），无论外部筛选条件如何变化，其值永远都是所有产品的销售量合计。而"allselected"仅删除行和列筛选器（如矩阵表中的"产品分类"），而保留了其他所有显式筛选器（如规格切片器、产品分类切片器）的筛选条件，所以图 4-21 所示计算的是红豆、炭烧、椰果三个分类的中杯、小杯的奶茶销售量总计。

"占比"与"占比 2"两个度量值的分子都是"销售量"，其值不同在于分母的取值不同。图 4-21 中"占比"计算的是中杯、小杯两种规格中，红豆、炭烧和椰果三种奶茶的销售量占总销售量的百分比，其总计不是 100%；"占比 2"计算的是中杯、小杯两种规格中，红豆、炭烧和椰果三种奶茶的销售量占红豆、炭烧和椰果三种奶茶的中杯、小杯的奶茶销售量总计的百分比，其总计为 100%。

三、学习 FILTER 函数

1. FILTER 函数的语法

FILTER 函数是一个功能强大的筛选器函数，可以应用复杂的筛选条件。FILTER 函数不能直接用于新建度量值，可以用于新建表，最常见的用法是作为 CALCULATE 函数的参数，返回表中符合筛选条件的行，也可以直接与某些聚合函数搭配使用。

函数语法：
FILTER(<table>,<filter>)
函数功能：

返回一个表，用于表示另一个表或表达式的子集。

函数参数：

table：表或者返回表的表达式。

filter：筛选条件。

注意事项：

如果有多个条件筛选，则可以用"&&"或者"||"等逻辑运算符将筛选条件连接起来。FILTER 函数的筛选条件一般是布尔筛选表达式，而 CALCULATE 函数的筛选条件可以是布尔筛选表达式筛选条件，也可以是表达式或筛选器函数，FILTER 函数本身可以作为表筛选条件应用于 CALCULATE 函数。

【实训 4-14】分别使用 CALCULATE 函数的布尔表达式筛选条件和 FILTER 函数的筛选条件新建两个度量值，计算炭烧、大杯奶茶的销售量，并将其应用于视觉对象中，观察计算结果。

① 新建页，命名为"FILTER"。

② 在报表视图中选择"产品表"，执行"表工具"|"新建度量值"命令，在公式编辑栏中依次输入下面两个度量值，并按回车键。

度量值 1 = CALCULATE([销售量],'产品表'[产品分类]="炭烧",'产品表'[规格]="大杯")

度量值 2= CALCULATE([销售量],FILTER('产品表','产品表'[产品分类]="炭烧"&&'产品表'[规格]="大杯"))

③ 新建一个矩阵表，将"年份季度"拖到"行"上，将"度量值 1"和"度量值 2"拖到"值"上，如图 4-22 所示。这两个度量值计算结果相同，均用于计算炭烧大杯奶茶的销售量合计。

年份季度	度量值1	度量值2
2021Q3	57	57
2021Q4	200	200
2022Q1	171	171
2022Q2	217	217
2022Q3	94	94
2022Q4	92	92
总计	831	831

FILTER 函数与 CALCULATE 函数对布尔筛选表达式的要求不同，如表 4-11 所示，FILTER 函数可以应用于更复杂的计算。

图 4-22　CALCULATE 函数中使用 FILTER

表 4-11　　FILTER 函数与 CALCULATE 函数对布尔筛选表达式的要求

函数	对布尔筛选表达式的要求
CALCULATE	可以引用单个表中的列，但是不能引用度量值。一般只执行[列名]=固定值，从 Power BI Desktop 的 2021 年 9 月的版本开始，可以执行[列名]=聚合函数表达式。两个表达式之间可以使用"逗号"或"&&"表示"and"的关系
FILTER	FILTER 函数的筛选条件没有局限性，可以是[列]=[列]、公式、度量值，也可以是度量值=度量值、公式、固定值。两个表达式之间只能使用"&&"表示"and"关系

2. FILTER 函数应用示例

（1）FILTER 函数可以单独用于创建表

【实训 4-15】接【实训 4-14】，使用 FILTER 函数新建"广东门店表"。

① 在报表视图中选择"产品表"，执行"建模"|"新建表"命令，在公式编辑栏中输入：广东门店表 = FILTER('门店表','门店表'[省份]="广东")，按回车键。

② 在表格视图中选择"数据"窗格中的"广东门店表"，查看该表的具体信息，如图 4-23 所示。

实训 4-15

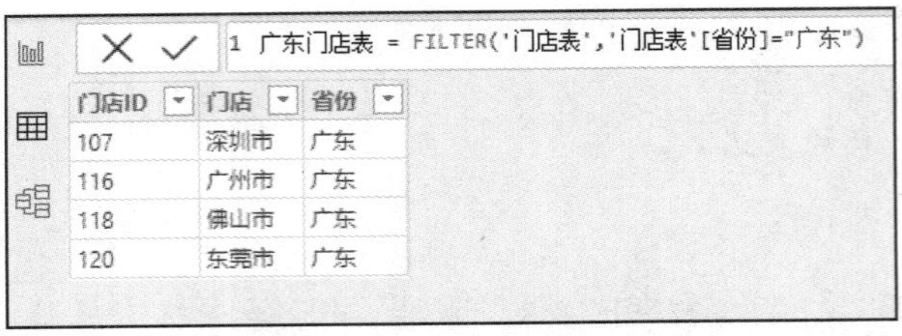

门店ID	门店	省份
107	深圳市	广东
116	广州市	广东
118	佛山市	广东
120	东莞市	广东

图 4-23　使用 FILTER 函数创建“广东门店”表

（2）FILTER 函数直接与某些聚合函数结合起来使用

【实训 4-16】接【实训 4-15】，新建度量值，计算“江苏”省份门店数。

实训 4-16

① 在报表视图中选择“门店表”，执行“表工具”|“新建度量值”命令，在公式编辑栏中输入：江苏省份门店数 = COUNTROWS(FILTER('门店表','门店表'[省份]="江苏"))，按回车键。

② 在报表视图中插入一个卡片图，将度量值“江苏省份门店数”拖到“字段”上，该度量值的计算结果如图 4-24 所示。

（3）FILTER 函数作为 CALCULATE 函数的参数

CALCULATE 函数如果不能直接由布尔筛选表达式定义筛选条件，则可以将 FILTER 函数作为 CALCULATE 函数的参数，应用复杂的筛选条件。

【实训 4-17】新建度量值计算不同年份季度销售量超过 400 的门店的销售量。

实训 4-17

① 在报表视图中选择“产品表”，执行“表工具”|“新建度量值”命令，在公式编辑栏中输入：Filter = CALCULATE([销售量],FILTER('门店表',[销售量]>400))，按回车键。

② 在报表视图中插入一个矩阵表，将“年份季度”拖到“行”上，将“销售量”和“Filter”拖到“值”上，如图 4-25 所示。“Filter”度量值计算的是不同年份季度销售量超过 400 的门店的销售量合计。

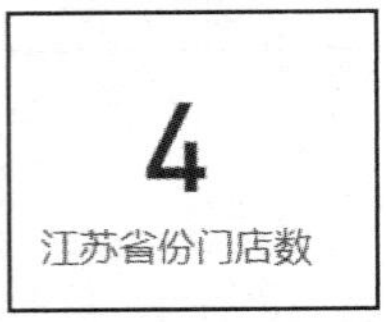

图 4-24　度量值“江苏省份门店数”的计算结果

年份季度	销售量	Filter
2021Q1	67	
2021Q2	806	
2021Q3	1440	404
2021Q4	2616	
2022Q1	2819	455
2022Q2	6527	3749
2022Q3	11235	9097
2022Q4	16023	14105
总计	**41533**	**40524**

图 4-25　销售量超过 400 的门店的销售量合计

四、学习 VALUES/HASONEVALUE/SELECTEDVALUE 函数

VALUES 函数属于表操作函数，HASONEVALUE 函数属于信息函数，SELECTEDVALUE 函数属于筛选器函数，之所以把它们放在一起介绍是因为这三个函数都与“VALUE”有关，在

应用上有一定程度的关联。

1. VALUES 函数

函数语法：

　　VALUES(<TableName/ ColumnName>)

函数功能：

　　参数为表名时，返回具有相同列的表。参数为列名时，返回不含重复值列的表。

函数参数：

　　TableName/ ColumnName：表名/列名。

【实训 4-18】使用 VALUES 函数新建两个表，区分参数为列名或表名的结果。

① 新建页，命名为"VALUES"。

② 在表格视图中选择"产品表"，执行"主页"|"新建表"命令，在公式编辑栏中分别输入：

　　表 1 = VALUES('门店表')

　　表 2 = VALUES('门店表'[省份])

按回车键，在模型中创建两个虚拟表。

③ 在表格视图中选择"数据"窗格中的表 1 和表 2，如图 4-26 所示。表 1 中的参数为表名，返回门店表；表 2 中的参数为列名，返回门店表中不含重复值的省份列表。

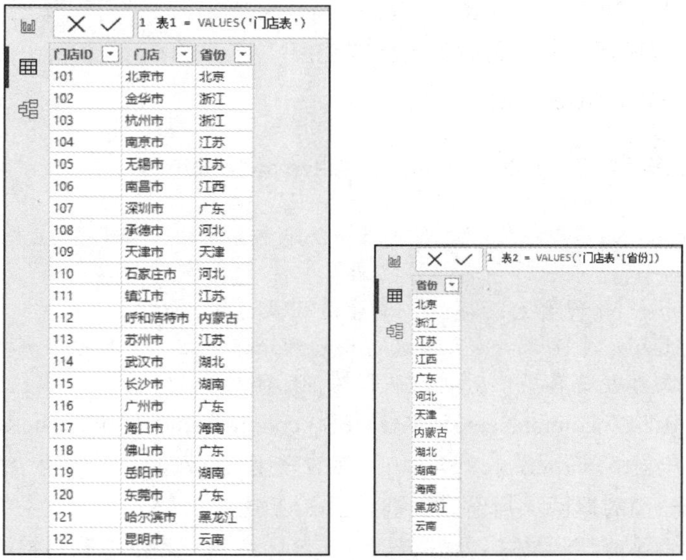

图 4-26　VALUES 函数参数为"表名"和"列名"的结果

提示

● VALUES 函数一个重要的应用场景是在使用 FILTER、CALCULATE、COUNTROWS、SUMX、TOPN 等函数时，需要引用表而不能直接引用列。VALUES 函数可以把列转换成含该列的表，所以可以将 VALUES 函数作为中间函数以获取一个非重复值的列表。

● 经典句型：CALCULATE([度量值],FILTER(VALUES('表'[列名称]),筛选条件))。

2. HASONEVALUE 函数

函数语法：

HASONEVALUE(<columnName>)

函数功能：

如果筛选 column 的上下文后仅剩下一个非重复值，则返回 TRUE，否则返回 FALSE。

函数参数：

columnName：列名。

COUNTROWS(VALUES(<column>)) = 1 是 HASONEVALUE(<column>) 的等效表达式。该函数经常与 IF 函数配合使用，用于拦截错误信息，较常用的功能是禁止求总计，把总计变成空值。

实训 4-19

【实训 4-19】接【实训 4-17】，在图 4-27 中，度量值"Filter"计算的是销售量超过 400 的门店的销售量，在矩阵表中显示的合计数并不是矩阵表中每个季度的和，而是一个无意义的数据。可以使用 HASONEVALUE 函数将总计数变成空值。

① 在报表视图中选择"产品表"，执行"表工具"|"新建度量值"命令，在公式编辑栏中输入：hasonevalue=IF(HASONEVALUE(' 日 期 表 '[年 份 季 度]),[Filter],BLANK())，按回车键。

② 在图 4-25 所示的矩阵表中将"hasonevalue"拖到"值"上，如图 4-27 所示，实现将总计数变成空值。

年份季度	销售量	Filter	hasonevalue
2021Q1	67		
2021Q2	806		
2021Q3	1440	404	404
2021Q4	2616		
2022Q1	2819	455	455
2022Q2	6527	3749	3749
2022Q3	11235	9097	9097
2022Q4	16023	14105	14105
总计	41533	40524	

图 4-27　使用 HASONEVALUE 函数把总计数变成空值

3. SELECTEDVALUE 函数

函数语法：

SELECTEDVALUE(<columnName>[, <alternateResult>])

函数功能：

当筛选 columnName 的上下文后仅剩下一个非重复值时，返回该值，否则返回 alternateResult。

函数参数：

ColumnName: 是现有列的名称，不能是列表达式。

AlternateResult:（可选）如果筛选 columnName 的上下文后剩下零个或多个非重复值，则返回该值，如果该参数没有提供，则默认值为 BLANK()。

IF(HASONEVALUE(<columnName>),VALUES(<columnName>),<alternateResult>)是 SELECTEDVALUE(<columnName>, <alternateResult>)的等效表达式。例如，下面两个度量值的结果相同，都表示当月份为唯一值时返回该月份，否则返回 FALSE。

hasonevalue = if(HASONEVALUE('日期表'[月份]),values('日期表'[月份]),FALSE())
selectedvalue = SELECTEDVALUE('日期表'[月份],FALSE())

SELECTEDVALUE 函数最常用的应用是动态切换数据。

五、学习 IF 与 SWITCH 函数

IF 函数与 SWITCH 函数均为逻辑函数。

1. IF 函数

IF 函数的用法与 Excel 中的 If 函数基本一样。

函数语法：

IF(<logical_test>,<value_if_true>, [value_if_false])

函数功能：

计算第一个表达式的值，如果为 TRUE，则返回第 2 个参数，否则返回第 3 个参数。

函数参数：

logical_test：逻辑表达式，计算结果为 TRUE 或 FALSE。

value_if_true：如果第 1 项参数计算结果为 TRUE，则取该项的值。

value_if_false：如果第 1 项参数计算结果为 FALSE，则取该项的值。

注意事项：

- 最后一个参数是可选项，如果省略，则默认返回空。
- IF 函数可以嵌套使用。

【实训 4-20】将“产品表”中的“单价”列，使用 If 函数建立包括 3 个单价区间的列。

实训 4-20

① 在表格视图中选择“产品表”，执行“表工具”|“新建列”命令，在公式编辑栏中输入：

```
If 单价区间 = IF([单价]>20&&[单价]<=25,"20～25",
              IF([单价]>25&&[单价]<=30,"25～30",
                 IF([单价]>30,">30")))
```

按回车键，在“产品表”中新增“If 单价区间”列，如图 4-28 所示。

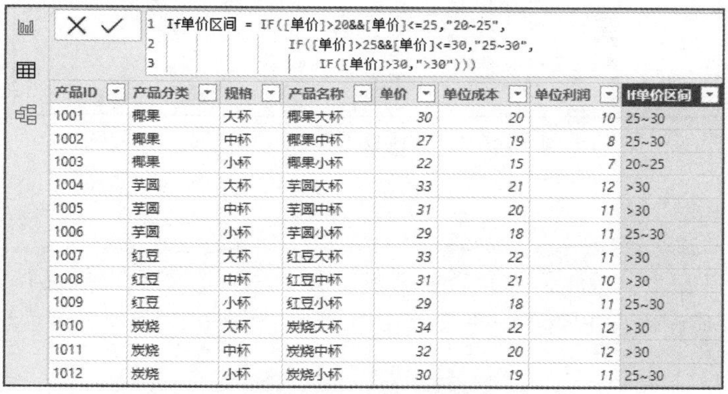

```
1 If单价区间 = IF([单价]>20&&[单价]<=25,"20~25",
2              IF([单价]>25&&[单价]<=30,"25~30",
3                 IF([单价]>30,">30")))
```

产品ID	产品分类	规格	产品名称	单价	单位成本	单位利润	If单价区间
1001	椰果	大杯	椰果大杯	30	20	10	25~30
1002	椰果	中杯	椰果中杯	27	19	8	25~30
1003	椰果	小杯	椰果小杯	22	15	7	20~25
1004	芋圆	大杯	芋圆大杯	33	21	12	>30
1005	芋圆	中杯	芋圆中杯	31	20	11	>30
1006	芋圆	小杯	芋圆小杯	29	18	11	25~30
1007	红豆	大杯	红豆大杯	33	22	11	>30
1008	红豆	中杯	红豆中杯	31	21	10	>30
1009	红豆	小杯	红豆小杯	29	18	11	25~30
1010	炭烧	大杯	炭烧大杯	34	22	12	>30
1011	炭烧	中杯	炭烧中杯	32	20	12	>30
1012	炭烧	小杯	炭烧小杯	30	19	11	25~30

图 4-28　使用 IF 函数新增“IF 单价区间”列

② 观察“If 单价区间”列，当单价>30 时，该列显示“>30”；当单价介于 25～30 时，该列显示“25～30”；当单价介于 20～25 时，该列显示“20～25”。

2. SWITCH 函数

存在多个 IF 函数嵌套问题时，可以使用 SWITCH 函数来解决。

函数语法：

SWITCH(<expression>, <value>, <result>[, <value>, <result>]…[, <else>])

函数功能：

SWITCH 函数的返回值是一个标量值，如果与<value>匹配，则该值来自相应的<result>表达式，如果与任何 <value>值都不匹配，则该值来自<else>表达式。

函数参数：

expression：该表达式将根据行上下文被多次计算。

value：与<expression>的结果相匹配的常量值。

result：当<expression>的结果与对应的<value>匹配时，要进行计算并返回的值。
else：当<expression>的结果与对应的<value>参数不匹配时，要进行计算并返回的值。

【实训 4-21】接【实训 4-20】，将“产品表”中的“单价”列，使用 SWITCH 函数建立包括 3 个单价区间的列。

实训 4-21

① 在表格视图中选择“产品表”，执行“表工具”|“新建列”命令，在公式编辑栏中输入：

```
Switch单价区间 = SWITCH(true,[单价]>20&&[单价]<=25,"20～25",
                    [单价]>25&&[单价]<=30,"25～30",
                    [单价]>30,">30",
                    "<=20 ")
```

按回车键，在“产品表”中新增“Switch 单价区间”列，如图 4-29 所示。

② 观察“Switch 单价区间”列，与多层 if 嵌套得到的结果相同。

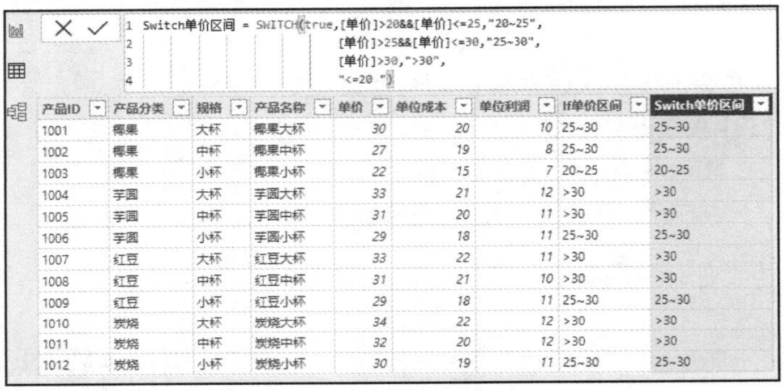

```
1 Switch单价区间 = SWITCH(true,[单价]>20&&[单价]<=25,"20~25",
2                   [单价]>25&&[单价]<=30,"25~30",
3                   [单价]>30,">30",
4                   "<=20 ")
```

产品ID	产品分类	规格	产品名称	单价	单位成本	单位利润	If单价区间	Switch单价区间
1001	椰果	大杯	椰果大杯	30	20	10	25~30	25~30
1002	椰果	中杯	椰果中杯	27	19	8	25~30	25~30
1003	椰果	小杯	椰果小杯	22	15	7	20~25	20~25
1004	芋圆	大杯	芋圆大杯	33	21	12	>30	>30
1005	芋圆	中杯	芋圆中杯	31	20	11	>30	>30
1006	芋圆	小杯	芋圆小杯	29	18	11	25~30	25~30
1007	红豆	大杯	红豆大杯	33	22	11	>30	>30
1008	红豆	中杯	红豆中杯	31	21	10	>30	>30
1009	红豆	小杯	红豆小杯	29	18	11	25~30	25~30
1010	炭烧	大杯	炭烧大杯	34	22	12	>30	>30
1011	炭烧	中杯	炭烧中杯	32	20	12	>30	>30
1012	炭烧	小杯	炭烧小杯	30	19	11	25~30	25~30

图 4-29 使用 SWITCH 函数新增“Switch 单价区间”列

提示

● 如果是以一个准确值来进行逻辑判断，则 SWITCH 函数可以直接引用表达式，如在日期表中根据月份输出中文月份的名称，可以在“日期表”中新建列“月份”，编写如下 DAX 公式。

月份 = SWITCH([月],"1","一月","2","二月","3","三月","4","四月","5","五月","6","六月","7","七月","8","八月","9","九月","10","十月","11","十一月","12","十二月")

● 注意：公式中的 1、2、3…是否使用双引号引起来，取决于日期表中[月]列的数据类型，如果[月]是文本型数据，则必须使用双引号引起来，如果是数字型数据，则可以直接写数字。

六、学习时间智能函数

财务大数据分析通常会涉及时间维度，如与去年同期比较、与上个月比较或者计算到某一个时间点的累计值等，时间智能函数可以帮助我们解决这一问题。与普通的日期/时间函数相比，时间智能函数的优势在于可以重置上下文，快速移到指定区间。

在 Power BI 中一般在新建度量值时使用时间智能函数，在新建列时使用一般的日期/时间函数（例如，使用 YEAR 函数、MONTH 函数、DAY 函数提取日期列中的年、月、日）。

在 DAX 函数中目前有 37 个时间智能函数。根据返回值的结果，我们将其归集为时期智能函数（返回某个时间段）、时点智能函数（返回某个时间点）和计算类时间智能函数（返回表达式的值），其中时期智能函数、时点智能函数返回的是表，在创建度量值时不能单独使用，通常与 CALCULATE 函数配合，用于筛选条件设置。

1. 时期智能函数：DATESYTD 函数、DATESQTD 函数、DATESMTD 函数

时期智能函数的返回值均为某一时间段，以 DATESYTD 函数为例。

函数语法：
    DATESYTD(<dates> [,<year_end_date>])
函数功能：
    返回当前上下文中所在年份至今的一系列日期。
函数参数：
    dates：包含日期的列。
    year_end_date：日期文本字符串，用于定义年末日期，默认值为 12 月 31 日。

【实训 4-22】 创建度量值计算不同产品分类本年至今的销售量。

① 新建页，命名为"时间智能"。

② 设置一个日期切片器，生成日期表的上下文（2022 年 6 月 1 日到 2022 年 6 月 26 日），如图 4-30 所示。

③ 在报表视图中选择"产品表"，执行"表工具"|"新建度量值"命令，在公式编辑栏中输入：

实训 4-22

Datesytd 销售量 = CALCULATE([销售量],DATESYTD('日期表'[日期]))

④ 插入一个矩阵表，将"产品分类"拖到"行"上，将"Datesytd 销售量"拖到"值"上，如图 4-31 所示。

产品分类	Datesytd销售量
红豆	4088
炭烧	1546
椰果	1228
芋圆	1816
总计	**8678**

图 4-30　新建切片器设定日期表的上下文 　　图 4-31　度量值 Datesytd 销售量的计算结果

该度量值计算出来的销售量为 2022 年 1 月 1 日至 2022 年 6 月 26 日的销售量。因为在切片器设定日期表的上下文环境下，DATESYTD('日期表'[日期])返回的是 2022 年 1 月 1 日至 2022 年 6 月 26 日的一系列日期。

DATESQTD 函数和 DATESMTD 函数的用法与 DATESYTD 函数类似，分别表示本季度至今、本月份至今。在上述设定日期表的上下文环境下，DATESQTD('日期表'[日期])返回的是 2022 年 4 月 1 日至 2022 年 6 月 26 日的一系列日期，DATESMTD('日期表'[日期])返回的是 2022 年 6 月 1 日至 2022 年 6 月 26 日的一系列日期。

除了上述时期智能函数以外，Power BI 中还有 PREVIOUSYEAR/PREVIOUSQUARTER/PREVIOUSMONTH（返回上一期）、NEXTYEAR/NEXTQUARTER/NEXTMONTH（返回下一期）、DATESBETWEEN/DATESINPERIOD/PARLLELPERIOD（指定区间段）等时期智能函数，这些函数在当前上下文中的返回值如表 4-12 所示。

表 4-12　　　　　　　　　　　　　　在当前上下文中部分时期智能函数的返回值

函数分类	函数举例	返回值
返回上一期	CALCULATE([销售量],PREVIOUSYEAR('日期表'[日期]))	计算结果是 2021 年全年的销售量
	CALCULATE([销售量],PREVIOUSMONTH('日期表'[日期]))	计算结果是上一个月份（2022 年 5 月）的销售量
	CALCULATE([销售量],PREVIOUSQUARTER('日期表'[日期]))	计算结果是上一季度（2022 年 1 月至 2022 年 3 月）的销售量
返回下一期	CALCULATE([销售量],NEXTYEAR ('日期表'[日期]))	计算结果是下一年度（2023 年）全年的销售量
	CALCULATE([销售量],NEXTQUARTER ('日期表'[日期]))	计算结果是下一季度（2022 年 7 月至 2022 年 9 月）的销售量
	CALCULATE([销售量],NEXTMONTH ('日期表'[日期]))	计算结果是下一个月份（2022 年 7 月）的销售量
返回指定区间段	CALCULATE([销售量],DATEADD('日期表'[日期],-1 , year)) 等价于：CALCULATE([销售量],SAMEPERIODLASTYEAR('日期表'[日期]))	这两个度量值的计算结果均是返回上一年的同期（即 2021 年 6 月 1 日至 2021 年 6 月 26 日）的销售量
	CALCULATE([销售量],DATESBETWEEN（'日期表'[日期],"2021-01-01",MAX('日期表'[日期])）	计算结果是起始日期 2021 年 1 月 1 日至 2022 年 6 月 26 日时间段的销售量
	CALCULATE([销售量],DATESINPERIOD（'日期表'[日期],"2021-01-01",1,month)	以 2021-01-01 为起点，向后数 1 个月,即计算结果是 2021 年 1 月 1 日至 2021 年 1 月 31 日时间段的销售量

2. 时点智能函数：FIRSTDATE 函数、LASTDATE 函数

时点智能函数的返回值为某一时间点，是有一个具体日期的表。

函数语法：

　　FIRSTDATE(<dates>)

函数功能：

　　返回当前上下文中指定日期列的第一个日期。

函数参数：

　　dates：日期列。

【实训 4-23】接【实训 4-22】，创建度量值计算当前日期上下文环境下第一日的各个产品分类的销售量。

① 在报表视图中选择"产品表"，执行"表工具"|"新建度量值"命令，在公式编辑栏中输入：

Firstdate 销售量 ＝CALCULATE([销售量],FIRSTDATE('日期表'[日期]))

② 将"Firstdate 销售量"拖动到"值"上，如图 4-32 所示。

③ 该度量值计算出来的销售量为 2022 年 6 月 1 日的销售量。

LASTDATE 函数与 FIRSTDATE 函数类似，返回值为当前上下文中指定日期列的最后一个日期。在上述设定日期表的上下文环境下，LASTDATE('日期表'[日期])的返回值为 2022 年 6 月 26 日。

产品分类	Datesytd销售量	Firstdate销售量
红豆	4088	32
炭烧	1546	5
椰果	1228	5
芋圆	1816	32
总计	8678	74

图 4-32　度量值"Firstdate 销售量"的计算结果

Power BI 中还有 ENDOFMONTH/ENDOFQUARTER/ENDOFYEAR(返回最后一天)、STARTOFMONTH/STARTOFQUARTER/STARTOFYEAR(返回第一天)等时点智能函数。这些函数在当前上下文中的返回值如表 4-13 所示。

表 4-13　　　　　　　　　在当前上下文中部分时点智能函数的返回值

函数分类	函数举例	返回值
返回最后一天	CALCULATE([销售量],ENDOFMONTH('日期表'[日期]))	2022 年 6 月 30 日（即月末）的销售量
	CALCULATE([销售量],ENDOFQUARTER（'日期表'[日期]）)	2022 年 6 月 30 日（即季度末）的销售量
	CALCULATE([销售量],ENDOFYEAR（'日期表'[日期]）)	2022 年 12 月 31 日（即年末）的销售量
返回第一天	CALCULATE([销售量],STARTOFMONTH（'日期表'[日期]）)	2022 年 6 月 1 日（即月初）的销售量
	CALCULATE([销售量],STARTOFQUARTER（'日期表'[日期]）)	2022 年 3 月 1 日（即季度初）的销售量
	CALCULATE([销售量],STARTOFYEAR（'日期表'[日期]）)	2022 年 1 月 1 日（即年初）的销售量

3．计算类时间智能函数：TOTALYTD 函数、TOTALQTD 函数、TOTALMTD 函数

带有计算功能的时间智能函数返回的值是函数中表达式的值。

函数语法：
　　TOTALYTD(<expression>,<dates>[,<filter>][,<year_end_date>])
函数功能：
　　计算当前上下文中表达式的年初至今累计值。
函数参数：
　　expression：返回标量值的表达式。
　　dates：包含日期的列。
　　filter：可选，指定要应用于当前上下文的筛选器的表达式。
　　year_end_date：可选，是带有日期的文本字符串，用于定义年末日期，默认值为 12 月 31 日。

【实训 4-24】接【实训 4-23】，使用 TOTALYTD 函数创建度量值直接计算不同产品分类本年累计至今的销售量。

① 在报表视图中选择"产品表"，执行"表工具"|"新建度量值"命令，在公式编辑栏中输入：

Totalytd 销售量 = TOTALYTD([销售量],'日期表'[日期])

实训 4-24

② 将"Totalytd 销售量"拖到"值"上，如图 4-33 所示。

③ 结果解读。该度量值计算出来的销售量与度量值"Datesytd 销售量"相同，均为 2022 年 1 月 1 日至 2022 年 6 月 26 日的累计销售量。区别在于 TOTALYTD 函数自带计算功能，而 DATESYTD 必须与 CALCULATE 函数配合使用。

产品分类	Datesytd销售量	Firstdate销售量	Totalytd销售量
红豆	4088	32	4088
炭烧	1546	5	1546
椰果	1228	5	1228
芋圆	1816	32	1816
总计	8678	74	8678

图 4-33　度量值"Totalytd 销售量"的计算结果

TOTALQTD 函数和 TOTALMTD 函数的用法与 TOTALYTD 函数类似，分别返回本季度至

今累计值、本月份至今累计值。在上述设定日期表的上下文环境下，TOTALQTD([销售量],('日期表'[日期])) 计算的是 2022 年 3 月 1 日至 2022 年 6 月 26 日的累计销售量，TOTALMTD ([销售量],('日期表'[日期])) 计算的是 2022 年 6 月 1 日至 2022 年 6 月 26 日的累计销售量。

Power BI 中还有 CLOSINGBALANCEMONTH/CLOSINGBALANCEQUARTER/CLOSING-BALANCEYEAR(返回期末数)、OPENINGBALANCEMONTH/OPENINGBALANCEQUARTER/OOPENINGBALANCEYEAR(返回期初数)等计算类时间智能函数。这些函数在当前上下文中的返回值如表 4-14 所示。

表 4-14   在当前上下文中部分计算类时间智能函数的返回值

函数分类	函数举例	返回值
返回期末数	CLOSINGBALANCEMONTH([销售量],'日期表'[日期])	2022 年 6 月 30 日（即月末）的销售量
	CLOSINGBALANCEQUARTER([销售量],'日期表'[日期])	2022 年 6 月 30 日（即季度末）的销售量
	CLOSINGBALANCEYEAR([销售量],'日期表'[日期])	2022 年 12 月 31 日（即年末）的销售量
返回期初数	OPENINGBALANCEMONTH([销售量],'日期表'[日期])	2022 年 6 月 1 日（即月初）的销售量
	OPENINGBALANCEQUARTER([销售量],'日期表'[日期])	2022 年 3 月 1 日（即季度初）的销售量
	OPENINGBALANCEYEAR([销售量],'日期表'[日期])	2022 年 1 月 1 日（即年初）的销售量

七、学习 VAR 函数

在进行数据分析时，会遇到在一个复杂的表达式中使用多个函数的嵌套或重复使用某个表达式等情况，此时在 DAX 公式中使用 VAR 语句可以提高程序的性能、可靠性和可读性，并降低公式编写的复杂性。

VAR 是 Variable（变量）的简写，在 DAX 公式中，VAR 语句就是将表达式的结果存储为命名变量，然后可以在其他度量值表达式中作为参数使用。在实际使用中，先用 VAR 定义变量，再用 RETURN 返回包含该变量的度量值公式的计算结果。

> 函数语法：
>   VAR <name> = <expression>
> 函数功能：
>   返回包含该表达式结果的命名变量。
> 函数参数：
>   expression：DAX 表达式。
>   name：定义的变量名称。
> 注意事项：
> ●   变量名称不能与模型中现有表的名称、字段名相同。
> ●   可以使用 a～z、A～Z、0～9 中的字符，但是第一个字符不能是数字。

✎ 【实训 4-25】使用两种 DAX 公式创建两个不同度量值：同比销售增长率 1（一般公式）、同比销售增长率 2（使用 VAR 语句），分别计算不同产品分类的同比销售增长率，并进行对比。

同比销售增长率=（当年销售量-去年同期销售量）/去年同期销售量

① 新建页，命名为"VAR"。

实训 4-25

② 在报表视图中选择"产品表",执行"表工具"|"新建度量值"命令,在公式编辑栏中输入:

同比销售增长率 1 = DIVIDE(SUM('销售数据表'[数量])-CALCULATE(SUM('销售数据表'[数量]),SAMEPERIODLASTYEAR('日期表'[日期])),CALCULATE(SUM('销售数据表'[数量]),SAMEPERIODLASTYEAR('日期表'[日期]))).

按回车键。执行"表工具"|"新建度量值"命令,在公式编辑栏中输入:

同比销售增长率 2 = VAR sales=SUM('销售数据表'[数量])

VAR saleslastyear=CALCULATE(SUM('销售数据表'[数量]),SAMEPERIODLASTYEAR('日期表'[日期]))

RETURN DIVIDE(sales-saleslastyear,saleslastyear)

③ 新建矩阵表,将"产品分类"拖到"行"上,将"同比销售增长率 1"和"同比销售增长率 2"拖到"值"上,如图 4-34 所示。

产品分类	同比销售增长率1	同比销售增长率2
红豆	8.13	8.13
炭烧	2.24	2.24
椰果	1.36	1.36
总计	**7.43**	**7.43**

图 4-34 VAR 函数应用

在度量值"同比销售增长率 1"公式中,"SUM('销售数据表'[数量])(当年销售量)"和"CALCULATE(SUM('销售数据表'[数量]),SAMEPERIODLASTYEAR('日期表'[日期]))(去年同期销售量)"相同的表达式出现了多次,效率低且编写复杂,容易出错。

使用 VAR 语句对"同比销售增长率 1"度量值的定义进行了改进:将"本年销售量"表达式的结果赋给变量"sales",将"去年同期销售量"表达式的结果赋给变量 saleslastyear,然后在 RETURN 语句中引用已定义的两个变量(sales 和 saleslastyear)表达同比销售增长率的计算公式并返回结果。

DAX 公式博大精深,大家在使用时可登录网站"https://docs.microsoft.com/zh-cn/dax/calculate-function-dax"。网站中针对每个 DAX 函数都从语法、函数参数、返回值、注意问题、函数应用示例几个方面详细介绍。此外,在 Power BI 中会持续新增或改进 DAX 函数的功能,使之支持新特性,网站也会显示过去一年内的新增函数,以及对现有函数的更新。

通关测试

一、判断题

1. 维度表一般是"1 对多"关系中 1 的那端。　　　　　　　　　　　　(　　)

2. 数据库管理系统一般是基于网状模型建模。　　　　　　　　　　　(　　)

3. 如果产品表中已经设置了"数量"和"单价"两列,则无须再设置"金额"列。 (　　)

4. 利用除法函数 DIVIDE 和直接进行"/"运算的区别是,当除数为 0 时可以不报错,显示为指定信息。　　　　　　　　　　　　　　　　　　　　　　　(　　)

5. 度量值既不会改变源数据,又不会改变数据模型。　　　　　　　　(　　)

二、单选题

1. 度量值前面有(　　　)作为标识。

A. ▦　　　　　　B. ▥　　　　　　　C. ▤　　　　　　D. ▥▮▮

2. 在以下哪个表中，产品 ID 是外键？（　　　）

    A. 产品表　　　　　B. 日期表　　　　　C. 客户表　　　　　D. 销售数据表

3. 用 VAR 定义变量后，用（　　　）返回包含该变量的度量值公式计算结果。

    A. Quit　　　　　B. Exit　　　　　C. Return　　　　　D. End

4. 以下哪个函数不仅有筛选功能，还有计算功能？（　　　）

    A. CALCULATE　　　　　　　　　　B. SUM

    C. FILTER　　　　　　　　　　　　D. RELATED

三、多选题

1. 关系的类型可分为（　　　）。

    A. 一对一　　　　B. 一对多　　　　C. 多对一　　　　D. 多对多

2. 在 Power BI 中，常用的数据模型结构有（　　　）。

    A. 层次结构　　　　B. 星形结构　　　　C. 网状结构　　　　D. 雪花结构

3. 在 DAX 公式中，"[ ]" 中为（　　　）。

    A. 表名　　　　B. 列名　　　　C. 行名　　　　D. 度量值名

4. 关于 DAX 函数，以下说法正确的是（　　　）。

    A. 利用 DAX 函数可以新建列

    B. DAX 函数创建度量值可以放在任何表中

    C. 必须使用大写字母书写公式

    D. DAX 函数参数中可以引用表或列

四、问答题

1. 新建列和新建度量值有何不同？

2. 总结 DAX 函数语言要求。

3. "筛选上下文"和"行上下文"有何不同？

五、实训题

打开完成"项目三"实训题的 Power BI 文件，继续完成以下工作。

1. 根据报表数据创建维度表：日期表（报表日期、年度等）和结构表（索引、报表项目、项目分类等）。

2. 数据建模：将报表数据与维度表关联。

3. 根据下面度量值的编写公式，创建营业总收入、营业总成本、营业利润、净利润、净利润率等度量值。

报表金额 = SUM('报表数据'[报表金额])

营业收入 = CALCULATE([报表金额],FILTER(ALL('结构表'),'结构表'[报表项目]="营业收入"))

项目五

Power BI 数据可视化

知识目标

1. 了解制作可视化图表的基本步骤。
2. 掌握编辑可视化图表的方法。

技能目标

1. 学会制作常用的可视化图表。
2. 学会制作自定义可视化图表。

素养目标

1. 理解可视化图表的应用场景。
2. 学会用图表表达分析逻辑。

做个行动派

任务一　数据可视化基本认知

一、数据可视化要点

一图胜千言。数据可视化就是将数据转换成图或表等形式，以一种更直观的方式展现数据，让读者快速获取我们要传达的信息。

我们在数据可视化过程中要关注以下问题。

1. 明确分析目的

以终为始。首先要明确分析需求，要分析什么。是分析客户，还是分析销量？是对一个活动进行分析，还是对一个阶段进行分析？要准确确定分析的对象和时间范围。

2. 设计展现方式

将数据分析结果进行可视化展现时需要有一定的逻辑，可以从总体到局部，也可以从细节看整体。

不同的可视化图表有不同的用途，如仪表图适用于实际完成情况与目标对比，饼图适合总体中各部分的占比分析。总之，要重视增强图形的可读性和生动性。

3. 数据挖掘与分析

分析的目的是发现问题。想要数据反映问题，就必须有比较，比较方法一般分为同比和环比。

要进行比较必须设定参照物，也就是确立标准，有了标准才知道差距。

二、制作可视化图表的基本步骤

无论制作哪种类型的可视化图表，一般都由以下四步构成。

1. 选择报表视图

制作可视化图表在报表视图中完成，因此要先进入报表视图。

2. 选择可视化视觉对象

在"可视化"窗格中选中某个可视化视觉对象，如簇状柱形图、矩阵表、卡片图等。如果要用的视觉对象不在"可视化"窗格中，则需要事先加载进来。

此时创建的视觉对象只是一个空的框架。

3. 设置可视化视觉对象的数据内容、格式及分析

将数据添加到视觉对象：不同的视觉对象需要的参数有所区别，如簇状柱形图需要指定"X轴"和"Y轴"，而卡片图只需要指定一个"字段"。有了这些数据，可视化视觉对象才具有了生命。

视觉对象格式设置：一个可视化视觉对象包括很多要素，如标题、图例、单元格元素等，可以对每一个要素进行相应的格式设置。

视觉对象分析设置：有些视觉对象还具备向视觉对象进一步添加分析的功能，如可以在簇状条形图、瀑布图、折线图、散点图等可视化图表中添加恒定线、最小值、最大值等设置进一步分析数据。

4. 编辑可视化视觉对象

可以随时更改可视化视觉对象，也可以对它的各组成要素进行格式设置或更改。

三、获取自定义视觉对象

Power BI 中常用的基本视觉对象可以满足大部分的数据可视化分析需求，但如果要制作一些更精美的可视化图表，就需要用到 Power BI 的自定义视觉对象。目前 Power BI 中有 400 多个自定义视觉对象，大部分免费使用，而且数量还在不断增加。

使用自定义视觉对象之前必须将其加载到 Power BI Desktop 中，自定义视觉对象的加载方式有两种：一是从文件中导入视觉对象；二是直接获取更多视觉对象。

1. 从文件中导入视觉对象

先从微软 AppSource 官网下载自定义视觉对象的源文件（扩展名为".pbiviz"），保存到计算机中，然后通过"从文件中导入视觉对象"功能将其导入 Power BI 的"可视化"窗格。

【实训 5-1】从微软 AppSource 官网下载"Word Cloud"自定义视觉对象源文件，并将其加载到 Power BI Desktop 中。

① 在浏览器中打开微软 AppSource 官网，进入 Power BI visuals 平台，具体网址为：

https://appsource.microsoft.com/en-us/marketplace/apps?page=1&exp=ubp8&product=power-bi-visuals。

出现图 5-1 所示的自定义视觉对象下载界面。

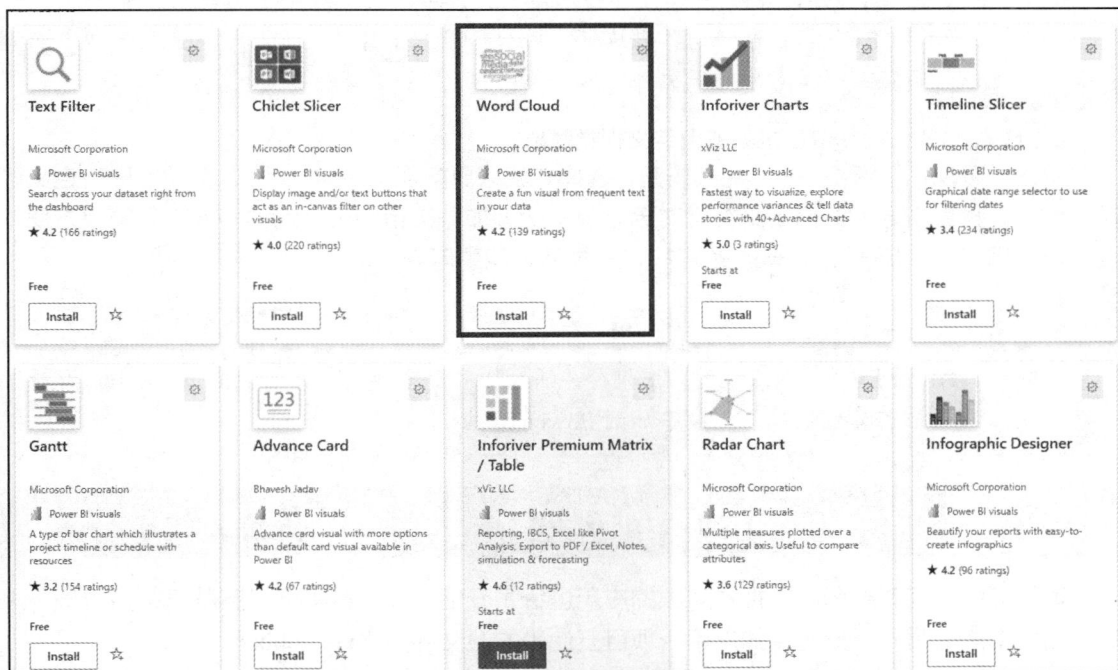

图 5-1　自定义视觉对象下载界面

② 选择自定义视觉对象界面中的"Word Cloud"，单击"Install"按钮，打开信息确认界面。

③ 单击"Get it now"，新建下载任务，设置源文件保存路径，单击"下载"按钮。

④ 单击"可视化"窗格中的" ⋯ "按钮，展开图 5-2 所示的获取更多视觉对象选项，单击"从文件导入视觉对象"，进入图 5-3 所示的提示框。

⑤ 单击"导入"按钮，在弹出的"打开文件"对话框中选择"WordCloud.WordCloud144795906

7750.2.0.0.0.pbiviz"源文件，单击"打开"按钮，即可在"可视化"窗格中添加词云图对象 。

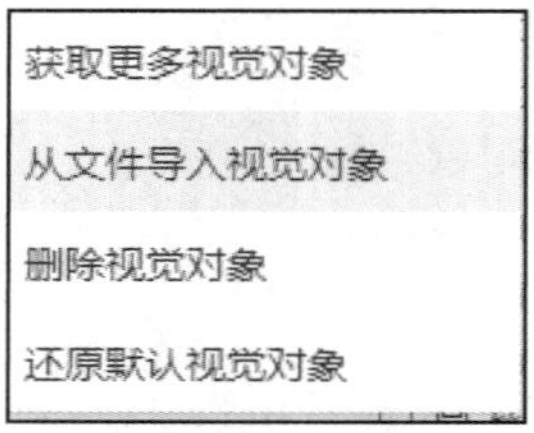

图 5-2　从文件导入视觉对象 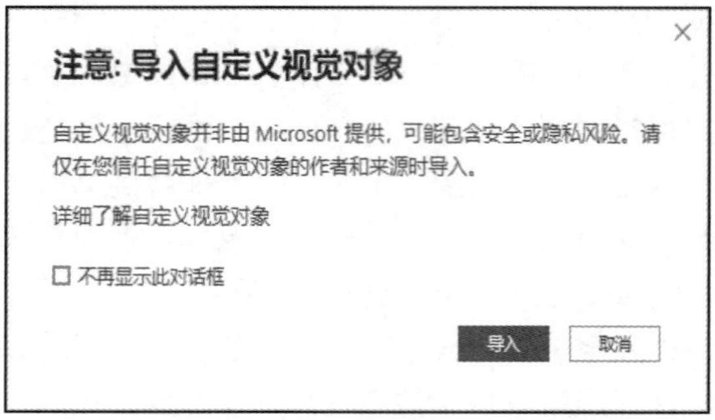　　　　图 5-3　导入自定义视觉对象提示框

⑥ 在"可视化"窗格中的新导入的自定义视觉对象图标 上单击鼠标右键，在弹出的快捷菜单中选择"固定到可视化效果窗格"命令。固定后，下次打开 Power BI 时，该视觉对象依然存在，不用重新导入。

提示

● 在微软 AppSource 官网用工作邮箱注册、登录后才能下载自定义视觉对象。

● 在 Power BI 的"报表视图"中执行"插入"|"更多视觉对象"|"从我的文件"命令，也可以将自定义视觉对象的源文件导入 Power BI。

2. 从 AppSource 中直接获取自定义视觉对象

单击"可视化"窗格中的"…"按钮，选择"获取更多视觉对象"，可以看到各种自定义可视化对象，找到待导入的自定义视觉对象，单击"添加"按钮即可。这种导入方式简单方便，但是需要用户先注册一个 Power BI 账户，登录后才能使用。

提示

● 在 Power BI 的"报表视图"中执行"插入"|"更多视觉对象"|"从 AppSource"命令，也可以将自定义视觉对象直接添加到 Power BI 中。

任务二　学会使用内置的可视化对象

项目二中已经对部分基本视觉对象的应用进行了介绍，本任务仍然以苏苏奶茶为案例，来展示其他常用的基本视觉对象的应用，项目五使用的源文件为"xm5.pbix"。

一、散点图

1. 散点图

散点图是指数据点在直角坐标系平面上的分布图，通常用于显示和比较数据，并根据数据点的分布及趋势，来判断两个变量之间是否存在某种相关关系。在制作散点图时，至少要有两组数据：一组是放在水平轴（X 轴）的数值数据，另一组是放在垂直轴（Y 轴）的数值数据。散点图上的数据点是由这两组数据构成的多个坐标点。

散点图方便我们从一大堆令人困惑的数据中找到规律，数据量越大，越容易发现数据之间的联系。

【实训 5-2】打开"源文件"|"项目五"|"xm5.pbix"文件，进入报表视图新增加一页，命名为"散点图"，并自定义设置画布大小（将"高度"设置为 1280，"宽度"设置为 2000）。然后在此报表页面上新建散点图，展示不同"年份月份"的"客户数量"与"销售量"之间的相关关系。

① 打开"xm5.pbix"文件，在"报表视图"中单击下方的 ➕ 按钮，新建报表页面并命名为"散点图"。

② 单击"可视化"窗格中的 🖉 按钮，选择"画布设置"选项，在"类型"列表中选择"自定义"，并将"高度"设置为 1280，"宽度"设置为 2000，其他为默认，如图 5-4 所示。

③ 单击"可视化"窗格中的 📊 图标，插入一个散点图。

④ 字段设置。在"可视化"窗格中将"客户数量"拖到"X 轴"中，将"销售量"拖到"Y 轴"中，将日期表中的"年份月份"拖到"图例"中。

⑤ 格式设置—常规。选择"标题"|"文本"，在文本框中输入"客户数量和销售量的相关关系"。

⑥ 分析设置。设置"趋势线"为"开"，在散点图中添加一条趋势线，如此可以更明晰地看到客户数量和销售量之间的相关关系，如图 5-5 所示。

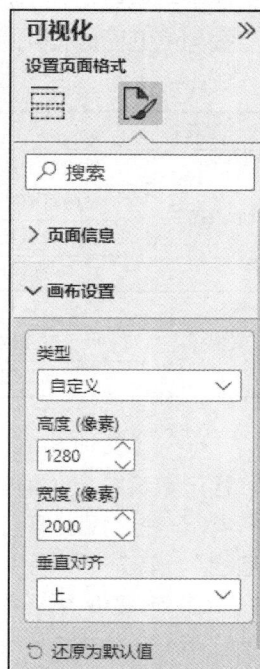

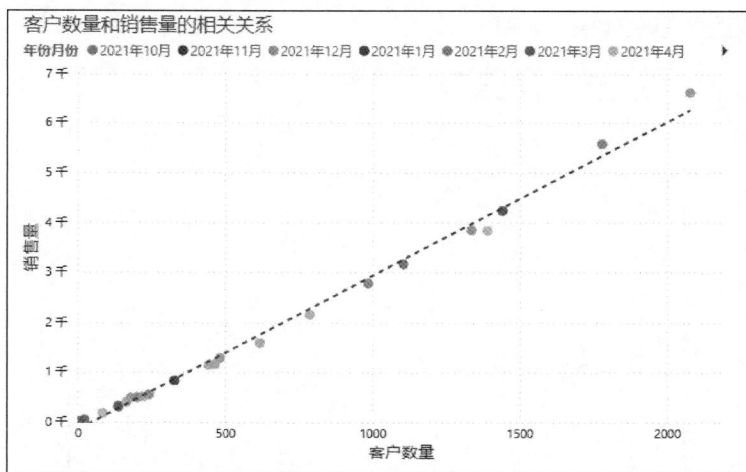

图 5-4　自定义画布

图 5-5　散点图

🔍 **提示**

● 本项目每个图形都单独新建页存放，页名称与图名一致，如本例中的"散点图"，之后不再逐项说明。

2. 气泡图

气泡图属于散点图的一种。气泡图是将散点图中的数据点用气泡来替代，气泡的大小表示第三个数据维度。气泡图是在散点图的基础上制作而成的，但是二者的使用场景有所不同。散点图与气泡图的使用场景如表 5-1 所示。

表 5-1　　　　　　　　　　　　　散点图与气泡图的使用场景

图表	图表的使用场景
散点图	1.　显示两个数值之间的关系
	2.　将两组数字绘制成一个 x 和 y 坐标系列
	3.　显示大型数据集中的趋势，例如，显示线性或非线性趋势、簇状和离群值
	4.　在不考虑时间的情况下，比较大量数据点。散点图包含的数据越多，比较结果越好
气泡图	1.　如果数据有三个数据系列，则每个系列分别包含一组值
	2.　展示财务数据，不同的气泡大小对增强特定值的视觉效果很有成效
	3.　制作象限图分析数据

实训 5-3

【实训 5-3】新建气泡图，展示不同"产品分类"随着时间的推移，"客户数量"与"销售量"的动态变化情况。

① 在"报表视图"中单击下方的 ➕ 按钮，新建报表页面并命名为"气泡图"。单击"可视化"窗格中的 图标，插入一个散点图。

② 字段设置。将"客户数量"拖到"X 轴"中，将"销售量"拖到"Y 轴"中，将"产品分类"拖到"图例"中，将"日期"中的"年份月份"拖到"播放轴"中，将"销售量"拖到"大小"中。

③ 格式设置—视觉对象。设置"类别标签"为"开"。

④ 格式设置—常规。选择"标题"|"文本"，在文本框中输入"客户数量和销售量的动态变化关系"。生成的气泡图如图 5-6 所示。

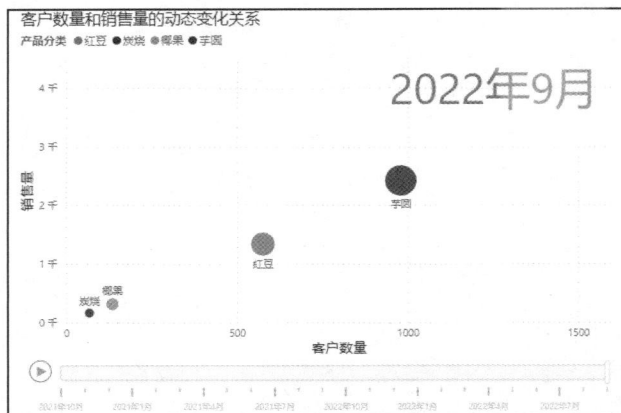

图 5-6　气泡图

🔍 **提示**

●　在图 5-6 所示的气泡图中，单击"播放"按钮 ▶，可以动态显示不同产品分类随着时间的推移，"客户数量"与"销售量"之间的变化情况。

二、地图

地图与其他可视化图表稍有不同，因为它是利用城市的名字或地理位置来定位的。需要明确带有城市名字或地理位置的字段。在苏苏奶茶案例中，门店表中有每个门店所在的城市信息，根据该信息可以使用地图直观地展示产品流向的城市。

【实训 5-4】接【实训 5-3】，绘制地图展示不同门店的地理位置及销售情况。

实训 5-4

① 生成地图标志。在报表视图中新建报表页面并命名为"地图"。选择"门店表"中的"门店"字段，单击"列工具"菜单，如图 5-7 所示，在"数据类别"列表中选择"城市"，这时会发现"数据"窗格中的"门店"字段前面生成一个⊕标志，如图 5-8 所示。

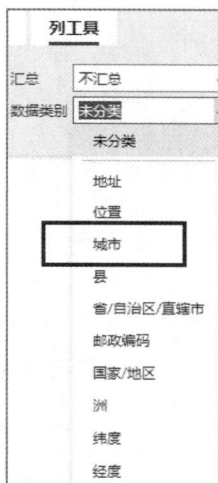

图 5-7　设置数据类别

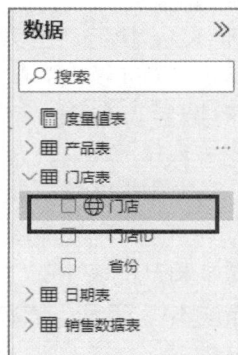

图 5-8　生成⊕标志

② 单击"可视化"窗格中的图标，插入一个地图。

③ 字段设置。位置设置为门店表中的"门店"，气泡大小设置为"销售量"。

④ 格式设置—常规。选择"标题"|"文本"，在文本框中输入"门店销售情况分析"。

提示

● 地图中的气泡越大，表示门店的销售量越多。

● 滚动鼠标滚轴可以更改地图的显示比例。

● 因为 Power BI 版本不断更新，Power BI 越来越智能，所以最新版本中如果没有设置"所在城市"字段的"数据类别"，则也能正常显示地图。

● 如果刚安装的 Power BI Desktop 的"可视化"窗格中没有地图，则用户需要先进行 Power BI 选项设置，具体操作如下：在 Power BI Desktop 中执行"文件"|"选项和设置"|"选项"命令，打开"选项"对话框，在对话框中选择"安全性"，在右侧设置框中找到"地图和着色地图视觉对象"，选中"使用地图和着色地图视觉对象"复选框，单击"确定"按钮即可。

三、表与矩阵

在 Power BI 中有两个类似表格的视觉对象："表"和"矩阵"。其中，视觉对象"表"不仅能提供明细数据，还可以测试度量值的返回结果。而"矩阵"则相当于 Excel 中的数据透视表，可以按行和列进行分组汇总数据。在"表"和"矩阵"可视化图表中，用户可以通过单元格格式设置对数字字段各种元素的颜色、方向进行标识。

1. 表

【实训 5-5】新建"表"，列示不同类别产品的销售量、销售额、销售成本、毛利等明细信息，并设置"毛利"数据条的颜色为红色。

实训 5-5

（1）新建列与新建度量值

在表格可视化之前，需要先做好数据准备。

① 新建列

在表格视图中选择"销售数据表"，执行"主页"|"新建列"命令，输入：

单位成本=RELATED ('产品表'[单位成本])

② 新建度量值

选择"度量值表"，执行"主页"|"新建度量值"命令，新建两个度量值：

销售成本= SUMX('销售数据表',[数量]×[单位成本])

毛利=[销售额]−[销售成本]

（2）新建表可视化对象

① 新建表。在报表视图中新建报表页面并命名为"表"，单击"可视化"窗格中的▦图标，插入一个表。

② 字段设置。将产品表中的"产品分类"及 "销售量""销售额""销售成本""毛利"依次拖到"列"上，得到图 5-9 所示的销售分析表。

产品分类	销售量	销售额	销售成本	毛利
红豆	14775	457533	302375	155158
炭烧	3418	109284	69145	40139
椰果	5318	140468	96694	43774
芋圆	18022	558464	355768	202696
总计	41533	1265749	823982	441767

图 5-9　销售分析表

③ 格式设置。在"视觉对象"选项下选择"单元格元素"|"将设置应用于"，在"数据系列"下选择"毛利"，单击"数据条"右侧的◯⬤按钮，使其变成⬤◯形状；然后单击"数据条"下面的⨍按钮，打开"数据条"对话框，如图 5-10 所示，在"正值条形图"栏目下选择"红色"，生成图 5-11 所示的带有数据条标识的表。

数据条 - 数据条　　　　×

根据单元格的值使用柱线设置其格式。

☐ 仅显示条形图

最小值　　　　最大值

最低值 ∨　　　最高值 ∨

输入值　　　　输入值

正值条形图　　条形图方向

▣ ∨　　　　从左到右 ∨

负值条形图　　轴

☐ ∨　　　　■ ∨

图 5-10　数据条格式设置

产品分类	销售量	销售额	销售成本	毛利
红豆	14775	457533	302375	155158
炭烧	3418	109284	69145	40139
椰果	5318	140468	96694	43774
芋圆	18022	558464	355768	202696
总计	41533	1265749	823982	441767

图 5-11　带有"数据条"标识的表

提示
● 在"单元格元素"设置中，除了设置"数据条"外，还可以设置选定元素的背景色、字体颜色、图标等。

2. 矩阵

【实训 5-6】接【实训 5-5】，新建"矩阵"，分组统计不同年度、季度不同类别产品的销售情况，并设置渐变布局，分两列显示行数据。

① 新建矩阵。在报表视图中新建报表页面并命名为"矩阵"，单击"可视化"窗格中的▦图标，插入一个矩阵。

② 字段设置。将日期表中的"年""季度"依次拖到"行"中，将"产品分类"拖到"列"中，将"销售额"拖到"值"中。单击矩阵图上的"展开"按钮+，可以分层列示年度、季度数据。

③ 格式设置。在"视觉对象"选项下选择"行标题"|"选项"|"渐变布局"，单击"渐变布局"右侧的⚪按钮，使其变成形状。

④ 调整矩阵的大小并移动到合适位置。生成的矩阵如图 5-12 所示。

年		红豆	炭烧	椰果	芋圆	总计
⊟	2021	50128	33770	59878		143776
	1	157		1637		1794
	2	5207		17014		22221
	3	9122	9184	22634		40940
	4	35642	24586	18593		78821
⊟	2022	407405	75514	80590	558464	1121973
	1	47380	24846	13488		85714
	2	87311	25812	20495	65495	199113
	3	114956	11930	22628	194989	344503
	4	157758	12926	23979	297980	492643
总计		457533	109284	140468	558464	1265749

图 5-12　矩阵表

四、漏斗图

漏斗图可以对有序、多阶段的流程进行可视化分析。例如，构建销售漏斗图可以跟踪各个阶段的客户：潜在客户>合格的潜在客户>预期客户>已签订合同的客户>已成交客户，并可以识别整个流程存在的问题。漏斗图的每个阶段代表总数的百分比。在大多数情况下，漏斗图的形状类似于一个漏斗：第一阶段为最大值，后面每一个阶段的值都小于其前一阶段的值。

【实训 5-7】接【实训 5-6】，新建漏斗图，展示不同类别产品销售量的变化效果。

① 新建漏斗图。在报表视图中新建报表页面并命名为"漏斗图"，单击"可视化"窗格中的图标，插入一个漏斗图。

② 字段设置。将产品表中的"产品分类"拖到"类别"上，将 "销售量"拖到"值"上，生成图 5-13 所示的漏斗图。

实训 5-7

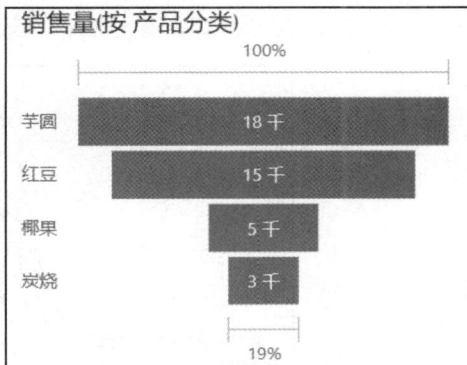
图 5-13　漏斗图

五、分解树

分解树是一个可以直接交互的视觉对象，用于及时浏览和执行根本原因分析。用户可以使用分解树对某一指标进行多维度智能探索，依次在多个维度上逐层分解，并根据特定条件向下钻取数据。分解树往往用于业绩的贡献因子分析。

【实训5-8】接【实训5-7】，新建分解树，对销售额按照产品分类、规格等维度进行逐层分解，查看销售额最大的产品分类及规格。

① 新建分解树。在报表视图中新建报表页面并命名为"分解树"，单击"可视化"窗格中的图标，插入一个分解树。

② 字段设置。将产品表中的"产品分类""规格"依次拖到"解释依据"中，将"销售额"拖到"分析"中。

③ 生成第一层级分解树。单击"分解树"图中"销售额"图标旁边的"展开"按钮+，可以选择数据拆分的方式。如图5-14所示，单击"产品分类"，生成图5-15所示的第一层级分解树。

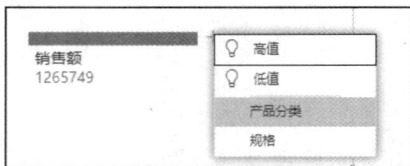

图 5-14　选择数据拆分的方式

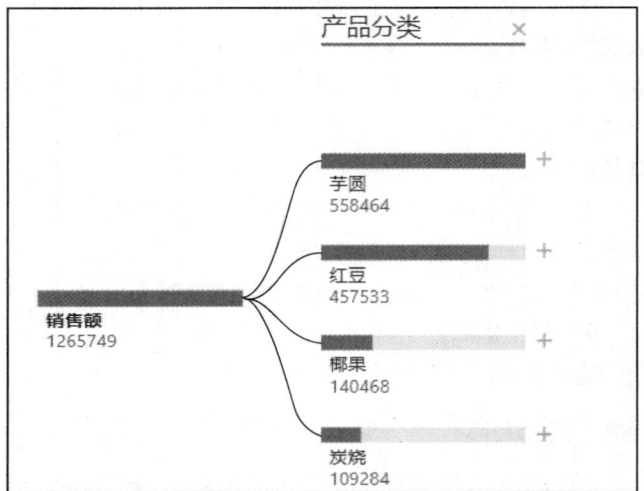

图 5-15　第一层级的分解树

④ 生成第二层级分解树2。单击"芋圆"右侧的展开按钮"+"，继续选择数据拆分方式，单击"规格"，生成第二层级分解树，如图5-16所示。

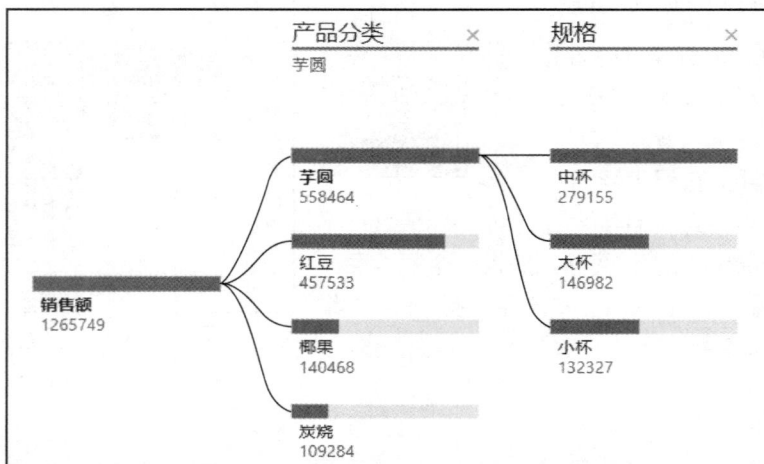

图 5-16　第二层级分解树

提示

● 在图 5-14 中，选择数据拆分方式时，高值是查找指标值最大的字段，低值是查找指标值最小的字段。在分解树中用户可以根据设定的层次维度逐层显示数据，也可以通过高值或低值智能地选取解释依据。

● 如果修改、取消或删除分解树上的某个字段，则单击图中该字段名称旁边的"删除"按钮 × 即可。

六、智能问答

智能问答也是一个可以直接智能交互的视觉对象，该视觉对象可以由用户输入想要知道的问题，系统自动生成相应图表给出答案，这是解决临时性问题的一种方法。

在"问答"视觉对象上有两种创建"问答"的方法：一是使用系统推荐的问题；二是在问答框中自行提出问题。

1. 使用系统推荐的问题创建问答

【实训 5-9】选择系统推荐问题，查看最后一年的销售量。

① 新建"问答"。单击"可视化"窗格中的 □ 图标，插入一个"问答"，这时系统自动推荐若干常见问题，如图 5-17 所示。

实训 5-9

图 5-17　系统推荐问题

② 选择问题。选择"show me 销售量 for the last year"选项，系统展现结果如图 5-18 所示。也可以单击问答框右侧的"将此问答结果转变为标准视觉对象"，得到图 5-19 所示的展现结果。

图 5-18　展现结果

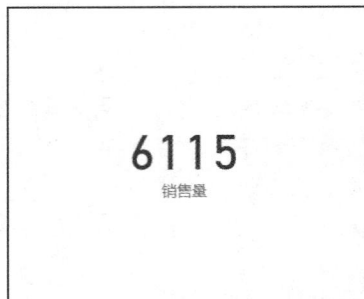

图 5-19　标准视觉对象

2. 自行设置问题创建问答

【实训 5-10】接【实训 5-9】，新建"问答"，在问答对话框中输入"销售额 by 省份"，并将"问题"的结果转换为标准视觉对象。

① 新建"问答"。单击"可视化"窗格中的□图标，插入一个"问答"。

② 提出问题。在问答文本框中输入"销售额 by 省份"，系统自动生成7 省份销售额条形图，如图 5-20 所示。

实训 5-10

③ 转化为视觉对象。单击"问答框"右边的按钮，将互动问答转换为标准视觉对象，如图 5-21 所示。

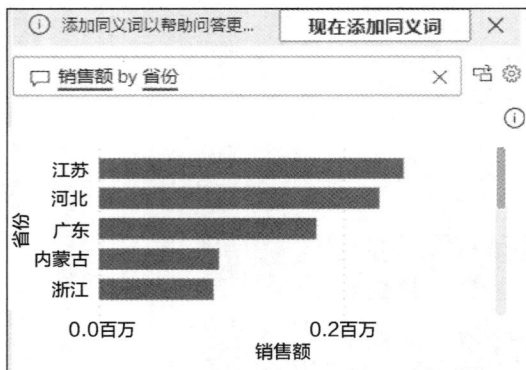

图 5-20　自行提问创建"问答"

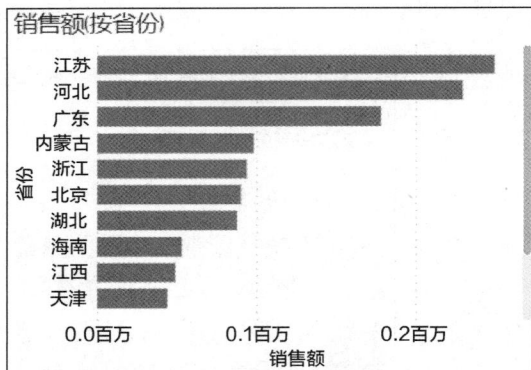

图 5-21　转换为标准视觉对象

> **提示**
>
> ● 在"问题"视觉对象的"问题框"中输入问题时，"by"关键字后面一般是类别。
> ● "智能问答"会根据"提出的问题"选择最佳的可视化对象来显示"答案"。
> ● 智能问答中经常使用一些关键词来提出问题，如筛选范围（between…and）、排序（sorted by）、日期前后（before 和 after）等。
> ● 在 Power BI 中，可以在"问答设置"中帮助用户教导 Q&A、审阅问题、建议问题及管理已添加的术语。单击"问答框"右边的设置按钮，可以打开"问答设置"对话框，如图 5-22 所示，用户也可以在 Power BI Desktop 中执行"建模"|"问答"|"问答设置"命令直接打开该对话框。

图 5-22 "问答设置"对话框

任务三 学会使用自定义可视化对象

在开始本任务实训之前需要将相应的自定义视觉对象源文件导入 Power BI（教学资源中提供了各自定义视觉对象的源文件），也可以从 AppSource 中搜索这些视觉对象的源文件下载并导入 Power BI。

一、词云图

词云图比较常见，它以一种直观的方式展现文本内容：关键词出现频率较高或其取值较大时，会以较大字体呈现出来，出现频率较少或取值较小时，会以较小的字体呈现。这样我们可以快速地从中获取高频出现或取值较大的关键词。

【实训 5-11】新建词云图，观察销售额较大的门店。

① 新建词云图。单击"可视化"窗格中的■图标，插入一个词云图。

实训 5-11

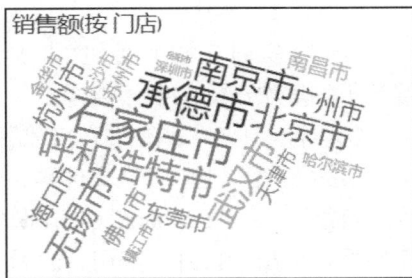
图 5-23 词云图

② 字段设置。将门店表中的"门店"拖到"类别"上，将"销售额"拖到"值"上。

③ 新建词云图完成后如图 5-23 所示。

二、旭日图

旭日图可以展示多个层次的比例结构，并可以清晰展示不同层次数据间的关系。旭日图可以看作多层环形图套在一起，最里面一层为一级分类，依次往外是二级分类、三级分类等。

当可视化图表中使用的数据存在层级结构时，用户可以在图表上直接钻取展示下一层级的数据，最常用的层级结构就是日期数据，从年度、季度、月份到具体日期。通过 Power BI 的钻取功能，用户可以很轻松地进行不同年度、不同季度、不同月份的数据可视化分析。除了日期层次结构外，我们可以根据实际情况建立地域层次结构（如国家、省份、城市等）、产品层次结构（如产品类别、产品型号等）……实现在同一张可视化图表中进行多维度、多角度的数据分析。

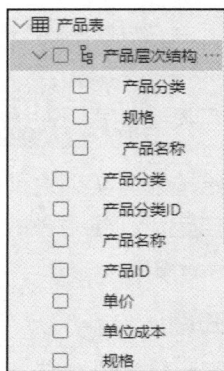

【实训 5-12】新建产品层次结构（产品分类、规格、产品名称）。

① 创建层次结构。在"报表视图"的"数据"窗格中选择产品表的"产品分类"列，单击鼠标右键，在弹出的快捷菜单中选择"创建层次结构"（见图 5-24）。

② 重命名层次结构。在"产品表"中新增加一项"产品分类 层次结构"，如图 5-25 所示，选中该层次结构，单击鼠标右键，在弹出的快捷菜单中选择"重命名"，将其改名为"产品层次结构"。

③ 添加到层次结构。选择"数据"窗格下"产品表"中的"规格"，单击鼠标右键，在快捷菜单中选择"添加到层次结构"|"产品层次结构"。同理，添加"产品名称"。

④ 查看产品层次结构。新建的产品层次结构如图 5-26 所示，依次包括产品分类、规格、产品名称三个层次。

图 5-24　创建层次结构　　图 5-25　"产品分类"层次结构　　图 5-26　产品层次结构

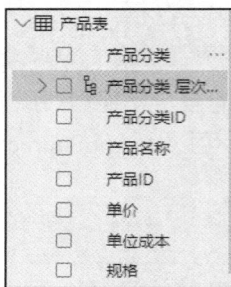

【实训 5-13】接【实训 5-12】，新建旭日图，展示不同层次产品的销售结构。

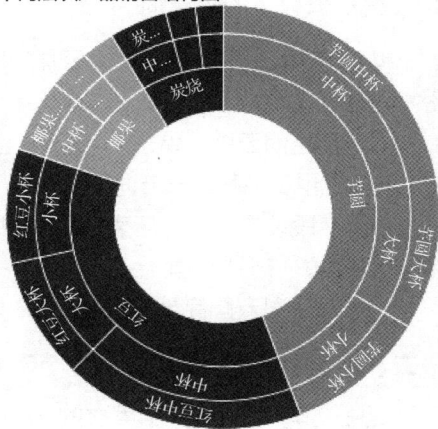

① 导入源文件。单击"可视化"窗格中的…按钮，选择"从文件导入视觉对象"，选定 Sunburst Chart 源文件后，单击"打开"按钮，之后"可视化"窗格中出现旭日图的图标。

② 新建旭日图。单击"可视化"窗格中的图标，插入一个旭日图。

③ 字段设置。将产品表中的"产品层次结构"拖到"组"中，将"销售额"拖到"值"中。

④ 格式设置—常规。选择"标题"|"文本"，在文本框中输入"不同层次产品销售结构图"，将标题字号设置为"12"。设置完成后的旭日图如图 5-27 所示。

图 5-27　旭日图

三、桑基图

桑基图也叫桑基能量平衡图，是一种特定类型的流程图，图中延伸的分支的宽度对应数据流量的大小，通常应用于能源、材料成分、金融等数据的可视化分析。桑基图最明显的特征是，始末端的分支宽度总和相等，即所有主支宽度的总和应与所有分支宽度的总和相等，保持能量平衡。

【实训 5-14】接【实训 5-13】，新建桑基图，展示不同类别产品在各省份的销售情况。

① 导入源文件。单击"可视化"窗格中的 ⋯ 按钮，选择"从文件导入视觉对象"，选定 Sankey Diagram 源文件后，单击"打开"按钮，在"可视化"窗格中出现桑基图的图标 。

② 新建桑基图。单击"可视化"窗格中的 图标，插入一个桑基图。

③ 字段设置。将产品表中的"产品分类"拖到"源"中，将门店表中的"省份"拖到"目标"中。

④ 格式设置—常规。选择"标题"|"文本"，在文本框中输入"不同产品分类在各省份的销售情况"，生成图 5-28 所示的桑基图。

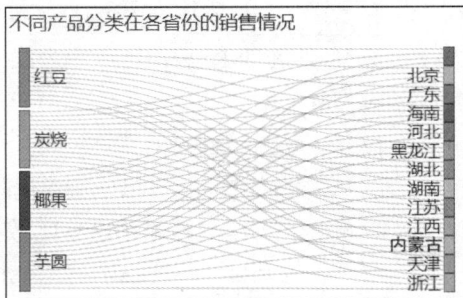

图 5-28　桑基图

四、华夫饼图

华夫饼图也称直角饼图，是一种表示百分比数据的图表，该图包含 10×10 的图标网格，每个格子代表 1%，能够直观地表示原始数据值并将其作为百分比进行比较。华夫饼图常用于同类型指标的比较，如不同产品的利润率比较、不同季度的完成情况对比等。

【实训 5-15】接【实训 5-14】，新建华夫饼图，展示各门店的销售毛利。

① 导入源文件。单击"可视化"窗格中的 ⋯ 按钮，单击"从文件导入视觉对象"，选定 Waffle Chart 源文件后，单击"打开"按钮，此时"可视化"窗格中出现华夫饼图的图标 。

② 新建华夫饼图。单击"可视化"窗格中的 图标，插入一个华夫饼图。

③ 字段设置。将门店表中的"门店"拖到"Category Data"中，将"毛利"拖到"Values"中，生成图 5-29 所示的华夫饼图。

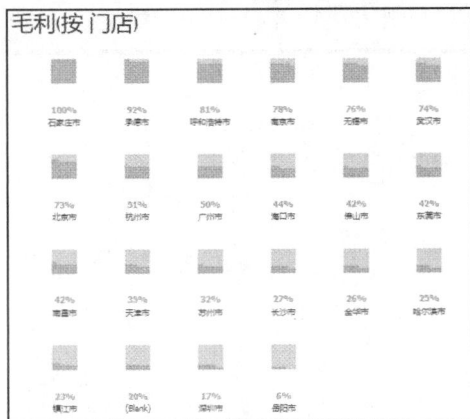

图 5-29　华夫饼图

通关测试

一、判断题

1. 表和矩阵是同一种视觉对象。 （　　　）
2. 除了 Power BI 提供的基本视觉对象，还可以导入自定义视觉对象。 （　　　）
3. 必须注册 Power BI 账户才能下载自定义视觉对象。 （　　　）

二、单选题

1. 气泡图就是一种特殊的（　　　）。
   A. 散点图　　　　B. 旭日图　　　　C. 华夫饼图　　　　D. 瀑布树
2. （　　　）是一种表示百分比数据的图表。
   A. 旭日图　　　　B. 桑基图　　　　C. 华夫饼图　　　　D. 分解树
3. 不设置（　　　），就是单层树状图。
   A. 类别　　　　　B. 详细信息　　　C. 值　　　　　　D. 钻取字段

三、多选题

1. 以下哪些可视化对象适合用于趋势分析？（　　　）
   A. 柱形图　　　　B. 树状图　　　　C. 折线图　　　　　D. 仪表图
2. 以下哪些属于自定义视觉对象？（　　　）
   A. 瀑布图　　　　B. 词云图　　　　C. 桑基图　　　　　D. 智能问答

四、问答题

1. 散点图和气泡图的应用场景有何不同？
2. 如何获得自定义视觉对象？

五、实训题

打开完成"项目四"实训题的 Power BI 文件，继续完成可视化的设计。

1. 在报表视图中创建公司名称切片器、年度切片器。
2. 使用卡片图展示利润表中的关键指标。
3. 使用分区图分析净利润与净利润率的趋势。

项目六

学习 Power BI 动态交互

知识目标

1. 了解 Power BI 动态交互功能。
2. 了解 Power Query 动态数据分析、动态指标分析、动态可视化对象的方法。

技能目标

1. 掌握 SELECTEDVALUE 函数的应用场景。
2. 掌握动态数据分析、动态指标分析和动态可视化对象。

素养目标

1. 总结动态交互的一般规律。
2. 能够根据业务场景和业务需求，运用合适的动态技术。

走向属于自己的
成功

通过前面 5 个项目的学习，同学们已经掌握了 Power BI 应知应会的基本技能。下半程开启进阶模式，一方面开启 Power BI 进阶，另一方面将所学与实务工作紧密联系，在实战中提升能力！本项目源数据来自"源文件"|"项目六"|"xm6.pbix"文件。

任务一　动态数据分析

Power BI 可视化图表与传统图表的显著区别是 Power BI 的可视化分析是动态的，可以通过报表页面上的筛选、钻取、编辑交互等功能，快速挖掘数据背后的有用信息。筛选和编辑交互在项目二中已经介绍，本任务中只介绍钻取。

一、钻取

1. 利用日期层次结构实现钻取

Power BI 可以智能识别日期数据并创建日期层次结构。用户在"数据"窗格中可以观察系统自动在"日期"字段下创建的日期层次结构，如图 6-1 所示。用户可以在可视化图表中使用日期层次结构数据实现钻取功能。

图 6-1　系统自动创建日期层次结构

【实训 6-1】打开"xm6.pbix"文件，在"销售分析"折线与堆积柱形图中更改 X 轴字段为"日期"，实现日期钻取功能。

① 新建页。打开"源文件"|"项目六"|"xm6.pbix"文件，在报表视图中单击"新建页"，修改名称为"日期钻取"。单击选中"销售分析"页面中的"销售业绩"可视化对象，将其复制到"日期钻取"页面。

② 字段设置。删除 X 轴中的"年份季度"，将日期表中的"日期"拖到 X 轴，其他设置不变，如图 6-2 所示。图表右上方出现四个钻取按钮：↑、↓、⇊、🔀，分别代表向上钻取、向下钻取、转至层次结构中的下一级别、展开层次结构中的所有下移级别，如图 6-3 所示。

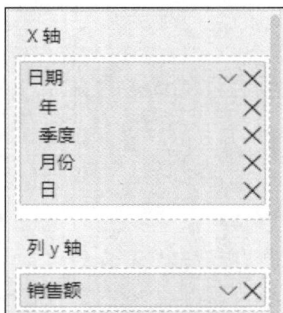

图 6-2　X 轴字段设置

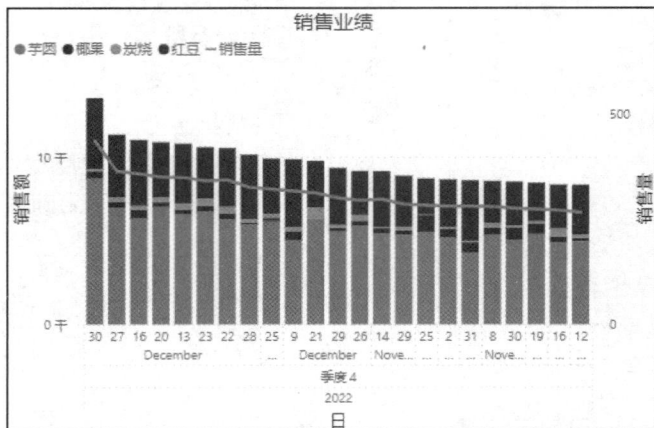

图 6-3　带有"钻取"功能的"销售业绩"图

③ 向上钻取。单击图 6-3 右上角的↑按钮，图表中 X 轴由"日"变为"月份"，如图 6-4 所示。再次单击"↑"向上钻取按钮，图表中 X 轴由"月份"变为"季度"，如图 6-5 所示。

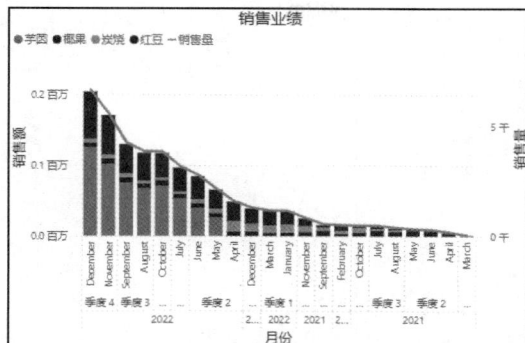

图 6-4 从"日"向上钻取至"月份"

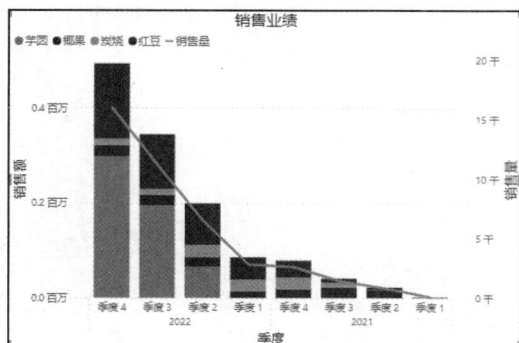

图 6-5 从"月份"向上钻取至"季度"

> **提示**
>
> ● 如果不想要日期中的某个层次，则在图 6-2 中设置 X 轴字段时单击需要删除层次右边的叉号 × 删除即可。

2. 利用产品层次结构实现钻取

在项目五中，我们建立了产品层次结构（产品分类、规格、产品名称）。【实训 6-2】利用产品层次结构实现钻取。

【实训 6-2】接【实训 6-1】，新建矩阵表，用来统计分析不同产品层次的销售情况。

① 在报表视图中单击"新建页"，新建页，并修改名称为"产品钻取"。

② 单击"可视化"窗格中的 按钮，插入一个矩阵表。

③ 字段设置。将"产品层次结构"拖动到"行"中，依次将"销售量""销售额""销售成本""毛利"拖动到"值"中，如图 6-6 所示。

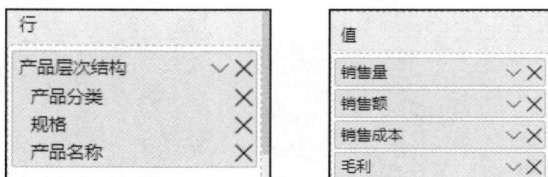

图 6-6 字段设置

④ 利用钻取按钮分别得到不同产品类别的销售信息、不同规格产品的销售信息和不同产品的销售信息，如图 6-7～图 6-9 所示。

产品分类	销售量	销售额	销售成本	毛利
红豆	14775	457533	302375	155158
炭烧	3418	109284	69145	40139
椰果	5318	140468	96694	43774
芋圆	18022	558464	355768	202696
总计	41533	1265749	823982	441767

图 6-7 不同产品类别的销售信息

规格	销售量	销售额	销售成本	毛利
大杯	10190	333129	217078	116051
小杯	10685	300816	188953	111863
中杯	20658	631804	417951	213853
总计	41533	1265749	823982	441767

图 6-8 不同规格产品的销售信息

产品名称	销售量	销售额	销售成本	毛利
红豆大杯	3581	118173	78782	39391
红豆小杯	3827	110983	68886	42097
红豆中杯	7367	228377	154707	73670
炭烧大杯	831	28254	18282	9972
炭烧小杯	877	26310	16663	9647
炭烧中杯	1710	54720	34200	20520
椰果大杯	1324	39720	26480	13240
椰果小杯	1418	31196	21270	9926
椰果中杯	2576	69552	48944	20608
芋圆大杯	4454	146982	93534	53448
芋圆小杯	4563	132327	82134	50193
芋圆中杯	9005	279155	180100	99055
总计	**41533**	**1265749**	**823982**	**441767**

图 6-9　不同产品的销售信息

二、动态切换金额单位

Power BI 默认的金额单位是以英美为参照，通常是千、百万等；而我国的金额单位习惯上用元、万元、亿元等。【实训 6-3】通过动态切换金额单位的设计，让可视化对象中的度量值按照我们设计好的金额单位来展现。

1. 新建金额单位表

实训 6-3

【实训 6-3】接【实训 6-2】，新建一张金额单位表，并将金额单位按照一定顺序排列。

① 创建表。在表格视图中执行“主页”|“输入数据”命令，打开“创建表”对话框。在该对话框中输入顺序、单位、单位值三列数据，并将名称设置为“金额单位表”，如图 6-10 所示。单击“确定”按钮，在“数据”窗格中出现“金额单位表”。

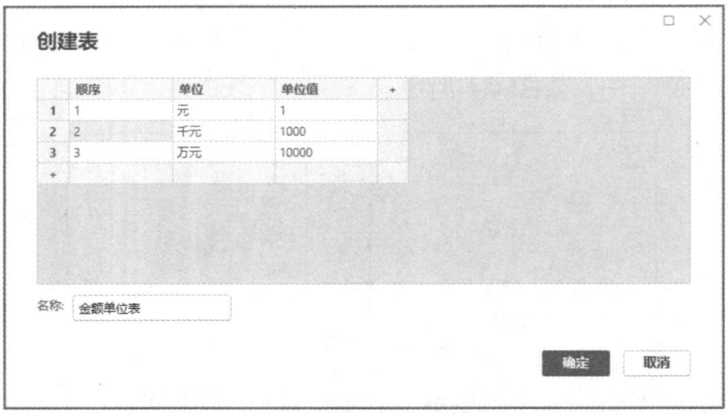

图 6-10　创建金额单位表

② 检查自动识别关系。表格加载时，有可能会自动识别关系，并根据字段名称与其他表关联。而“金额单位表”并不需要与其他任何表建立关系，因此用户需要在“模型视图”中检查，如果“金额单位表”与其他数据表建立了关联，就需要删除这个错误的关联关系。

提示

● 在金额单位表中，“顺序”列用来按照该顺序显示切片器，“单位值”列用于后期与数据源金额相乘，单位值主要依据数据源的金额而定。

③ 将"单位"列按照"顺序"列排序。在表格视图的"数据"窗格中选择"金额单位表",选中"单位"列,执行"主页"|"列工具"|"按列排序"|"顺序"命令,如图 6-11 所示。

实训 6-4

图 6-11　按"顺序"列排列"单位"

2. 建立金额单位切片器

【实训 6-4】接【实训 6-3】,使用"金额单位表"中的"单位"字段创建一个金额单位切片器。

① 新建表页。在报表视图中新建"动态切换金额单位"表页。

② 插入切片器。单击"可视化"窗格中的"切片器"图标,插入一个切片器。

③ 字段设置。将字段设置为"金额单位表"中的"单位"列,如图 6-12 所示。

④ 格式设置。在"切片器设置"|"选项"|"样式"下拉列表中选择"磁贴",如图 6-13 所示。完成的金额单位切片器如图 6-14 所示。

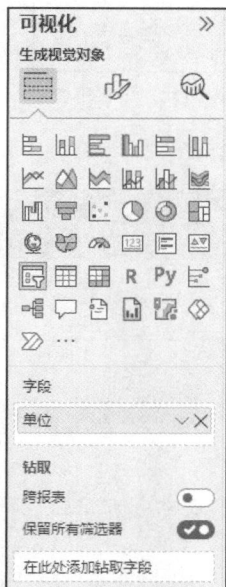

图 6-12　字段设置

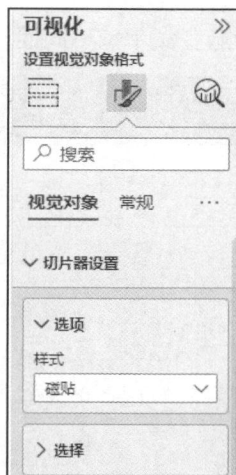

图 6-13　格式设置

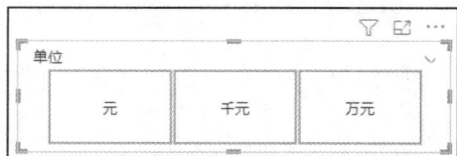

图 6-14　金额单位切片器

3. 建立度量值

【实训 6-5】接【实训 6-4】,建立"显示金额"度量值,将显示金额与金额单位绑定。

实训 6-5

在表格视图中选择"数据"窗格下的"度量值表",执行"表工具"|"新建度量值"命令,在公式编辑栏中输入 DAX 公式:

```
显示金额 = IF(HASONEVALUE('金额单位表'[单位]),[销售额]/VALUES('金额单位表'[单位值]),[销售额])
```

按回车键,在"度量值"下面增加了"显示金额"度量值,并将该度量值数据格式改为"十进制数字",保留两位小数。

4．创建动态切换金额单位矩阵表

【实训 6-6】接【实训 6-5】，创建矩阵表，观察动态切换金额单位。

① 新建表页。在报表视图中插入矩阵表。

② 字段设置。将"年份季度"拖动到"行"中，将"销售额"和"显示金额"拖动到"值"中。

③ 单击"单位"切片器中的"元""千元"和"万元"，分别如图 6-15～图 6-17 所示。

单位		
元	千元	万元
年份季度	销售额	显示金额
2021Q1	1794	1794.00
2021Q2	22221	22221.00
2021Q3	40940	40940.00
2021Q4	78821	78821.00
2022Q1	85714	85714.00
2022Q2	199113	199113.00
2022Q3	344503	344503.00
2022Q4	492643	492643.00
总计	**1265749**	**1265749.00**

图 6-15　以元为金额单位

单位		
元	**千元**	万元
年份季度	销售额	显示金额
2021Q1	1794	1.79
2021Q2	22221	22.22
2021Q3	40940	40.94
2021Q4	78821	78.82
2022Q1	85714	85.71
2022Q2	199113	199.11
2022Q3	344503	344.50
2022Q4	492643	492.64
总计	**1265749**	**1265.75**

图 6-16　以千元为金额单位

单位		
元	千元	**万元**
年份季度	销售额	显示金额
2021Q1	1794	0.18
2021Q2	22221	2.22
2021Q3	40940	4.09
2021Q4	78821	7.88
2022Q1	85714	8.57
2022Q2	199113	19.91
2022Q3	344503	34.45
2022Q4	492643	49.26
总计	**1265749**	**126.57**

图 6-17　以万元为金额单位

可以看到，在显示金额一栏，数据可随选择的金额单位不同而动态变化。

任务二　动态指标分析

一、学习 SELECTEDVALUE 函数

1．SELECTEDVALUE 函数语法

函数语法：

SELECTEDVALUE (Table[column], "defaultvalue")

函数功能：

函数返回第一个参数列的唯一引用值，如果参数列在上下文过滤器中不是唯一可用值，则返回第二个参数值。

函数参数：

column：列名

defaultvalue：缺省值。

2．SELECTEDVALUE 函数应用示例

【实训 6-7】体验 SELECTEDVALUE 函数的用法。

① 新建表。在报表视图中新建页，并命名为"selectedvalue"。执行"主页"｜"输入数据"命令，新建"商品表"，如图 6-18 所示。

② 新建度量值：selectedvalue = SELECTEDVALUE('商品表'[商品名称],"不是唯一商品")。

商品名称	颜色
衬衣	白
衬衣	灰
衬衣	黑
西裤	黑
领带	红

图 6-18　商品表

③ 插入一个切片器，将"商品名称"拖动到"字段"中，设置"视觉对象边框"为开。

④ 插入卡片图，将"selectedvalue"拖动到"字段"中，设置"视觉对象边框"为开。

⑤ 分别选中切片器中的"衬衣""领带"，卡片图显示如图 6-19、图 6-20 所示。清除切片器，卡片图显示如图 6-21 所示。

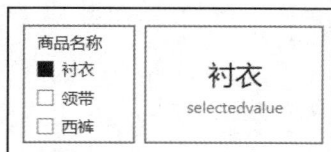

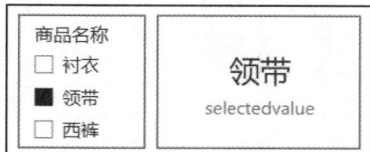

| 图 6-19 选中"衬衣" | 图 6-20 选中"领带" | 图 6-21 未选中任何商品 |

图 6-19　选中"衬衣"　　　图 6-20　选中"领带"　　　图 6-21　未选中任何商品

当在切片器中选中任何一种商品时，根据筛选结果返回该唯一值。当清除切片器选项时，商品名称不再是唯一值，返回第 2 项"不是唯一商品"。

二、动态切换分析指标

为了节省空间，有时候需要将多项指标放在一个图表上显示，在 Power BI 中可以根据需要动态切换显示的指标数据。

【实训 6-8】新建"簇状柱形图"展示各个产品分类的销售情况，要求在同一个空间内通过切片器动态切换销售额和销售量。

实训 6-8

1. 建立辅助表，用于创建切片器

在数据源中，销售额和销售量是两个度量值，用户无法通过选取现成的字段列来创建切片器，需要手动创建辅助表或参数表作为切片器。

① 创建表。执行"主页"|"输入数据"命令，打开"创建表"对话框，如图 6-22 所示，设置列名为"选择"，值为"销售额""销售量"，表的名称设置为"动态"，单击"加载"按钮。

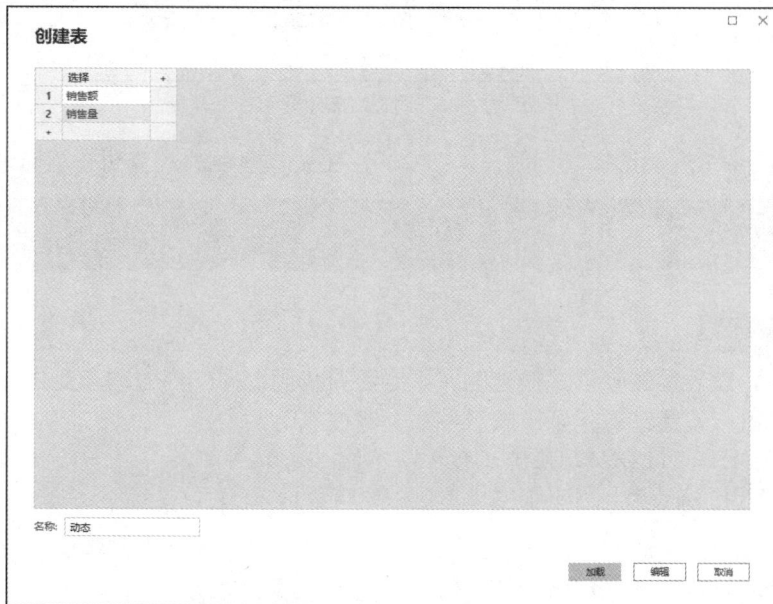

图 6-22　创建辅助表

② 新建报表页，并命名为"动态指标分析"。

③ 新建切片器，将"选择"列拖动到"字段"中，设置切片器格式为"磁贴"。

2. 新建度量值使图表中显示的值与切片器相关联

在报表视图中执行"主页"｜"新建度量值"命令，在公式编辑栏中输入 DAX 公式：

> 动态切换数据 ＝SWITCH(SELECTEDVALUE('动态'[选择]),
>   "销售额",[销售额],
>   "销售量",[销售量])

按回车键，在模型中生成一个可以和切片器相关联的度量值"动态切换数据"。

3. 新建簇状柱形图

① 新建簇状柱形图。单击"可视化"窗格中的 📊 图标，插入一个簇状柱形图。

② 字段设置。将"产品分类"拖动到"X 轴"中，将"动态切换数据"拖动到"Y 轴"中。如图 6-23 所示，当在切片器上选择"销售量"时，柱形图中显示销售量的数据；当在切片器上选择"销售额"时，柱形图中显示销售额的数据。

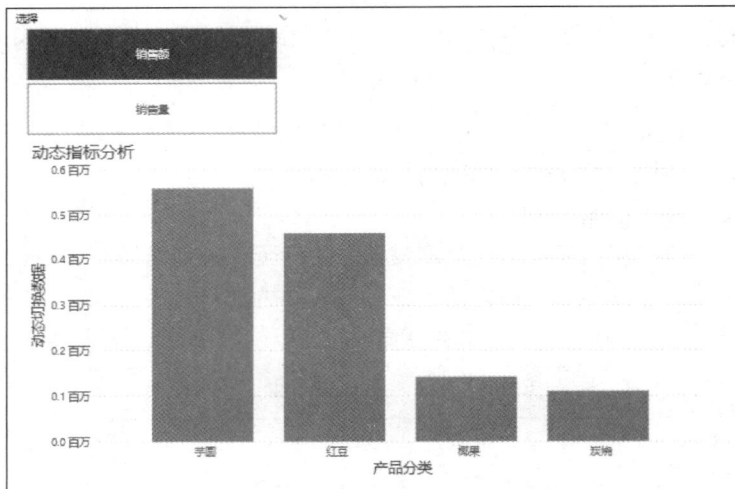

图 6-23　动态指标分析

③ 格式设置—常规。选择"标题"｜"文本"，在文本框中输入"动态指标分析"。

任务三　动态可视化对象

一、动态图表标题

一般情况下，图表标题默认是静态的，不会随着我们选择的内容动态变化。为了增强图表的可读性，用户可以设置动态标题来展示一些关键信息。

> 动态标题 1=SELECTEDVALUE('日期表'[年], "两")&"年"&
> SELECTEDVALUE('门店表'[省份], "全国"）&"销售情况表"

✎【实训 6-9】创建一个按产品分类展示销售额的条形图，设置年份和省份两个切片器，当选择某年份和某省份时，图表标题随之动态变化。

① 新建页面，并命名为"动态标题"。

实训 6-9

② 插入条形图。将"销售额"拖动到"X 轴"中，将"产品分类"拖动到"Y 轴"中，如图 6-24 所示。此时显示的标题为系统默认。

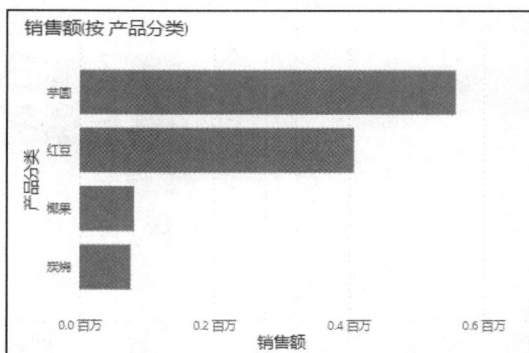

图 6-24　条形图-默认标题

③ 插入切片器。插入"年"切片器，样式选择"磁贴"；设置"省份"切片器，样式选择"下拉"。

④ 创建度量值。执行"主页"|"新建度量值"命令，在公式栏中输入：

动态标题 = SELECTEDVALUE('日期表'[年],"两")&"年")&SELECTEDVALUE('门店表'[省份],"全国")&"销售情况表"

⑤ 设置图表标题。选中条形图，在格式设置中单击标题下面文本右侧的 fx 按钮，打开"标题文本—标题—标题"对话框。展开"应将此基于哪个字段"，从中选择度量值"动态标题"，如图 6-25 所示，单击"确定"按钮。设置图表标题为 18 号字体，水平居中显示。

图 6-25　设置标题为度量值"动态标题"

设置完成后，单击年切片器中的"2021"和省份切片器中的广东，观察图 6-26 中的标题；单击年切片器中的"2022"，清除省份切片器中的选择，观察图 6-27 中的标题。

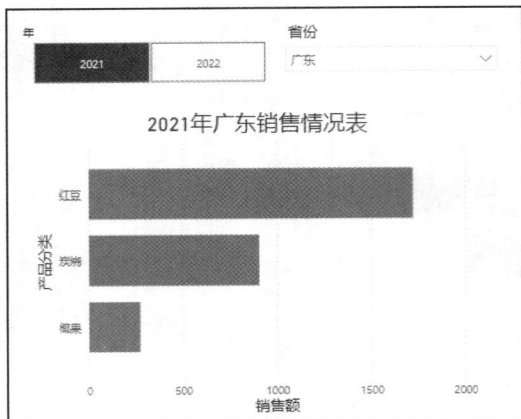

图 6-26　2021 年广东销售情况表

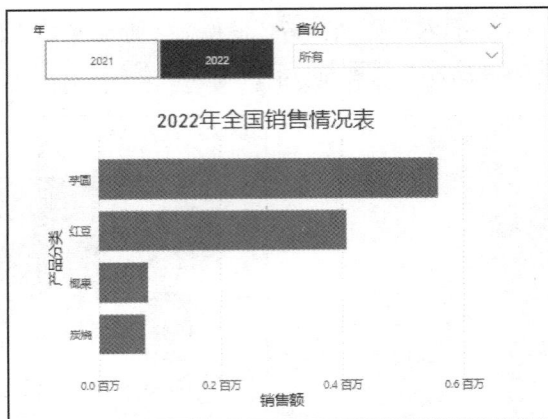

图 6-27　2022 年全国销售情况表

二、动态图表配色

1. 颜色表示方法

在 Power BI 中可直接使用英文颜色名称自定义颜色，如字体颜色、背景色、填充色等，通常使用条件判断进行颜色调整，如=IF([完成率]<60,"Red","Green")。

在 Power BI 中还可以使用以"#"开头的 6 位十六进制符号代表颜色，如仅绿色就有二十多种，如图 6-28 所示。

2. 动态配色

Power BI 生成图表时有默认的配色方案，在格式设置中也可以对默认颜色进行修改。但在有些情况下，我们希望根据图形中数据值的不同显示不同的颜色，以更直观地表达某些关键信息，这也就是【实训 6-10】要讲的动态配色。

【实训 6-10】对"苏苏奶茶.pbix"中的"省份销售额排名"可视化图表进行动态配色，如果销售额大于等于 200 千，则以绿色（LightSeaGreen #20B2AA）显示；如果销售额大于等于 100 千小于 200 千，则以蓝色（DeepSkyBlue #00BFFF）显示；如果小于 100 千，则以黄色（Khaki #F0E68C）显示。

实训 6-10

绿色	GreenYellow	#ADFF2F
绿色	Chartreuse	#7FFF00
绿色	LawnGreen	#7CFC00
绿色	Lime	#00FF00
绿色	LimeGreen	#32CD32
绿色	PaleGreen	#98FB98
绿色	LightGreen	#90EE90
绿色	MediumSpringGreen	#00FA9A
绿色	SpringGreen	#00FF7F
绿色	MediumSeaGreen	#3CB371
绿色	SeaGreen	#2E8B57
绿色	ForestGreen	#228B22
绿色	Green	#008000
绿色	DarkGreen	#006400
绿色	YellowGreen	#9ACD32
绿色	OliveDrab	#6B8E23
绿色	DarkOliveGreen	#556B2F
绿色	MediumAquaMarine	#66CDAA
绿色	DarkSeaGreen	#8FBC8F
绿色	LightSeaGreen	#20B2AA
绿色	DarkCyan	#008B8B
绿色	Teal	#008080

图 6-28　颜色的表示方法

① 新建页面，并命名为"动态配色"。将"省份销售额排名"条形图复制到本页面。

② 新建度量值。执行"主页"|"新建度量值"命令，在公式栏中输入：

配色=SWITCH(TRUE(),[销售额]>=200000,"#20B2AA",[销售额]>=100000,"#00BFFF," "#F0E68C")。

③ 格式设置。选中条形图，在格式设置中单击"条形"选项下颜色 fx 按钮，打开"默认颜色—条形—颜色"对话框。选择格式样式为"字段值"，展开"应将此基于哪个字段"，从中选择度量值"配色"，如图 6-29 所示，单击"确定"按钮。

设置完成后，条形图显示如图 6-30 所示。

图 6-29 更改颜色配置方案

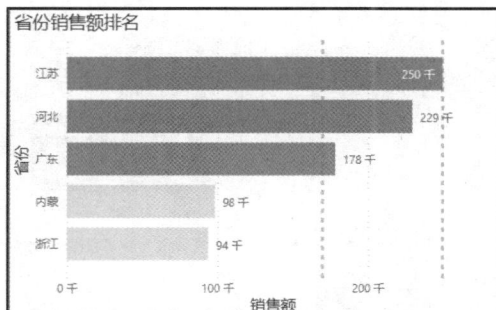

图 6-30 动态配色后的条形图

通关测试

一、判断题

1. 只有数据存在层次结构时，才能使用钻取功能。　　　　　　　（　　　）

2. 系统可以自动创建日期层次结构和产品层次结构。　　　　　　（　　　）

3. 当存在多个 if 函数嵌套问题时，可以选用 SWITCH 函数来解决。（　　　）

二、单选题

1. 以下哪个层次结构是系统自动创建的？（　　　）

    A. 日期　　　　　B. 产品　　　　　　　C. 门店　　　　　　　D. 客户

2. Power BI 中的颜色可以用以下哪种方式表示？（　　　）

    A. 二进制代码　　B. 八进制代码　　　　C. 十进制代码　　　　D. 十六进制代码

三、多选题

1. 动态切换分析指标需要以下哪些函数配合？（　　　）

    A. SWITCH　　　　　　　　　　　　B. VALUES

    C. HASONEVALUE　　　　　　　　　D. SELECTEDVALUE

2. Power BI 中可动态化的对象包括以下哪些？（　　　）

    A. 金额单位　　B. 分析指标　　　C. 图表标题　　　D. 图表颜色

四、实训题

1. 创建地域层次结构，包括省份和门店两级。

2. 自行选定一个可视化对象，进行动态配色。

项目七

数据可视化分析实战

知识目标

1. 了解 Power BI 实战的分析方法。

2. 了解利用 Power BI 进行产品战略分析、动态排名分析、帕累托分析的方法。

3. 了解按钮、书签、导航器的用法。

技能目标

1. 掌握 RANKX、TOPN 函数的应用场景。

2. 能够利用 Power BI 进行产品战略分析、动态排名分析、帕累托分析。

3. 学会利用按钮、书签、导航器实现页面跳转。

素养目标

1. 总结可视化实战分析的一般规律。

2. 能够根据实际业务场景和业务需求，确定分析思路并实施。

敬业

任务一 产品战略分析

一、了解波士顿矩阵

制定公司产品战略最流行的方法是波士顿矩阵分析，该方法是由美国大型商业咨询公司——波士顿咨询集团（Boston Consulting Group）首创的一种规划企业产品组合的方法。该方法主要解决如何使企业的产品品种及其结构适合市场需求的变化，将企业有限的资源有效地分配到合理的产品结构中，以保证企业在竞争中获益。

波士顿矩阵认为决定产品结构的基本因素有两个：市场引力和企业实力。市场引力体现为整个市场的销售增长率、竞争对手强弱及利润高低等，其中反映市场引力的综合指标是销售增长率，它是决定产品结构是否合理的外在因素。企业实力则包括市场占有率、技术、设备、资金利用能力等，其中市场占有率是决定企业产品结构的内在因素，直接显示企业的竞争实力。根据销售增长率和市场占有率可以将产品分为四类：问题类、明星类、瘦狗类和金牛类，如图7-1所示。

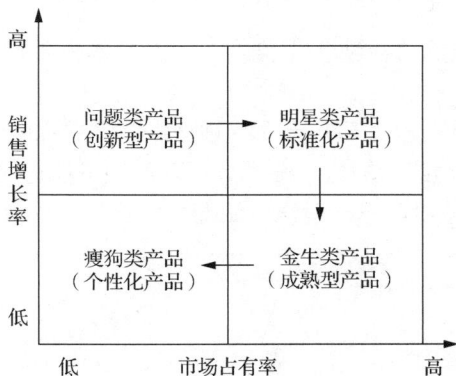

图 7-1　波士顿矩阵

二、产品战略分析实战

本节介绍在 Power BI 中如何通过绘制散点象限图（波士顿矩阵图）判别各个产品的类别，并针对不同产品类别采取不同的战略行动来应对市场。

制作产品散点象限图的主要步骤如下。

（1）确定指标

本例选择销售增长率作为市场吸引力指标，选择销售额（销售额越大，市场相对占有率越高）作为企业实力指标。

（2）确定合适的分界线

根据苏苏奶茶实际销售额分布情况，以 0 的销售增长率和 15000 元的销售额为高低标准分界线，将坐标图划分为四个象限。

（3）绘制散点象限图

【实训 7-1】打开"源文件"|"项目七"|"xm7.pbix"文件，在报表视图中新增报表页，命名为"产品战略分析"，在此报表页面上新建度量值："销售增长率"，并绘制散点象限图。

实训 7-1

① 新建页。打开"xm7.pbix"报表视图，新增报表页，并命名为"产品战略分析"。

② 新建度量值。在"报表视图"中选择"产品表"，执行"主页"|"新建度量值"命令，在公式编辑栏中输入 DAX 公式：

销售增长率 = DIVIDE([销售量]-CALCULATE([销售量], PREVIOUSMONTH('日期表'[日期])),
CALCULATE([销售量], PREVIOUSMONTH('日期表' [日期]))

③ 修改数据类型。单击"度量工具"菜单下的%按钮，将度量值"销售增长率"数据类型改成百分比，单击"提交"按钮✓。

④ 新建散点图。在"产品战略分析"页面中单击图标，插入一个散点图。

⑤ 字段设置。将"销售额"拖动到"X 轴"中，将"销售增长率"拖动到"Y 轴"中，将产品表中的"产品名称"拖动到"图例"中，将日期表中的"年份月份"拖动到"播放轴"中，将"销售额"拖动到"大小"中。

⑥ 格式设置—视觉对象。设置"X 轴"|"范围"，最小值为"0"，最大值为"50000"。设置"Y 轴"|"范围"，最小值为"-0.2",最大值为"0.3"。设置"图例"为"关"；"类别标签"为"开"。

⑦ 格式设置—常规。选择"标题"|"文本"，在文本框中输入"产品战略分析"，字号选择"20"。

⑧ 分析设置。在"分析"选项下执行"X 轴恒线"|"添加行"命令，设定"直线"的值为 19000，为 X 轴设置一条恒线；同理，在"分析"选项下执行"Y 轴恒线"|"添加行"，设定"直线"的值为 0，为 Y 轴设置一条恒线，如图 7-2 所示，生成产品战略象限图。

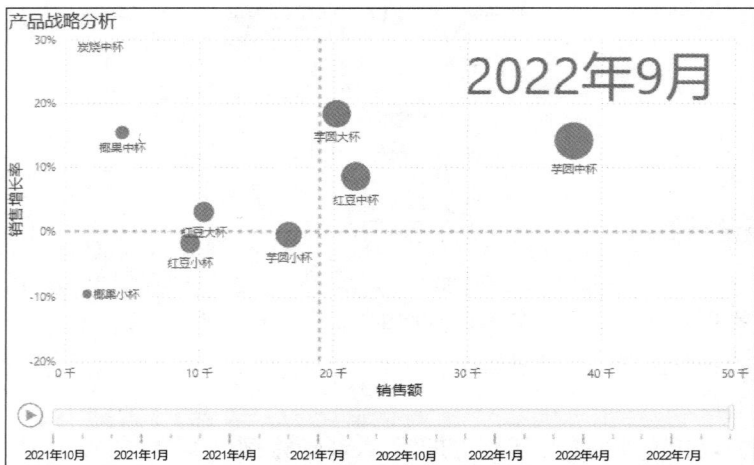

图 7-2　产品战略象限图

由图 7-2 可见，2022 年 9 月红豆大杯、芋圆大杯、红豆中杯属于明星类产品，椰果小杯、红豆小杯为瘦狗类产品，椰果中杯、芋圆中杯为问题类产品。

提示

● 销售增长率公式：销售增长率=（本月销售量-上月销售量）/上月销售量，这里使用时间智能函数 PREVIOUSMONTH( )返回上月数据。

任务二　排名分析

排名分析主要用于相同属性的不同事物之间的比较并展示排名顺序。企业在经营过程中经常选择一些能够反映运营情况或财务状况的关键指标进行排名分析，如销售业绩排名等，然后进一步分析差距产生的原因，并为管理者做出决策提供依据。

在 Power BI 中有很多排名分析的方法。一是直接创建簇状柱形图、条形图、矩阵表等基本视觉对象，使用图表上的"排列轴"功能或者"排序角标"直接对数据进行降序或升序排列。二是利用 Power BI 的"筛选器"功能提取前几名的数据。例如，如果要提取前 10 名，则在"筛选器"窗格中将待排名字段的筛选类型设置为"前 N 个"选项，并设置"显示项"为 10 即可。三是使用排名函数构建度量值进行排名分析。前两种方法只能解决一些简单的排名分析，本任务主要对第三种方法进行详细介绍。

一、学习 RANKX 函数与 TOPN 函数

RANKX 函数与 TOPN 函数都是通过构建度量值展示排名数据。

1．RANKX 函数语法

函数语法：

　　RANKX(<table>, <expression>[, <value>[, <order>[, <ties>]]])

函数功能：

　　针对指定表中每一行计算的表达式，返回值列表的当前上下文中计算的表达式的排名。

函数参数：

　　table：表或者返回表的表达式。

　　expression：任何返回单个标量值的 DAX 表达式（或度量值），对表中每一行算术表达式生成的所有可能的值进行排名。

　　value：可选项，一般情况下默认为空值。

　　order：可选项，用来指定排列顺序，默认为 0、降序排序，取值为 1 时是升序排列。

　　ties：可选项，定义存在相同值时如何确定排名的排序方法，默认为 skip（跳过），设置为 dense 时是紧凑型排序。

✎【实训 7-2】接【实训 7-1】，利用矩阵表展示各个产品的销售量排名。

① 新建页。新建表页并命名为"RANK 排名"。

② 新建度量值。在报表视图中选择"产品表"，执行"主页"|"新建度量值"命令，在公式编辑栏中输入：销售量排名 = RANKX(ALL('产品表'),[销售量])，按回车键。

实训 7-2

③ 新建矩阵表。单击▦图标，插入一个矩阵表。

④ 字段设置。将产品表中的"产品名称"拖动到"行"中，将"销售量""销售量排名"拖动到"值"中，生成产品排名情况统计表，如图 7-3 所示。

产品名称	销售量	销售量排名
红豆大杯	3581	6
红豆小杯	3827	5
红豆中杯	7367	2
炭烧大杯	831	12
炭烧小杯	877	11
炭烧中杯	1710	8
椰果大杯	1324	10
椰果小杯	1418	9
椰果中杯	2576	7
芋圆大杯	4454	4
芋圆小杯	4563	3
芋圆中杯	9005	1
总计	**41533**	**1**

图 7-3　RANKX 函数返回结果：销售量排名

2. TOPN 函数语法及应用

函数语法：

TOPN(<N_Value>,<Table>,<OrderBy_Expression>,[<Order>[, <OrderBy_Expression>, [<Order>]]…])

函数功能：

返回由指定表的前 N 行组成的表。

函数参数：

N_Value：要返回的行数。

Table：返回从中提取前 N 行的数据表（或数据表的表达式）。

OrderBy_Expression：对表进行排序并针对表的每行进行计算的任何 DAX 表达式。

注意事项：

● 如果参数 N_Value 为 0 或更小，则返回一张空表。

● 该函数往往需要与 CALCULATE 函数或其他计算类函数结合起来使用。

【实训 7-3】接【实训 7-2】，在"RANK 排名"报表页面的矩阵表中展示产品销售量及排名前 5 的产品销量和。

① 新建度量值。在"报表视图"中选择"产品表"，执行"主页"|"新建度量值"命令，在公式编辑栏中输入：Top5 销售量 = CALCULATE([销售量],TOPN(5,ALL('产品表'),[销售量]))，按回车键。

② 将度量值拖入矩阵表。将"Top5 销售量"拖动到"值"中。

③ 按销售量排名排序。将鼠标指针指向矩阵表中的"销售量排名"列，单击 ▼ 按钮，生成的矩阵表如图 7-4 所示。

产品名称	销售量排名 ▲	销售量	Top5销售量
芋圆中杯	1	9005	29216
红豆中杯	2	7367	29216
芋圆小杯	3	4563	29216
芋圆大杯	4	4454	29216
红豆小杯	5	3827	29216
红豆大杯	6	3581	29216
椰果中杯	7	2576	29216
炭烧中杯	8	1710	29216
椰果小杯	9	1418	29216
椰果大杯	10	1324	29216
炭烧小杯	11	877	29216
炭烧大杯	12	831	29216
总计	1	41533	29216

图 7-4 "销售量"和"Top5 销售量"的计算结果比较

比较度量值"销售量"和"Top5 销售量"的计算结果。度量值"Top5 销售量"的值（29216）是一个固定值，是度量值"销售量"排名前 5 的数量和。

二、动态排名分析

度量值"Top5 销售量"计算出来的是固定排名前 5 的数量和，用户如果想动态显示多个值的排名情况，就需要将 Power BI 中的模拟参数与 TOPN 函数相结合。

动态显示前 N 名的销量占比情况需要参照以下三个步骤。

1. 新建模拟参数

新建模拟参数功能可以自动生成"参数值"度量值和一个切片器，用于调整视觉对象或 DAX 输入的数值（或字段）。

✎ 【实训 7-4】接【实训 7-3】，新建一个模拟参数：排名值，取值范围是[1,10]。

① 新建参数。新建页，并命名为"动态排名分析"。执行"建模"|"新建参数"|"数值范围"命令，打开"参数"对话框。

② 设置参数。设置名称为"排名值"，数据类型选择"整数"，最小值设为"1"，最大值设为"10"，增量设为"1"，默认值设为"5"，选中"将切片器添加到此页"复选框，如图 7-5 所示。

实训 7-4

图 7-5 参数设置

③ 生成排名值切片器。单击"创建"按钮，生成"排名值"切片器，如图 7-6 所示，同时，在"数据"窗格中生成参数表："排名值"，如图 7-7 所示，表中有一个字段"排名值"和一个度量值"排名值 值"。

图 7-6 生成的切片器

图 7-7 生成的参数表

提示

● 创建模拟参数后，该参数和度量值将成为模型的一部分，用户既可以在整个 Power BI 报表中使用它们，又可以在其他报表页上使用。

2. 新建度量值

新建两个度量值：一个用来计算前 N 名的销售量，另一个用于计算前 N 名销售量占总销售量的比率。

TopN = CALCULATE([销售量], TOPN([排名值 值],ALL('产品表'),[销售量]))
前 N 名的销售量占比 = DIVIDE([TopN],CALCULATE([销售量],ALL('产品表')))

✎【实训 7-5】接【实训 7-4】，新建两个度量值：TopN 和前 N 名的销售量占比。

① 新建度量值 1。在"动态排名分析"报表页面中执行"建模"|"新建度量值"命令，在公式编辑栏中输入：TopN = CALCULATE([销售量], TOPN([排名值 值],ALL('产品表'),[销售量]))，按回车键。

实训 7-5

② 新建度量值 2。继续新建度量值，在公式编辑栏中输入：前 N 名的销售量占比 = DIVIDE([TopN],CALCULATE([销售量],ALL('产品表')))，按回车键。

3. 制作折线图

制作一张折线图，动态反映"前 N 名的销售量占比"随着年份季度的变化情况。

实训 7-6

✎【实训 7-6】接【实训 7-5】，新建折线图，展示前 *N* 名的销售量占比随着年份季度的动态变化情况。

① 新建折线图。在"动态排名分析"报表页面中插入一个"折线图"。

② 字段设置。将日期表中的"年份季度"拖动到"X 轴"中，将"前 N 名的销售量占比"拖动到"Y 轴"中，生成反映"前 N 名的销售量占比"随着年份季度变化情况的折线图，如图 7-8 所示。

③ 观察动态排名。改变"排名值"切片器中的取值，观察折线图中"前 N 名的销售量占比"的动态变化。

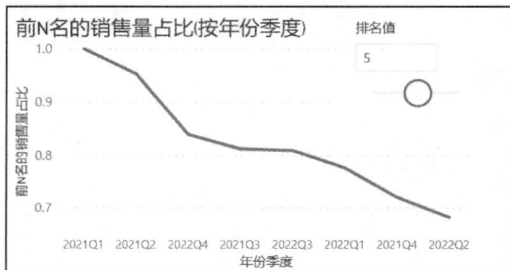
图 7-8　动态排名分析图

任务三　帕累托分析

一、了解帕累托分析

帕累托分析又称二八法则或 80—20 法则。例如，社会上 20%的人掌握 80%的财富；20%的产品带来 80%的销售额；20%客户带来 80%的利润，等等。帕累托分析可以帮助我们从多项因素中快速科学地找到最重要因素，便于提出有针对性的建议和解决措施，做到把握关键、分清主次。那么苏苏奶茶会不会也存在 20%的产品贡献着 80%的销售额？或者这些产品是否贡献着 80%的利润呢？如果存在这样的产品，企业应该重点关注。

二、帕累托分析实战

帕累托图（又叫排列图、主次图）是按照发生频率大小顺序绘制的直方图。制作帕累托图的主要程序如下。

1. 数据准备——计算累计销售额和累计销售占比

帕累托分析的核心问题就是先对产品销售情况进行降序排序（排序问题可以在图表中直接实现），然后对每种产品的销售额进行累计计算，并对大于等于当前产品的销售占比进行累计求和。在 Power BI 中，用户通过新建度量值的方式计算累计销售额和累计销售占比，其公式如下。

> 累计销售额 = CALCULATE([销售额],FILTER(ALL('产品表'),SUMX('销售数据表',[数量]*[单价])<=[销售额]))
>
> 累计销售占比 = DIVIDE([累计销售额],CALCULATE([销售额],ALL('产品表')))

【实训 7-7】接【实训 7-6】，新增页"帕累托分析"，在此报表页面上新建度量值：累计销售额和累计销售占比，并用矩阵表展示各个产品的销售额、累计销售额和累计销售占比。

① 新建页并命名为"帕累托分析"。

② 新建度量值 1。在"报表视图"中选择"产品表"，执行"主页"|"新建度量值"命令，在公式编辑栏中输入：累计销售额 = CALCULATE([销售额],FILTER(ALL('产品表'),SUMX('销售数据表',[数量]*[单价])<=[销售额]))，按回车键。

③ 新建度量值 2。继续执行"主页"|"新建度量值"命令，在公式编辑栏中输入：累计销售占比 = DIVIDE([累计销售额],CALCULATE([销售额],ALL('产品表')))，按回车键，将该度量值的数据格式设置为"%"，小数位为"0"。

④ 新建矩阵表。单击 图标，插入一个矩阵表。

⑤ 字段设置。将产品表中的"产品名称"拖动到"行"中，将"销售额""累计销售额""累计销售占比"拖动到"值"中，生成不同产品累计销售额及占比情况表。

⑥ 排序设置。单击矩阵表中销售额下面的"排序"图标▼，按照降序排列数据，如图 7-9 所示。

产品名称	销售额	累计销售额	累计销售占比
芋圆中杯	279155	279155	22%
红豆中杯	228377	507532	40%
芋圆大杯	146982	654514	52%
芋圆小杯	132327	786841	62%
红豆大杯	118173	905014	72%
红豆小杯	110983	1015997	80%
椰果中杯	69552	1085549	86%
炭烧中杯	54720	1140269	90%
椰果大杯	39720	1179989	93%
椰果小杯	31196	1211185	96%
炭烧大杯	28254	1239439	98%
炭烧小杯	26310	1265749	100%
总计	1265749		

图 7-9　不同产品累计销售额及占比情况表

提示

● 累计销售额的计算逻辑是将大于等于当前销售额的产品销售额全部累加起来。

2. 制作帕累托图

【实训 7-8】接【实训 7-7】，生成帕累托图。

① 插入"折线与簇状柱形图"。单击 图标，插入一个折线与簇状柱形图。

② 字段设置。将产品表中的"产品名称"拖动到"X 轴"中，将"销售额"拖动到"列 Y 轴"中，将度量值"累计销售占比"拖动到"行 Y 轴"中。

③ 格式设置—常规。选择"标题"|"文本"，在文本框中输入"帕累托图"。

④ 格式设置—视觉对象。设置"数据标签"，数据系列：销售额，不显示数据标签；数据系列：累计销售占比，显示数据标签。

⑤ 格式设置—视觉对象。进入"列"设置，列"颜色"默认为"蓝色"，如图 7-10 所示，单击"条件格式"按钮 ，打开"默认颜色—列—颜色"对话框。将"格式样式"设置为"规则"，字段设置为度量值"累计销售占比"。通过添加新规则，设置第 1 行规则为：累计销售占比值大于等于 0.9、小于等于 1 时，颜色为浅橙色；单击"新规则"按钮，继续设置：值大于等于 0.6、小于 0.9 时，颜色为橙色；值大于等于 0、小于 0.6 时，颜色为蓝色，如图 7-11 所示。

默认颜色 - 列 - 颜色 ×

格式样式

规则 ∨

应将此基于哪个字段？

累计销售占比 ∨

规则　　　　　　　　　　　　　　　　　　　　　↑↓反转颜色顺序　＋新规则

如果值 >= ∨ 0.9 百分比 ∨ 和 <= ∨ 1 数字 ∨ 则为 ▢ ∨ ↑ ↓ ×

如果值 >= ∨ 0.6 百分比 ∨ 和 < ∨ 0.9 数字 ∨ 则为 ▢ ∨ ↑ ↓ ×

如果值 >= ∨ 0 百分比 ∨ 和 < ∨ 0.6 数字 ∨ 则为 ▢ ∨ ↑ ×

详细了解条件格式设置　　　　　　　　　　　　　　　　　　确定　取消

∨ 列

∨ 颜色

默认值

▢ ∨ 　*fx*

显示全部　　　　⬤

∨ 间距

图 7-10　修改"列"颜色格式　　　　图 7-11　"默认颜色—列—颜色"对话框

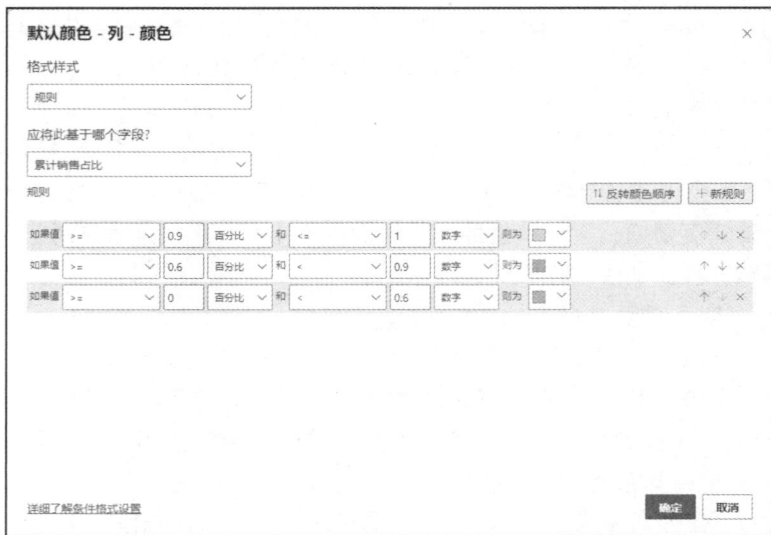

⑥ 单击"确定"按钮，生成帕累托图，如图 7-12 所示。

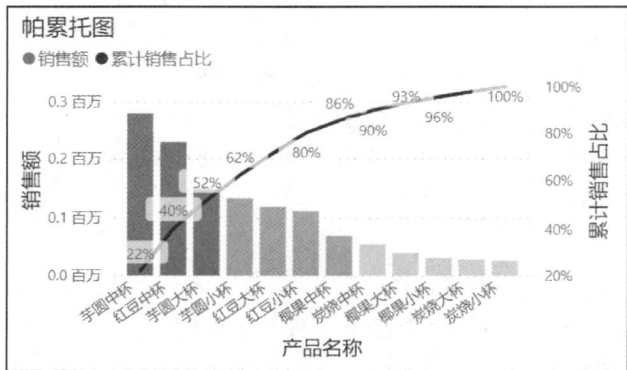

图 7-12　帕累托图

任务四　页面集成

前面已经建立了销售分析、产品战略分析、动态排名分析和帕累托分析等多个报表页面。本任务我们制作一个"苏苏奶茶经营分析"首页，将这些页面集成，如图 7-13 所示。用户通过首页一方面可以总览可视化报告的内容，另一方面通过按钮的设计可以实现页面跳转。

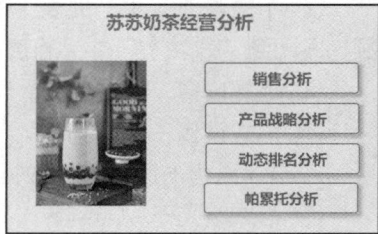

图 7-13　苏苏奶茶经营分析首页

一、首页页面设计

✎【实训 7-9】接【实训 7-8】，新增报表页"首页"，制作图 7-13 所示的封面。

① 新建报表页。打开"项目七.pbix"，在报表视图中新建报表页并命名为"首页"。将鼠标指针放在"首页"上，按住鼠标左键，将"首页"拖动到"销售分析"页面的前面。

② 设置报表页面格式。将"画布背景"颜色设置为"浅灰色",将透明度设置为 0。

③ 设置报告标题。执行"插入"|"文本框"命令,在"文本框"中输入标题"苏苏奶茶经营分析",将字体颜色设置为#ad5129,字体大小设置为 40,加粗,中间对齐。在"效果"中设置"背景"透明度为 100%。

④ 插入图片。执行"插入"|"图片"命令,在弹出的"打开文件"对话框中选择要插入的图片,单击"打开"按钮。拖动"图片"到画布左侧适当位置,并设置合适的尺寸。

⑤ 插入按钮。执行"插入"|"按钮"|"空白"命令,新建一个空白按钮,将空白按钮拖动到画布右侧适当位置。设置按钮样式:将文本设置为"销售分析",字体大小设置为 32,字体颜色设置为"深灰色"、加粗、居中。选定"常规"选项卡,设置"阴影"效果为"开"。

⑥ 复制按钮。选定已设置好的"销售分析"按钮,按"Ctrl+C"组合键,然后按三次"Ctrl+V"组合键,复制三个按钮。将按钮文本分别修改为"产品战略分析""动态排名分析"和"帕累托分析"。

提示

● Power BI 中除了空白按钮,还有向左键、右箭头、重置、上一步、书签等按钮可供使用,如图 7-14 所示。

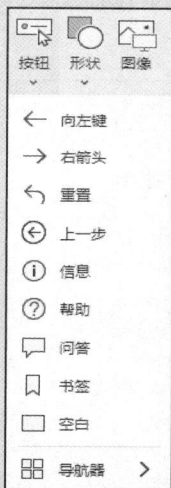

图 7-14 按钮类型

二、添加书签

首页设计完成后,单击页面上的按钮无法实现跳转,这中间还缺少关键的一环——设置书签并将按钮与书签建立关联。

【实训 7-10】 接【实训 7-9】,为每个报表页面添加书签。单击"首页"页面上的各个按钮可以直接切换到相应报表页面。

① 显示"书签"窗格。在报表视图中执行"视图"|"书签"命令,在界面右侧显示"书签"窗格,如图 7-15 所示。

② 添加书签。选定"销售分析"报表页面，单击"书签"窗格中的"添加"按钮，在"书签"窗格中增加"书签 1"，单击"书签 1"右侧的"展开"按钮 …，将"书签 1"重命名为"销售分析"。

③ 添加其他书签。分别选定"首页""产品战略分析""动态排名分析"和"帕累托分析"报表页面，对每个报表页面添加书签，并重命名，如图 7-16 所示，在"书签"窗格下单击不同书签，会跳转到对应的报表页面。

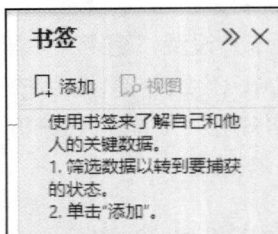

图 7-15 "书签"窗格

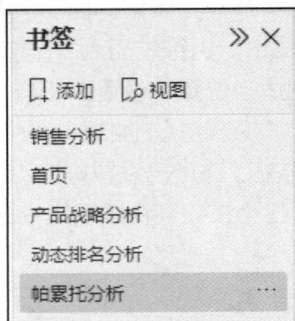

图 7-16 添加的书签

④ 关联按钮与书签。选定"首页"报表页面，单击页面上的"销售分析"按钮，在界面右侧的"格式"窗格中选择"按钮"选项卡，设置"操作"类型为"书签"，书签设置为"销售分析"，如图 7-17 所示。

图 7-17 为"销售分析"按钮设置书签

⑤ 同理，分别对"动态指标分析""产品战略分析""动态排名分析"和"帕累托分析"按钮的"操作"格式进行设置。

在"首页"页面按住 Ctrl 键，单击页面上的按钮，报表页面直接跳转到按钮对应的报表页面。

提示

● 添加书签后，建议及时进行重命名，否则在有很多书签的情况下，很难判断哪个书签对应哪个报表页面。双击书签的名称，使书签处于编辑状态，可以直接重命名"书签"。

● 除了重命名以外，还可以对书签进行更新、删除、分组等操作。如果书签设置有误，则可以使用更新功能进行修改。

● 在"书签"窗格中，如果想将"首页"书签放在"销售分析"书签的前面，则只需选定"首页"书签，按住鼠标左键，将其拖动到"销售分析"书签的前面即可。

● 在 Power BI 操作界面编辑状态下，需要按住 Ctrl 键，再单击相应按钮才能跳转。如果将报表发布到 Web 上，则无须按住 Ctrl 键，直接单击相应按钮交互。

三、导航器

现在，从"首页"报表页面可以很方便地跳转到其他报表页面，那么如何返回首页页面？在 Power BI 中有三种解决方法：添加"返回"按钮、添加书签导航器、添加页面导航器。

1. 添加"返回"按钮

【实训 7-11】接【实训 7-10】，在"产品战略分析"页面添加一个"返回首页"按钮。

① 插入按钮。选择"产品战略分析"页面，执行"插入"|"按钮"|"空白"命令，新建一个空白按钮，将空白按钮拖动到页面的适当位置，设置合适的尺寸；选定"格式"窗格中的"按钮"选项卡，展开"样式"格式设置，将文本设置为"返回首页"，字号 20、加粗；设置效果"阴影"为开，效果如图 7-18 所示。

实训 7-11

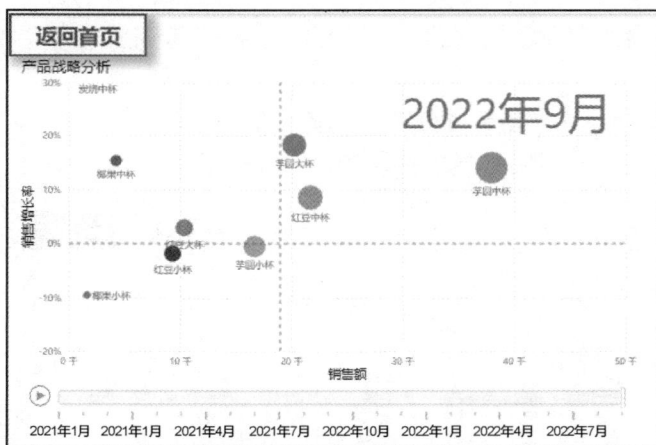

图 7-18 添加"返回首页"按钮

② 关联书签。单击"返回首页"按钮，在"格式"窗格中选择"按钮"选项卡，设置"操作"类型为"书签"，将书签设置为"首页"。

③ 返回首页。按住 Ctrl 键的同时单击"返回首页"按钮，直接跳转到"首页"报表页面。

2. 添加书签导航器

【实训 7-12】接【实训 7-11】，在"动态排名分析"页面添加一个
书签导航器。

① 插入书签导航器。在"动态排名分析"页面执行"插入"|"按钮"|
"导航器"|"书签导航器"命令，使页面上方显示书签导航器，如图 7-19
所示。

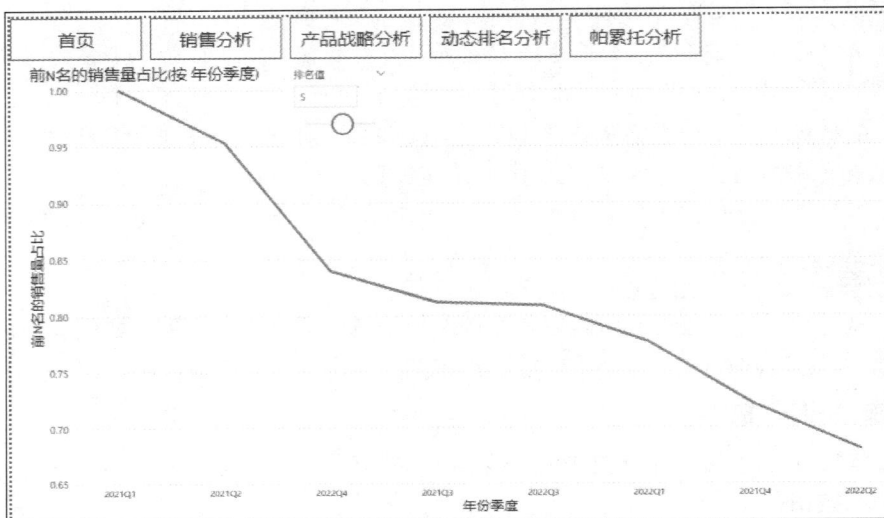

图 7-19　添加的书签导航器

② 利用书签导航器跳转。按住 Ctrl 键，单击导航器上的任意书签就能
跳转到相应页面。

3. 添加页面导航器

【实训 7-13】接【实训 7-12】，在"帕累托分析"页面添加一个页
面导航器。

① 插入页面导航器。在"帕累托分析"页面执行"插入"|"按钮"|"导航器"|"页面导
航器"命令，此时页面上方出现图 7-20 所示的页面导航器。

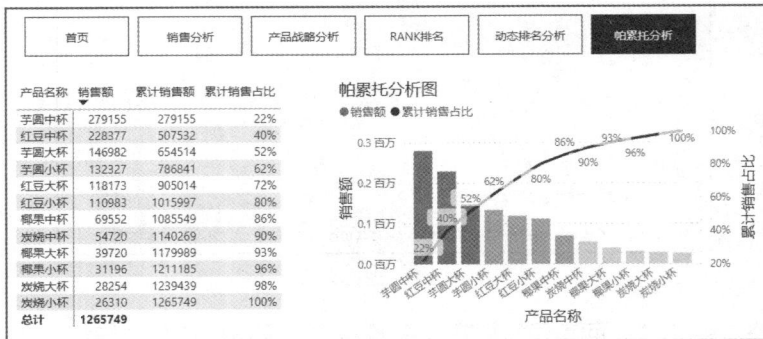

图 7-20　添加的页面导航器

② 利用页面导航器跳转。按住 Ctrl 键，单击页面导航器上的按钮就能跳转到相应页面。

提示

● 在 Power BI 中，书签导航器、页面导航器都相当于一个视觉对象。用户可以在"格式"窗格中的"视觉对象""常规"选项卡中进行格式设置。

● 页面导航器与书签导航器的最大区别在于书签导航器需要在各个页面添加书签后才能生成，而页面导航器不用添加书签直接生成。

通关测试

一、判断题

1. RANKX 函数可用于排名分析。　　　　　　　　　　　　　　（　　）

2. 无论在哪个表页上新建参数，参数均可以在所有表页中使用。（　　）

3. 书签导航器需要在各个页面添加书签后才能跳转。　　　　　（　　）

二、单选题

1. 以下哪种可视化对象适合进行产品战略分析？（　　）

　　A. 散点图　　　　B. 词云图　　　　　　C. 树状图　　　　　　D. 仪表图

2. 帕累托图使用以下哪种图形绘制？（　　）

　　A. 柱形图　　　　　　　　　　　　B. 折线图

　　C. 分区图　　　　　　　　　　　　D. 折线与簇状柱形图

3. 按住（　　　）键，再单击按钮，可以实现不同页面间的跳转。

　　A. Shift　　　　　B. Ctrl　　　　　　C. Alt　　　　　　D. Fn

三、多选题

1. 以下哪些是动态排名分析的必要步骤？（　　）

　　A. 新建模拟参数　　　　　　　　B. 建立度量值

　　C. 插入可视化对象　　　　　　　D. 排序设置

2. 以下哪些是对销售量进行帕累托分析的核心问题？（　　）

　　A. 按销售量降序排列

　　B. 按销售量升序排列

　　C. 对销售量进行累计计算

　　D. 对大于等于当前销售量的销售占比进行累计求和

3. 使用以下哪些方法可以实现不同页面间的跳转？（　　）

　　A. 按钮　　　　B. 文本框　　　　C. 切片器　　　　D. 导航器

四、实训题

1. 在图 7-3 中，销售量排名最后一行总计显示的"1"无意义，试着去除该显示。

2. 制作产品销售量的帕累托图。

项目八

爬虫案例分析

📘 知识目标

1. 了解网络爬虫及其工作流程。

2. 掌握在 Power BI 中使用示例从 Web 上爬取非结构化数据的原理。

3. 熟练使用网络爬虫技术爬取数据，并对爬取的数据进行数据整理、数据建模、数据可视化，完成整个数据可视化分析过程。

📗 技能目标

1. 掌握使用示例从 Web 上获取非结构化数据的技术。

2. 掌握如何在 Power BI 中创建、使用管理参数。

3. 掌握如何在 Power BI 中创建、调用自定义函数。

4. 掌握对爬取数据进行数据整理、建模及可视化分析的操作。

📕 素养目标

1. 了解可视化报告的基本组成。

2. 学会利用本项目知识进行可视化报告的设计。

行稳方能致远

任务一　认识网络爬虫

一、网络爬虫

网络爬虫又称网络蜘蛛、网络蚂蚁、网络机器人等，是指按照一定规则，自动爬取网络数据的程序。网络爬虫可以模拟人类在浏览器中访问网页，自动抓取网页上的数据，并将其保存下来供后续分析和使用。使用网络爬虫爬取数据有很多应用场景，如搜索引擎的网页索引、数据采集、舆情监控等。

二、网络爬虫的工作流程

在 Power BI 中从网上爬取数据的一般流程如下。

1．分析网页结构
这是指确定需要爬取的网页地址（URL 地址），并分析其页面结构和内容。

2．创建并使用管理参数
这是指获取网页首页指定信息，创建管理参数并在网址中引入管理参数。

3．构建并调用自定义函数
这主要包括两部分内容：创建参数列表，指定管理参数的具体取值范围，可以是页码、年份、公司名称等信息（根据实际情况而定）；创建并调用自定义函数，从网页上爬取指定的所有信息。

4．保存数据
这是指将爬取的数据保存，以备在 Power BI 中对其进行数据整理、建模和数据可视化分析。

任务二　分析网页结构

互联网上的绝大部分数据都是非结构化的。本项目以当当网"2022 年图书畅销榜"为例，讲解如何抓取非结构化数据进行数据分析。

首先要分析当当网"2022 年图书畅销榜"网址规律及内容规律，确认抓取方向，即明确从哪里抓取？抓取的网址有什么特点，是否有统一的规律？抓取内容是什么？抓取内容分布在页面的什么位置，有什么规律？

一、分析 URL 规律

打开当当网"2022 年图书畅销榜"网站首页，可观测到页面共有 25 页，每页显示 20 本图书信息，同时可观测到当当网"2022 年图书畅销榜"首页的网址为：

http://bang.dangdang.com/books/bestsellers/01.00.00.00.00.00-year-2022-0-1-1

将页面切换到第二页，发现第二页的 URL 发生变化，最后一个数字由 1 变成 2，其他信息不变；将页面切换到第三页，发现第三页的 URL 发生变化，最后一个数字由 2 变成 3。

由此，我们确定每一页的 URL 的最后一个数字取值是 1～25 的自然数。如果爬取图书畅销榜前 500 本的信息，那么最后一个数值的取值范围为[1-25]。

> **提示**
> - 有时候第一页的 URL 无法反映所有页面状况，需多次翻页寻找规律。
> - 如果只爬取图书畅销榜前 200 本的信息，那么最后一个数值的取值范围为[1-10]。

二、分析页面内容

图书畅销榜首页分两排显示图书的详细信息，如图 8-1 所示。

图 8-1　图书畅销榜首页内容

任务三　构建并使用管理参数

一、获取单页数据

当网页上的数据并非表格，而是非结构化数据，或者即使数据是结构化的，从某些网页上直接获取所需数据也可能会很困难。此时，可以使用"通过示例从 Web 上获取数据"功能获取数据。使用该方法可以从网页提取所有类型的数据，包括表格数据和非表格数据。

✍【实训 8-1】使用示例从当当网获取"2022 年图书畅销榜"的首页数据。

① 选择从 Web 获取数据。打开 Power BI Desktop，执行"主页"|"获取数据"|"Web"命令，打开"从 Web"对话框。

② 设置 URL 地址。如图 8-2 所示，在"从 Web"对话框中输入 URL 地址：

http://bang.dangdang.com/books/bestsellers/01.00.00.00.00.00-year-2022-0-1-1

实训 8-1

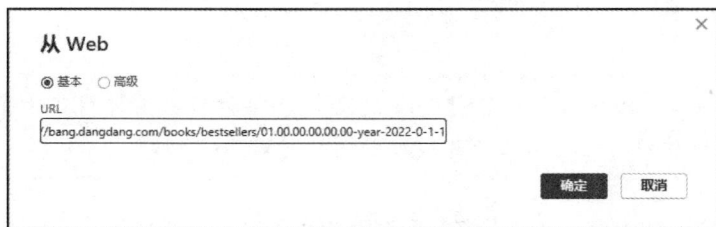

图 8-2　设置 URL 地址

③ 选择使用示例添加表。单击"确定"按钮，打开"导航器"对话框，如图 8-3 所示，单击左下角的"使用示例添加表"按钮，打开"使用示例添加表"对话框。

图 8-3　在"导航器"中单击"使用示例添加表"按钮

④ 确定新表的框架。在"使用示例添加表"对话框中双击"列 1"，输入列名"书名"；单击 + 按钮，增加一个新列，修改列名为"作者"。以此类推，创建完成"书名""作者""出版社""出版日期""评论数""价格""折扣"7 列，如图 8-4 所示。

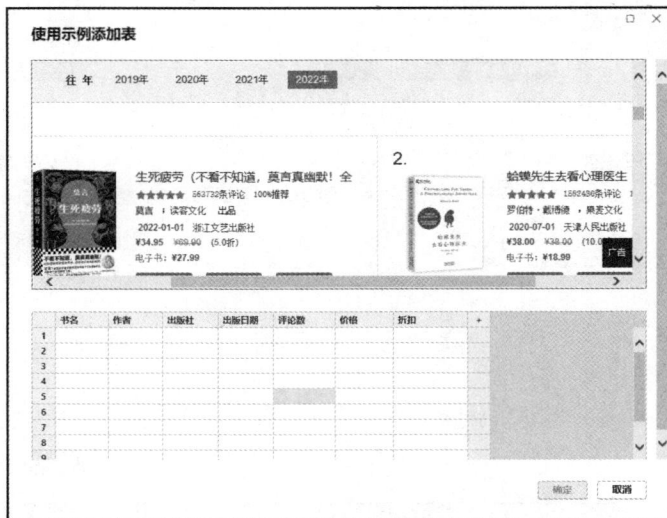

图 8-4　创建表格框架

提示

- 在图 8-4 窗口上方可以查看当当网 2022 年图书排行榜上榜图书的详细信息。
- 用鼠标拖动列与列之间的分隔线可以调整列宽。

⑤ 添加表中的详细内容。在"书名"列下面第 1 行中输入"生死"时，系统就能自动识别网页中与之相关的内容并在下拉列表中显示，如图 8-5 所示，从列表中选择第 1 项即可。同理，输入第 2 行书名，按回车键后系统自动识别并装入第 3～20 行书名，其他列同理。详细内容添加完成后如图 8-6 所示。

	书名	作者	出版社	出版日期	评论数	价格	折扣	+
1	生死疲劳							
2	ᴬᴮ 生死疲劳（不看不知道，莫言真幽默！全新版本！）							
3	ᴬᴮ 1. 生死疲劳（不看不知道，莫言真幽默！全新版本！）				563732条评论100%...		购买电子书	收藏
4								
5								
6								
7								
8								

图 8-5　输入部分书名时系统自动识别相关内容并列表显示

提示

- 在图 8-6 中，表格中黑色字体的数据是手动输入的，灰色字体的数据是系统智能识别出来的。

图 8-6　手动输入若干提取内容

提示

● 在手动输入提取内容过程中，系统会在下拉列表中自动智能提示我们可能需要输入的内容，在列表中选取需要提取的内容即可。

● 在提取数据时，需要检查每个字段是否显示完全。本页图书畅销榜上有 20 本图书，如果存在数据不全的情况，则需在相应行将数据补全。如果遇到无法识别内容的情况，则可以多输入一些内容以便系统识别规律。

● 页面显示的单个内容可能由若干部分组成，用户可适当对输入进行拆分测试，检查识别状态。

⑥ 生成自定义表。单击"确定"按钮，返回"导航器"对话框，此时左侧窗格中增加了一张自定义表（表 4），如图 8-7 所示。

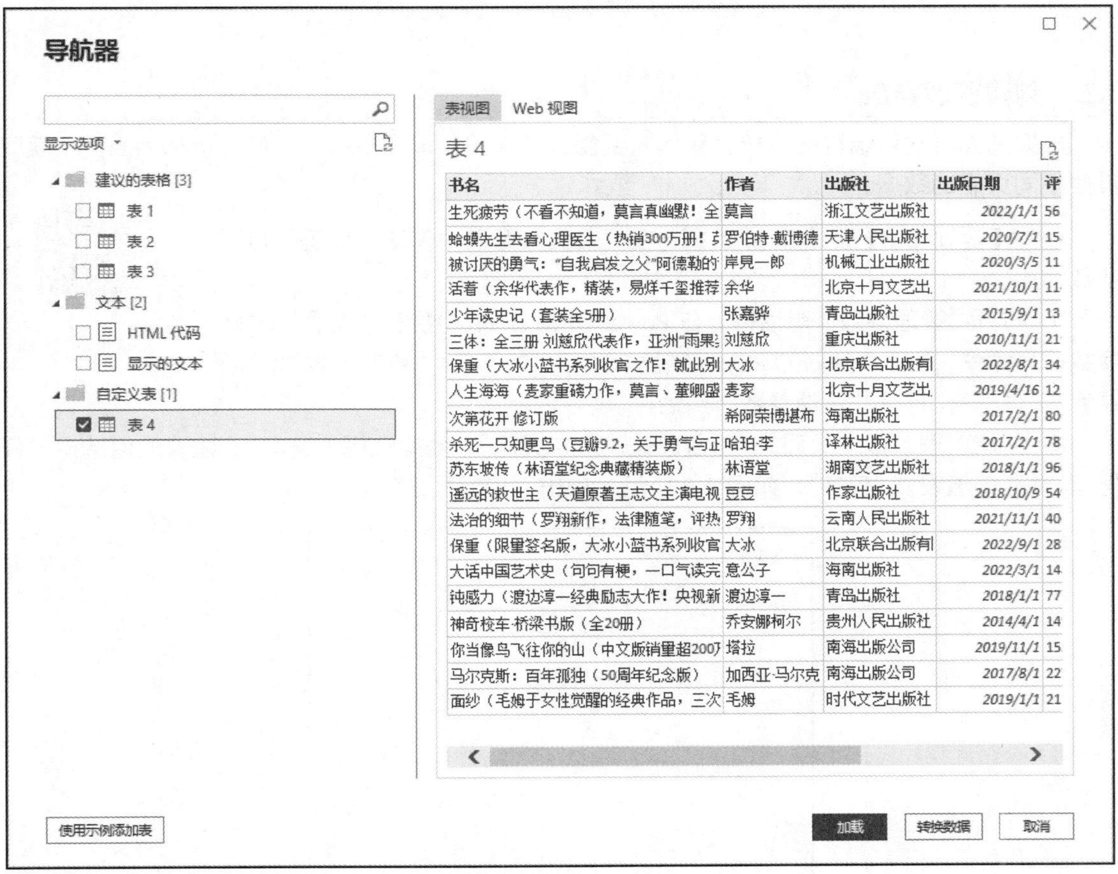

导航器

| 表视图　Web 视图 |

表 4

书名	作者	出版社	出版日期	评
生死疲劳（不看不知道，莫言真幽默）全	莫言	浙江文艺出版社	2022/1/1	56
蛤蟆先生去看心理医生（热销300万册！	罗伯特·戴博德	天津人民出版社	2020/7/1	15
被讨厌的勇气："自我启发之父"阿德勒的	岸见一郎	机械工业出版社	2020/3/5	11
活着（余华代表作，精装，易烊千玺推荐	余华	北京十月文艺出	2021/10/1	11
少年读史记（套装全5册）	张嘉骅	青岛出版社	2015/9/1	13
三体：全三册 刘慈欣代表作，亚洲"雨果	刘慈欣	重庆出版社	2010/11/1	21
保重（大冰小蓝书系列收官之作！就此别	大冰	北京联合出版有	2022/8/1	34
人生海海（麦家重磅力作，莫言、董卿盛	麦家	北京十月文艺出	2019/4/16	12
次第花开 修订版	希阿荣博堪布	海南出版社	2017/2/1	80
杀死一只知更鸟（豆瓣9.2,关于勇气与正	哈珀·李	译林出版社	2017/2/1	78
苏东坡传（林语堂纪念典藏精装版）	林语堂	湖南文艺出版社	2018/1/1	96
遥远的救世主（天道原著王志文主演电视	豆豆	作家出版社	2018/10/9	54
法治的细节·罗翔新作，法律随笔，评热	罗翔	云南人民出版社	2021/11/1	40
保重（限量签名版，大冰小蓝书系列收官	大冰	北京联合出版有	2022/9/1	28
大话中国艺术史（句句有梗，一口气读完	意公子	海南出版社	2022/3/1	14
钝感力（渡边淳一经典励志大作！央视新	渡边淳一	青岛出版社	2018/1/1	77
神奇校车 桥梁书版（全20册）	乔安娜柯尔	贵州人民出版社	2014/4/1	14
你当像鸟飞往你的山（中文版销量超200万	塔拉	南海出版公司	2019/11/1	15
马尔克斯：百年孤独（50周年纪念版）	加西亚·马尔克	南海出版公司	2017/8/1	22
面纱（毛姆于女性觉醒的经典作品，三次	毛姆	时代文艺出版社	2019/1/1	21

显示选项 ▾
▲ 建议的表格 [3]
　□ 表 1
　□ 表 2
　□ 表 3
▲ 文本 [2]
　□ HTML 代码
　□ 显示的文本
▲ 自定义表 [1]
　☑ 表 4

使用示例添加表　　　　　　　　　加载　转换数据　取消

图 8-7　自定义表（表 4）

⑦ 加载到 Power BI。选中"表 4"前面的复选框，单击"加载"按钮，就能将非结构化数据转换成结构化数据，导入 Power BI Desktop。将表 4 的名称改为"首页数据"，单页数据内容如图 8-8 所示。

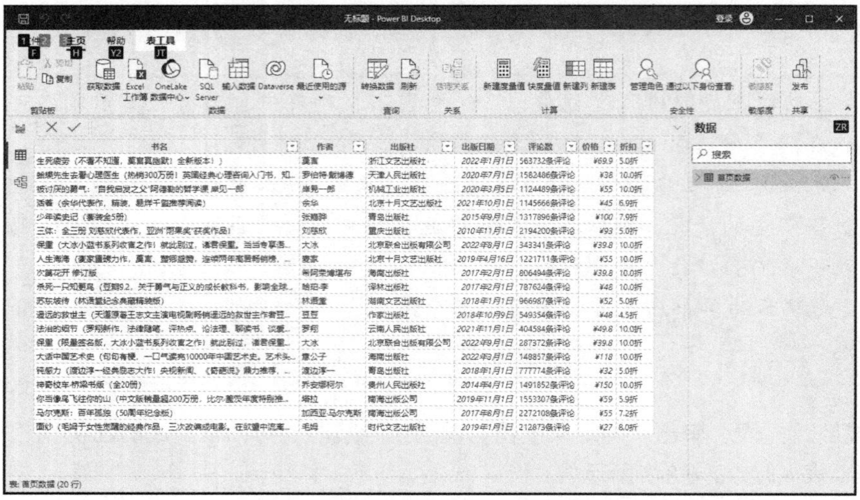

图 8-8　使用示例从 Web 上获取的数据

二、创建管理参数

　　根据前面对网页结构的分析，我们需要创建"页码"管理参数，以便直接从当当网中获取其他不同页码的数据。

　　【实训 8-2】接【实训 8-1】，在"首页数据"中创建"页码"管理参数。

　　① 打开"管理参数"对话框。在 Power BI Desktop 中执行"主页"|"转换数据"命令，进入 Power Query 编辑器，执行"主页"|"管理参数"|"新建参数"命令，打开"管理参数"对话框。

　　② 新建管理参数"页码"。在名称处输入"页码"，类型选择"文本"，建议的值选择"任何值"，当前值设置为"1"，如图 8-9 所示，单击"确定"按钮。

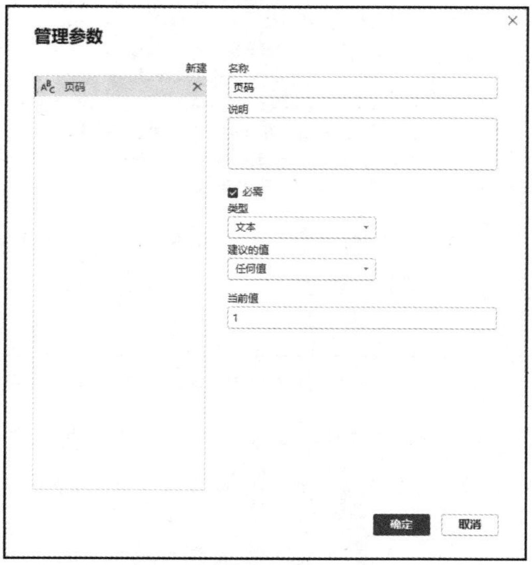

图 8-9　创建管理参数"页码"

提示

● 所建管理参数的数据类型必须是文本型。

③ 查看结果。创建好的管理参数在 Power Query 编辑器查询列表中以斜体显示，如图 8-10 所示。

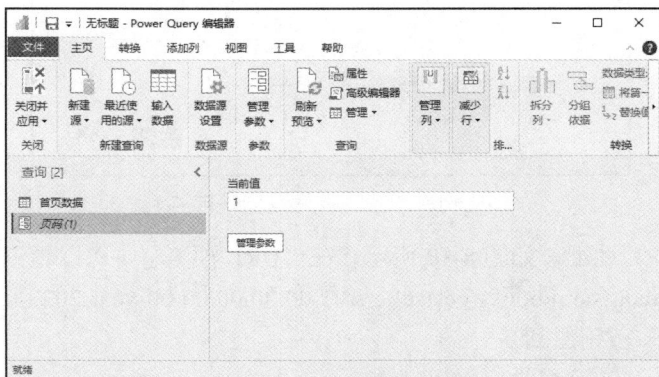

图 8-10　创建好的管理参数

提示

● 在设置"页码"管理参数时，没有设置建议的值，是因为后面要新建一张页码表用来存放所要提取的页码信息。

● 可以在图 8-10 所示的界面中直接单击"管理参数"按钮，对该参数进行管理。

三、将管理参数插入 URL

在管理参数创建完成后，我们需要将源数据 URL 地址"http://bang.dangdang.com/books/bestsellers/01.00.00.00.00.00-year-2022-0-1-1"中的最后页码的数值"1"替换为管理参数"页码"。

【实训 8-3】接【实训 8-2】，在"首页数据"中将创建的管理参数"页码"插入 URL。

① 打开"从 Web"对话框。在 Power Query 编辑器左侧的查询列表中选择"首页数据"，在右侧的"应用的步骤"中双击"源"，进入数据源界面——"从 Web"对话框，如图 8-11 所示。

实训 8-3

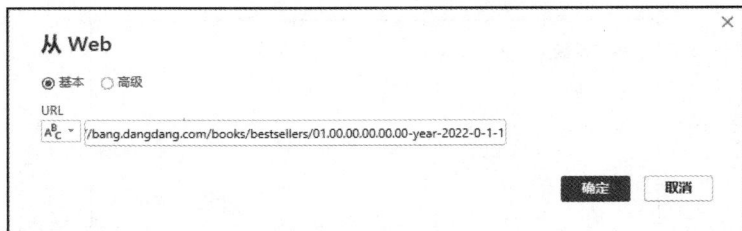

图 8-11　数据源界面

② 将管理参数嵌入 URL。选中"高级"单选按钮，进入设置源数据的高级选项界面。如图 8-12 所示，将 URL 分解成两个部分：在第一部分将原 URL 的最后一个数字删除；在第二部分选取参数属性，将页码参数插入 URL。

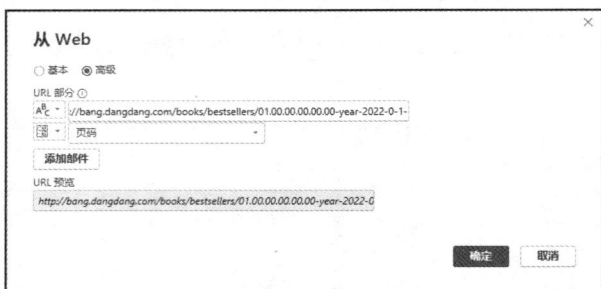

图 8-12　修改源数据的 URL 地址

③ 查看新的 URL 地址。如图 8-12 所示，在"URL 预览"中可以看到新的 URL 网址为：http://bang.dangdang.com/books/bestsellers/01.00.00.00.00.00-year-2022-0-1-{页码}。

④ 单击"确定"按钮返回。

提示

● 在 URL 网址中，管理参数使用大括号{}包裹起来。

● 本实训中只有一个管理参数，当 URL 结构比较复杂、有多个变量时，可新建多个参数添加到 URL 中。

任务四　创建并调用自定义函数

一、创建自定义函数

批量提取数据需要创建自定义函数达成。

【实训 8-4】接【实训 8-3】，创建自定义函数"图书数据提取"。

① 打开"创建函数"对话框。在 Power Query 编辑器左侧的查询列表中选中"首页数据"，单击鼠标右键，从弹出的快捷菜单中选择"创建函数"命令，打开"创建函数"对话框。

实训 8-4

② 输入函数名称。在"函数名称"文本框中输入"图书数据提取"，如图 8-13 所示。单击"确定"按钮，返回 Power Query 编辑器。

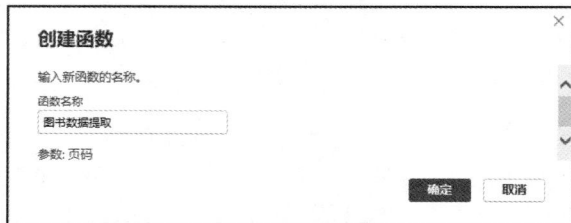

图 8-13　创建函数

③ 查看结果。在查询列表中显示新建的"图书数据提取"函数，函数前面有 fx 标识，如图 8-14 所示。

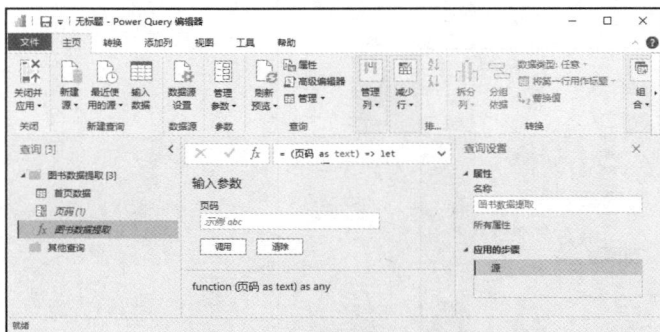

图 8-14 "图书数据提取"函数

二、构建页码列表

为了提取网站 1~25 页的数据，需要构建一个页码列表，以便批量获取数据。在 Power BI 中有三种方式构建页码列表：一是在 Excel 中构建一个页码表，然后通过获取数据功能，将该页码表导入 Power BI；二是直接在 Power BI 中利用"输入数据"功能手动创建页码表；三是用 Power Query 中的 List 相关函数新建一个等差数列的页码表。本节使用 Power Query 中的 List.numbers 函数新建页码列表。

【实训 8-5】接【实训 8-4】，利用 List.Numbers 函数构建页码列表。

① 新建空查询。在 Power Query 编辑器中执行"主页"|"新建源"|"空查询"命令，如图 8-15 所示。

② 新建等差数列。在公式编辑器中输入"=list.Numbers"，单击 ✔ 按钮，打开设置函数参数界面。设置输入参数："start"为列表中的初始值，设置为"1"；"count"为要创建的值数，设置为"25"；"increment"为【可选】要按其递增的值。如果省略，则按 1 递增值，如图 8-16 所示。

图 8-15 新建空查询

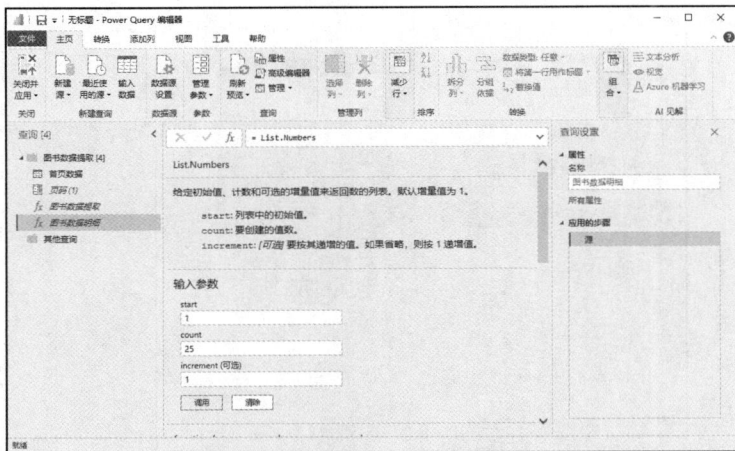

图 8-16 设置 list.numbers 函数参数

③ 生成页码列表。单击"调用"按钮，生成图 8-17 所示的页码列表。

④ 创建新表。执行"文件"|"到表"命令，打开"到表"对话框，如图 8-18 所示，单击"确定"按钮。

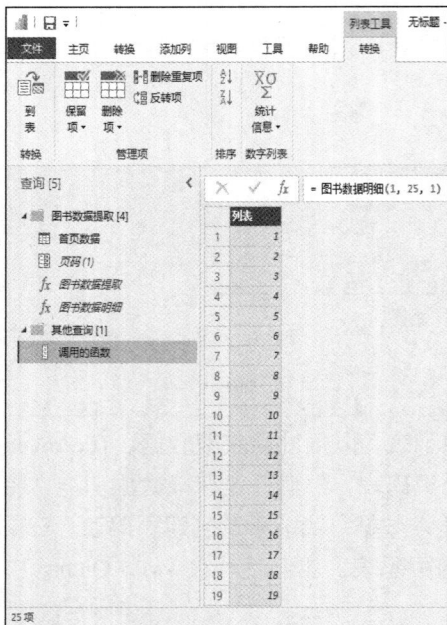

图 8-17 生成年度列表

图 8-18 "到表"对话框

⑤ 修改表名并对数据排序。更改数据表的名称为"图书数据明细"，将列名更改为"页码"，将该列数据类型更改为"文本"，如图 8-19 所示。

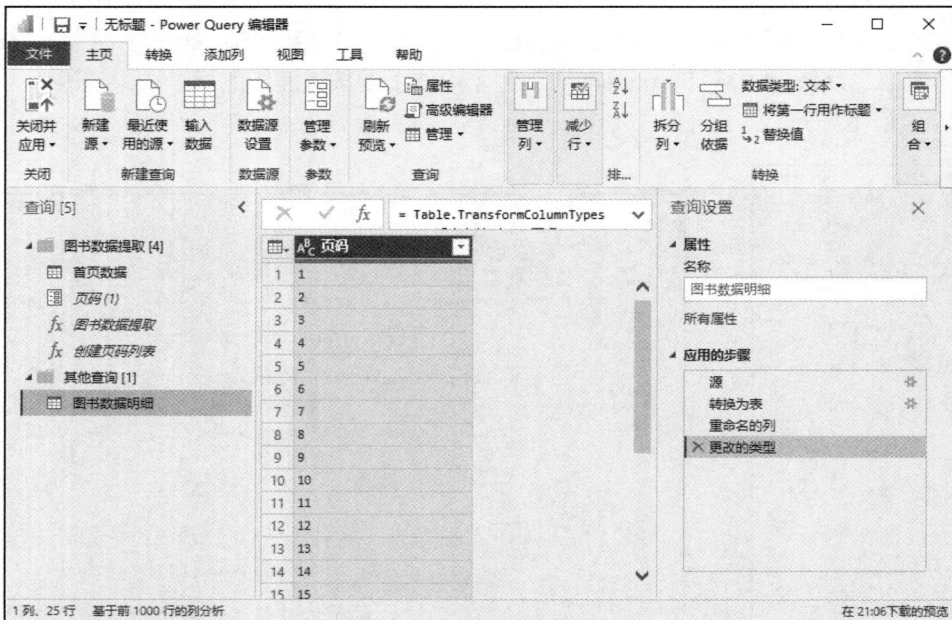

图 8-19 新建的页码列表

提示

● 务必将"页码"列设置为文本型数据，否则在调用自定义函数时将会出错。

三、调用自定义函数

新建的年份列表需要与前面提取的首页数据发生关联，对此我们可以调用自定义函数功能来完成。另外，提取每页内容后，可在 Power Query 中直接使用添加索引列的方式对图书进行排名。

【实训 8-6】接【实训 8-5】，在"图书数据明细"表中调用自定义函数，提取 2022 年畅销图书榜 TOP500 的数据。

① 调用自定义函数。在 Power Query 编辑器中选中"图书数据明细"，执行"添加列"|"调用自定义函数"命令，打开"调用自定义函数"对话框。

实训 8-6

将新列名设置为"提取"，功能查询选择"图书数据提取"，页码设置为"页码"，如图 8-20 所示。

调用自定义函数

调用在此文件中为各行定义的自定义函数。

新列名

提取

功能查询

图书数据提取

页码

页码

确定　取消

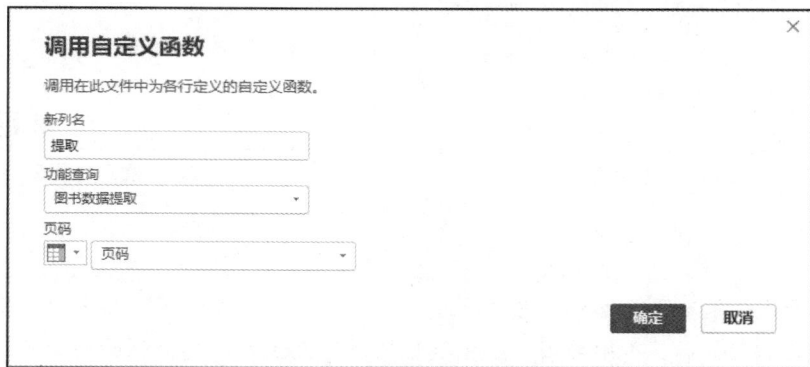

图 8-20　调用自定义函数提取所有页码的图书数据

② 设置隐私级别。单击"确定"按钮，此时界面上出现"要求与数据隐私相关的信息"警告，单击其右侧的"继续"按钮，打开"隐私级别"对话框，选中"忽略此文件的隐私级别检查……"复选框，如图 8-21 所示，单击"保存"按钮。

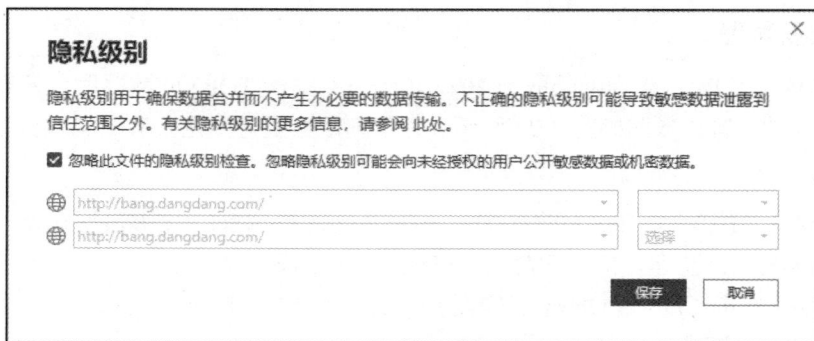

隐私级别

隐私级别用于确保数据合并而不产生不必要的数据传输。不正确的隐私级别可能导致敏感数据泄露到信任范围之外。有关隐私级别的更多信息，请参阅 此处。

☑ 忽略此文件的隐私级别检查。忽略隐私级别可能会向未经授权的用户公开敏感数据或机密数据。

🌐 http://bang.dangdang.com/

🌐 http://bang.dangdang.com/　　　选择

保存　取消

图 8-21　设置"隐私级别"

③ 查看结果。在图书数据从网页爬取后（实时爬取数据需要等待一段时间），在 Power Query

编辑器中可以看到"图书数据明细"表中增加了"提取"列，这一列中的每一行数据对应一张表，如图 8-22 所示。单击"提取"列名右边的"展开"按钮，如图 8-23 所示，单击"确定"按钮，就能观察到从 Web 上爬取的 2022 年图书畅销榜 TOP500 的数据。

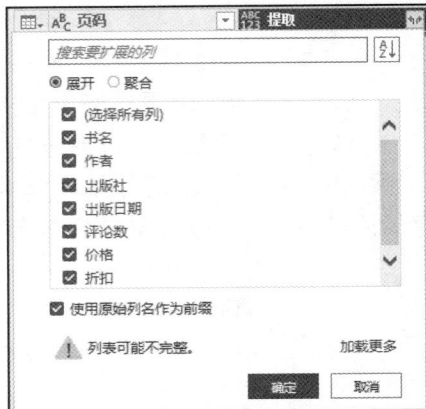

图 8-22 "提取"列

图 8-23 展开"提取"列表数据

提示

● 在调用自定义函数之前，用户要检查并确认"图书数据明细"表中"页码"列的数据类型为文本型数据，否则会因为数据类型的问题无法爬取其他页面的数据。

④ 保存文件。执行"文件"|"保存"命令，将该文件命名为"项目八爬虫案例分析"。

任务五 图书数据可视化分析

一、图书数据整理

我们利用 Power BI 从当当网爬取到 2022 年图书畅销榜 TOP500 数据后，将其存放在"图书数据明细"表中，具体数据如图 8-24 所示。为了满足数据可视化分析的需求，需要对爬取的数据进行整理。

【实训 8-7】接【实训 8-6】，在 Power Query 编辑器中对"图书数据明细"表中的数据进行整理，使之符合数据可视化分析的要求。

① 修改列名。进入 Power Query 编辑器，修改"图书数据明细"表的列名，将列名中的"提取."字样删除。

实训 8-7

② 检测数据类型。按住 Shift 键，选取"书名"～"折扣"7 列数据，执行"转换"|"检测数据类型"命令，批量修改数据类型。

	页码	提取.书名	提取.作者	提取.出版社	提取.出版日期	提取.评论数	提取.价格	提取.折扣
1	1	生死疲劳（不看不知道，莫言真幽默）!	莫言	浙江文艺出版社	2022/1/1	565732条评论	69.9	5.0折
2	1	蛤蟆先生去看心理医生（热销300万册...	罗伯特·戴博德逊	天津人民出版社	2020/7/1	1582486条评论	38	10.0折
3	1	被讨厌的勇气"自我启发之父"阿德勒...	岸见一郎	机械工业出版社	2020/3/5	1124489条评论	55	10.0折
4	1	活着（余华代表作，精装，易懂干里推...	余华	北京十月文艺出版社	2021/10/1	1145667条评论	45	6.9折
5	1	少年读史记（套装全5册）	张嘉骅	青岛出版社	2015/9/1	1137896条评论	100	7.9折
6	1	三体：全三册 刘慈欣代表作，亚洲首...	刘慈欣	重庆出版社	2010/11/1	2194201条评论	93	5.0折
7	1	保姆（大冰小蓝书系列阳青宁占作！优比...	大冰	北京联合出版有限公司	2022/8/1	343341条评论	39.8	10.0折
8	1	人生海海（麦家重磅力作，莫言、董...	麦家	北京十月文艺出版社	2019/4/16	1221711条评论	55	10.0折
9	1	次第花开 修订版	希阿荣博堪布	海南出版社	2017/2/1	806494条评论	39.8	10.0折
10	1	杀死一只知更鸟（豆瓣9.2，关于勇气与...	哈珀·李	译林出版社	2017/2/1	787624条评论	48	10.0折
11	1	苏东坡传（林语堂纪念典藏精装版）	林语堂	湖南文艺出版社	2018/1/1	966968条评论	52	5.0折
12	1	逻辑的细节（罗翔新作，法律随笔，评...	罗翔	作家出版社	2018/10/9	549354条评论	48	4.5折
13	1	法治的细节（罗翔新作，法律随笔，评...	罗翔	云南人民出版社	2021/11/1	404585条评论	49.8	10.0折
14	1	保重（限量签名版，大冰小蓝书系列阳...	大冰	北京联合出版有限公司	2022/9/1	287372条评论	39.8	10.0折
15	1	大话中国艺术史（可可有趣，一口气读...	意公子	海南出版社	2022/3/1	148857条评论	118	10.0折
16	1	纯真年（渡边淳一经典励志太作！央视...	渡边淳一	青岛出版社	2018/1/1	777775条评论	32	5.0折
17	1	神府校本书架书版（全20册）	乔安娜柯尔	贵州人民出版社	2014/4/1	1491852条评论	150	10.0折
18	1	你当鸟飞往你的山（中文新销量超过20...	塔拉	南海出版公司	2019/11/1	1553907条评论	59.9	5.9折
19	1	马尔克斯：百年孤独（50周年纪念版）	加西亚·马尔克斯	南海出版公司	2017/8/1	2272109条评论	55	7.2折
20	1	面纱（毛姆于女性觉醒的经典作品，三...	毛姆	时代文艺出版社	2019/1/1	212873条评论	27	8.0折
21	1	消失的13级台阶（罗列推理！荣获日本...	高野和明	上海文艺出版社	2020/4/29	353740条评论	42	10.0折
22	1	小王子（畅销500万册，罗翔老师推荐...	安托万·德·圣埃克苏佩里	天津人民出版社	2018/6/3	1700856条评论	39.8	10.0折
23	1	置身事内：中国政府与经济发展（罗永...	兰小欢	上海人民出版社	2021/8/1	258799条评论	65	6.3折
24	1	云边有个小卖部（俞敏洪《你在岁月中...	张嘉佳	湖南文艺出版社	2018/7/1	1538652条评论	42	6.1折
25	1	心安即是归处：季羡林百年生命智慧...	季羡林	古吴轩出版社	2020/8/1	495223条评论	49	5.5折
26	1	作茧糖名者：月亮与六便士（全新末删...	毛姆	浙江文艺出版社	2017/7/10	150758条评论	39.8	10.0折
27	1	心灵的补料给绘本系列！西兰花先生的说...	福田纯子	海豚出版社	2021/1/1	267681条评论	59.8	10.0折
28	1	正面管教（修订版）	简·尼尔森	北京联合出版公司	2016/7/1	2071385条评论	38	10.0折
29	1	平凡的世界：全三册（全新2021版，茅...	路遥	北京十月文艺出版社	2021/6/1	1126800条评论	138	7.1折
30	2	最温柔的教养（130万家长子用的语言沟...	吴恩瑛	中信出版社	2021/9/1	184938条评论	59	6.5折
31	2	乌合之众 大众心理研究（群体心理学...	古斯塔夫·勒庞	民主与建设出版社	2018/4/6	739458条评论	26	8.0折
32	2	小顾和顾的奇幻之旅（全7册）	阿兰·德兰纳	贵州人民出版社	2007/11/1	1560277条评论	35	5.0折
33	2	圆圈正义（罗翔现象级之作分享求学经历...	罗翔	中国法制出版社	2019/8/7	235931条评论	46	8.0折
34	2	阅读的方法（罗振宇新作）	罗振宇	新星出版社	2022/4/15	87597条评论	69.7	9.0折
35	2	东野圭吾：白夜行（慰续千里、孟未推...	东野圭吾	南海出版公司	2017/8/9	2095263条评论	59.6	10.0折
36	2	红楼梦原著无删（上、下册，全两册，全...	曹雪芹	人民文学出版社	2018/1/1	761007条评论	59.7	5.3折
37	2	十万个为什么 俄儿读本明四年级下册推...	伊林	南方出版社	2018/10/2	284736条评论	22.8	8.0折
38	2	底层逻辑：看清这个世界的底牌（俞敏...	刘润	机械工业出版社	2021/10/1	188155条评论	69	10.0折

图 8-24　爬取的 2022 年图书畅销榜 TOP500 数据

③ 提取文本数据。选择"书名"列，执行"转换"|"提取"|"分隔符之前的文本"命令，打开图 8-25 所示的对话框，在其中将分隔符设置为左括号"（"，单击"确定"按钮。

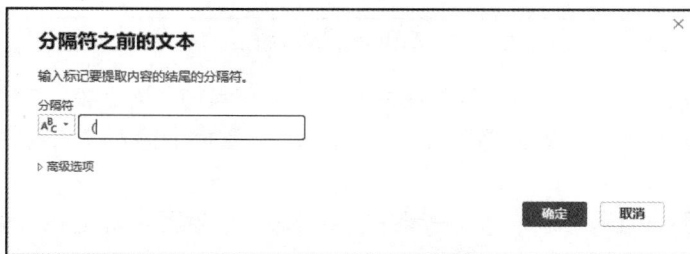

图 8-25　"书名"列：提取分隔符之前的文本

④ 拆分"评论数"列。选择"评论数"列，执行"转换"|"拆分列"|"按字符数"命令，打开"按字符数拆分列"对话框，如图 8-26 所示，将字符数设置为 3，拆分选择"一次，尽可能靠右"，单击"确定"按钮，将"评论数"列拆分成两列，删除不需要的非数字列，并将带有数字的这一列的数据类型改为"整数"，列名改为"评论数"。

图 8-26　按字符数拆分"评论数"列

⑤ 拆分"折扣"列。选择"折扣"列，执行"转换"|"拆分列"|"按字符数"命令，打开"按字符数拆分列"对话框，将字符数设置为 1，拆分选择"一次，尽可能靠右"，单击"确定"按钮，将"折扣"列拆分成两列，删除不需要的非数字列，并将带有数字的这一列的数据类型改为"小数"，列名改为"折扣"。

⑥ 添加索引列。为了标注每本图书的排名，需要在图书明细表中添加"索引列"。具体操作：执行"添加列"|"索引列"|"从 1"命令，添加列名为"索引"的列。

⑦ 添加自定义列：折扣价格。执行"添加列"|"自定义列"命令，打开"自定义列"对话框，如图 8-27 所示，将新列名设置为"折扣价格"，将自定义列公式设置为"[价格]×[折扣]/10"，单击"确定"按钮，并将生成的"折扣价格"列的数据类型改为"小数"。

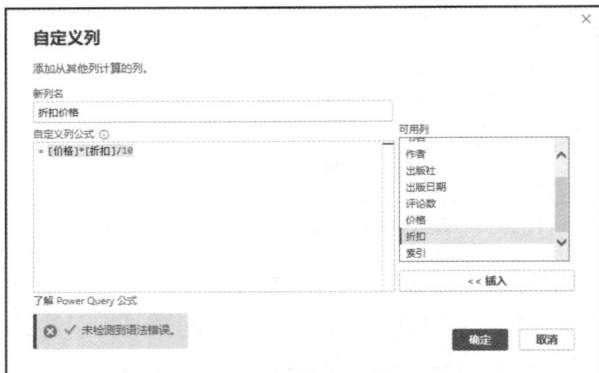

图 8-27　添加自定义列：折扣价格

⑧ 替换。执行"转换"|"替换值"命令，打开"替换值"对话框。在"要查找的值"文本框中输入"北京联合出版有限公司"，在"替换为"文本框中输入"北京联合出版公司"，单击"确定"按钮。

⑨ 关闭并应用。执行"文件"|"关闭并应用"命令，返回 Power BI Desktop 界面，经过数据整理后的"图书数据明细"表如图 8-28 所示。

图 8-28　整理后的"图书数据明细"表

二、图书数据建模

1. 构建维度表：日期表

对"图书数据明细"表进行数据清洗和转换后，得到用于数据可视化分析的事实表，为了方便对图书数据进行多维度分析，这里新建一张维度表：日期表，以便于从日期维度对图书数据进行分析。

日期表的构建方式主要有三种：一是在 Excel 中制作日期表，然后导入 Power BI；二是在 Power BI Desktop 中使用"新建表"功能，利用 DAX 公式生成日期表；三是在 Power Query 中制作日期表。

本节选择在 Power BI Desktop 中使用 DAX 公式，根据采集到的"图书数据明细"表中的"出版日期"列直接生成一张虚拟的"日期表"，这样，日期表中的日期数据与"图书数据明细"表中的"出版日期"列保持一致。

【实训 8-8】接【实训 8-7】，使用 DAX 公式制作日期表。

① 新建日期表。在"表格视图"中执行"主页"|"新建表"命令，在公式编辑器中输入：

> 日期表 = SUMMARIZE('图书数据明细','图书数据明细'[出版日期])

按回车键，生成一张有"出版日期"列的日期表，选择该列，将其数据类型设置为"Short Date"。

② 新建"年"列。选中"日期表"中的"出版日期"列，执行"列工具"|"新建列"命令，在公式编辑器中输入：

> 年 = YEAR('日期表'[出版日期])

按回车键，在日期表中添加"年"列。新建的日期表如图 8-29 所示。

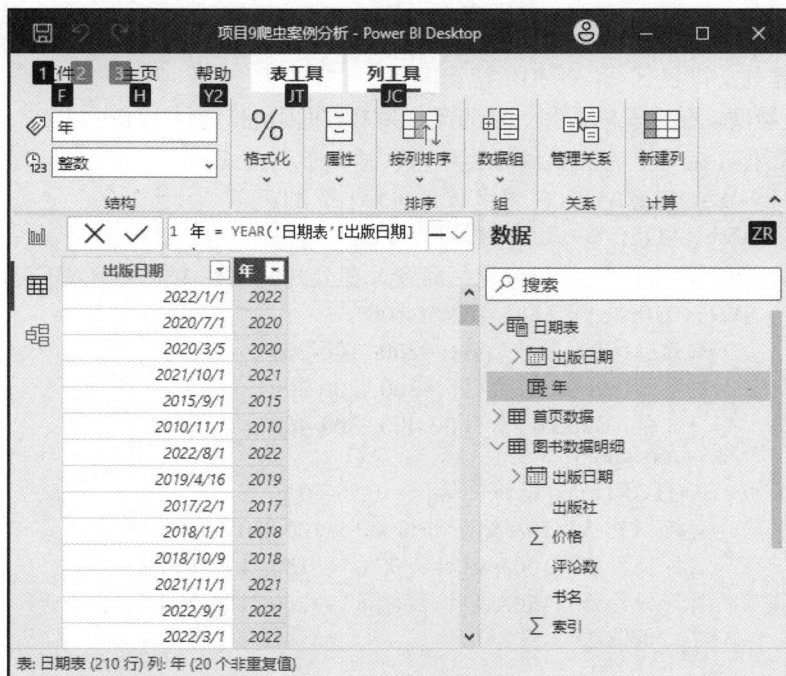

图 8-29　新建的日期表

> **提示**
>
> ● 使用 DAX 公式新建的日期表是一张虚拟表。

2. 数据建模

数据建模就是在"图书数据明细"事实表和新建的维度表（日期表）之间建立关联。在 Power BI Desktop 中进入"模型视图"，将"日期表"中的"出版日期"列直接拖动至"图书数据明细"中的"出版日期"上，如图 8-30 所示，一个简单的数据模型就构建完成了。

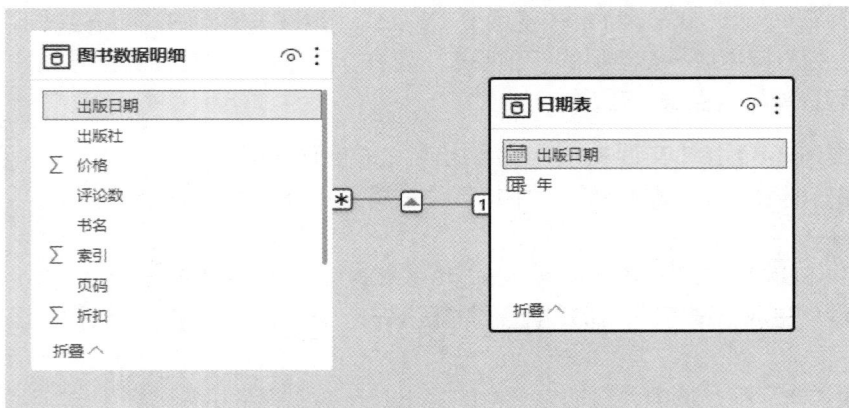

图 8-30　数据建模

3. 新建度量值与新建列

在可视化分析之前，根据需要创建必要的度量值和新建列。

【实训 8-9】接【实训 8-8】，使用 DAX 公式新建度量值：图书数量、平均价格；新建列：排名区间、折扣价格区间。

① 新建度量值。在"表格视图"中选择"图书数据明细"表，执行"主页"|"新建度量值"命令，在公式编辑栏中依次输入下列公式：

图书数量 = DISTINCTCOUNT('图书数据明细'[书名])
平均价格 = AVERAGE('图书数据明细'[价格])

② 新建列。执行"主页"|"新建列"命令，在公式编辑栏中依次输入下列两个公式：

排名区间 = SWITCH(true,[索引]<=100,"1-100",
　　　　　　　[索引]>100&&[索引]<=200,"100-200",
　　　　　　　[索引]>200&&[索引]<=300,"200-300",
　　　　　　　[索引]>300&&[索引]<=400,"300-400",
　　　　　　　"400-500")
折扣价格区间= SWITCH(true,[折扣价格]<=50,"0-50",
　　　　　　　[折扣价格]>50&&[折扣价格]<=100,"50-100",
　　　　　　　[折扣价格]>100&&[折扣价格]<=150,"100-150",
　　　　　　　[折扣价格]>150&&[折扣价格]<=200,"150-200",
　　　　　　　">200")

实训 8-9

三、制作可视化分析报告

制作可视化分析报告，对图书畅销榜的 TOP500 数据进行多维度、多角度分析，待制作的图书畅销榜可视化效果如图 8-31 所示。

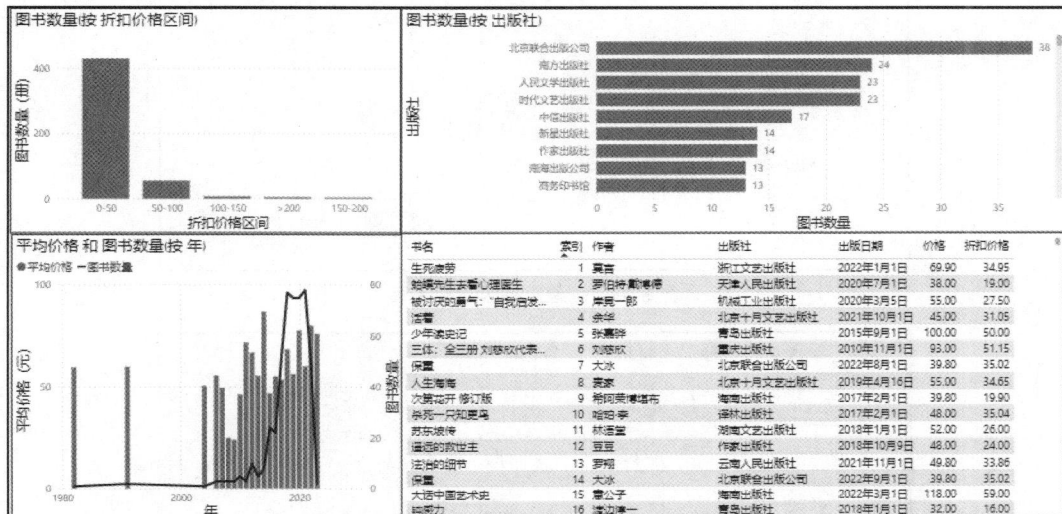

图 8-31　图书畅销榜可视化效果

1. 建立按顺序排列的切片器

当使用排名区间直接生成切片器时，会发现切片器并不是按从小到大的顺序排列的，如图 8-32 所示。需要对排序方式进行进一步处理，其思路是先建立一个辅助表，存放排名区间的顺序信息，然后使用"按列排序"功能解决这个问题。

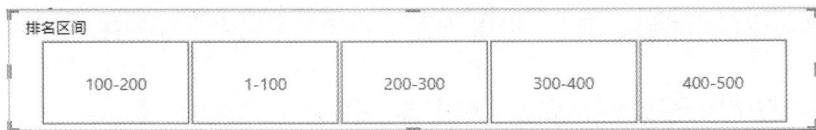

图 8-32　排序前的排名区间切片器

✍ 【实训 8-10】接【实训 8-9】，新建一张辅助表：排名区间顺序表，并将排名区间切片器上的排名区间按照一定顺序排列。

① 创建辅助表：排名区间顺序表。在"表格视图"中执行"主页"|"输入数据"命令，打开"创建表"对话框。在该对话框中输入排名区间、顺序两列数据，将名称设置为"排名区间顺序表"，如图 8-33 所示。单击"加载"按钮，此时"数据"窗格中出现"排名区间顺序表"。

② 建立关系。进入"模型视图"，将"排名区间顺序表"中的"排名区间"列直接拖动至"图书数据明细"中的"排名区间"列上，在"排名区间顺序表"与"图书数据明细"表之间创建关联。

③ 按列排序。进入"表格视图"，在"数据"窗格中选择"排名区间顺序表"，选中"排名区间"列，执行"主页"|"列工具"|"按列排序"|"顺序"命令，如图 8-34 所示。将"排名区间"列按照"顺序"列排序。

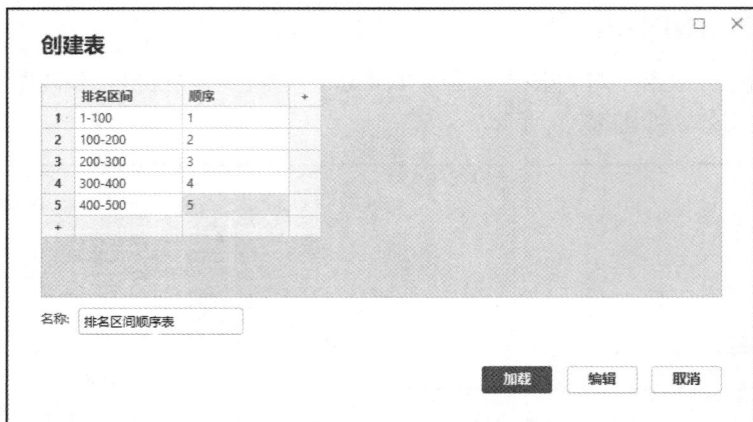

图 8-33　创建排名区间顺序表

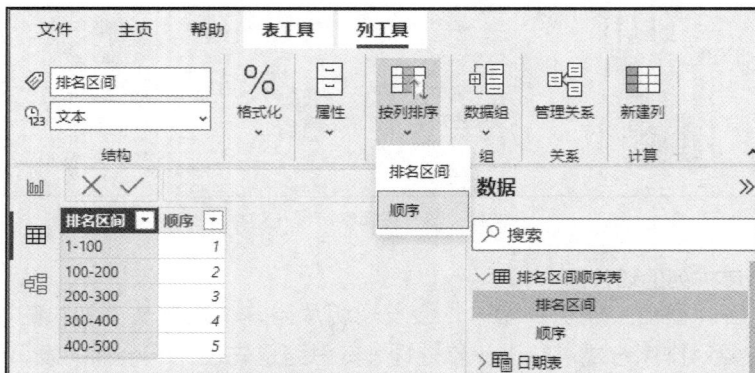

图 8-34　将"排名区间"列按"顺序"列排序

④ 建立排名区间切片器。进入"报表视图"，单击"可视化"窗格中的 图标，插入一个切片器。

字段设置：将字段设置为"排名区间顺序表"中的"排名区间"列。

格式设置：在"切片器设置"|"选项"|"样式"下拉列表中选择"磁贴"。

⑤ 调整位置与尺寸。调整排名区间切片器到合适尺寸，并将其放置到画布顶端。完成排序的排名区间切片器如图 8-35 所示。

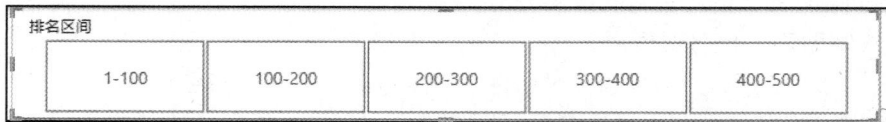

图 8-35　排序后的排名区间切片器

2. 插入簇状柱形图

✎【实训 8-11】接【实训 8-10】，插入簇状柱形图，比较不同价格区间的图书数量。

① 插入簇状条形图。在报表视图中单击"可视化"窗格中的 图标，插入一个簇状柱形图。

实训 8-11

② 字段设置。将"图书数据明细"表中的"折扣价格区间"拖动到"X 轴"中，将度量值"图书数量"拖动到"Y 轴"中。

③ 格式设置—常规。设置"视觉对象边框"为"开"，绘制成反映不同价格区间图书数量对比的簇状柱形图，如图 8-36 所示。

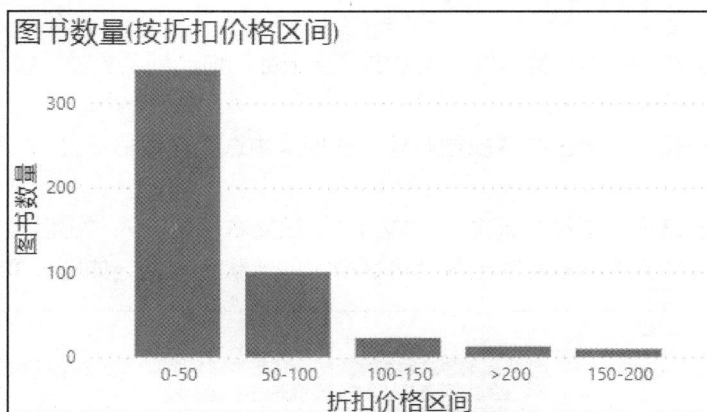

图 8-36   不同价格区间的图书数量对比

3. 插入折线和簇状柱形图

【实训 8-12】接【实训 8-11】，插入折线和簇状柱形图，分析畅销榜图书中年度数量分布情况及其平均价格趋势。

① 插入折线和簇状柱形图。在"报表视图"中单击"可视化"窗格中的图标，插入一个折线和簇状柱形图。

② 字段设置。将日期表中的"年"拖动到"X 轴"中，将度量值"平均价格"拖动到"列 Y 轴"中，将度量值"图书数量"拖动到"行 Y 轴"中。

③ 格式设置—视觉对象。设置"辅助 Y 轴"值为"开"；设置图例"样式"为"标记"。

④ 格式设置—常规。设置"视觉对象边框"为"开"。

⑤ 调整大小和位置。调整图形的大小和位置，得到图 8-37 所示的折线和簇状柱形图。

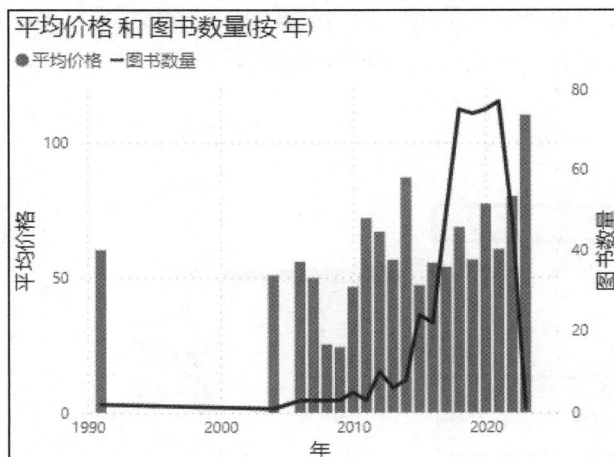

图 8-37   年度图书数量分布与平均价格趋势

4．插入簇状条形图

✍【实训 8-13】接【实训 8-12】，插入簇状条形图，分析畅销榜图书中出版社的排名情况。

实训 8-13

① 插入簇状条形图。在报表视图中单击"可视化"窗格中的▇图标，插入一个簇状条形图。

② 字段设置。将"图书数据明细"表中的"出版社"拖动到"Y 轴"中，将度量值"图书数量"拖动到"X 轴"中。

③ 格式设置—视觉对象。在"视觉对象"选项卡中选择"数据标签"，可以将数据标签显示在图表上。

④ 格式设置—常规。选择"标题"|"文本"，在文本框中输入"出版社排名"；设置"视觉对象边框"为"开"，绘制成反映出版社排名情况的簇状条形图，如图 8-38 所示。

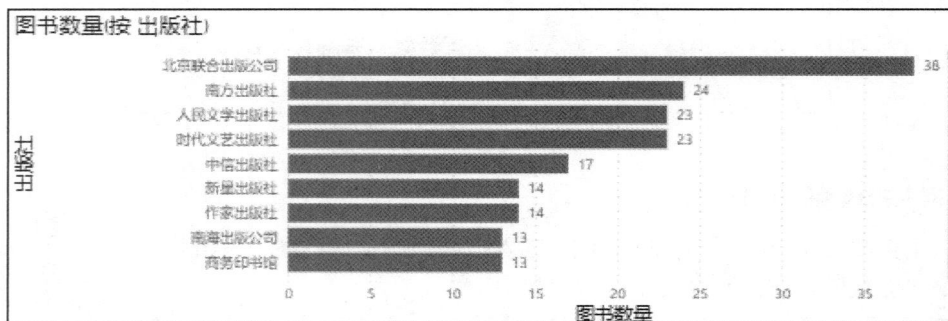

图 8-38　出版社排名

5．制作明细表

✍【实训 8-14】接【实训 8-13】，插入表格，展示畅销榜图书的明细信息。

实训 8-14

① 插入表。在报表视图中单击"可视化"窗格中的▦图标，插入一个表。

② 字段设置。将"图书数据明细"表中的书名、索引、作者、出版社、出版日期、价格、折扣价格依次拖动到"列"设置中，并修改索引、价格、折扣价格三列的汇总方式为"不汇总"，如图 8-39 所示。

图 8-39　字段设置

③ 格式设置—常规。设置"视觉对象边框"为"开"。

④ 调整位置和大小。调整新建表格的位置和大小。

⑤ 调整列宽。选中生成的明细表，将鼠标指针放置在两个列名交界处，可以拖动鼠标将列宽调整到合适尺寸。

⑥ 取消文本自动换行。在"格式设置"|"视觉对象"选项中取消"值"设置的"文本自动换行"。

⑦ 按索引排序。单击明细表中的"索引"列排序角标，将表格数据按"索引"列升序排列。制作完成的明细表如图 8-40 所示。

书名	索引	出版社	出版日期	价格	折扣价格
生死疲劳	1	浙江文艺出版社	2022年1月1日	69.90	34.95
蛤蟆先生去看心理医生	2	天津人民出版社	2020年7月1日	38.00	19.00
被讨厌的勇气："自我启发之父"阿德勒的哲学课 岸见一郎	3	机械工业出版社	2020年3月5日	55.00	27.50
活着	4	北京十月文艺出版社	2021年10月1日	45.00	31.05
少年流浪史记	5	青岛出版社	2015年9月1日	100.00	50.00
三体：全三册 刘慈欣代表作，亚洲"雨果奖"获奖作品！	6	重庆出版社	2010年11月1日	93.00	51.15
保重	7	北京联合出版公司	2022年8月1日	39.80	35.02
人生海海	8	北京十月文艺出版社	2019年4月16日	55.00	34.65
次第花开 修订版	9	海南出版社	2017年2月1日	39.80	19.90
杀死一只知更鸟	10	译林出版社	2017年2月1日	48.00	35.04
苏东坡传	11	湖南文艺出版社	2018年1月1日	52.00	26.00
遥远的救世主	12	作家出版社	2018年10月9日	48.00	24.00
法治的细节	13	云南人民出版社	2021年11月1日	49.80	33.86
保重	14	北京联合出版公司	2022年9月1日	39.80	35.02
大话中国艺术史	15	海南出版社	2022年3月1日	118.00	59.00
钝感力	16	青岛出版社	2018年1月1日	32.00	16.00

图 8-40 明细表

通关测试

一、判断题

1. 网络爬虫是按照一定规则，自动爬取网络数据的程序。 （ ）

2. 在 Power BI 中从 Web 上不能获取网页上的非结构化数据。 （ ）

3. 本项目案例中使用 DAX 公式创建的日期表是虚拟表。 （ ）

二、单选题

1. 在 Power BI 中为了完成爬虫任务，在创建管理参数之前必须（ ）。

    A. 从 Web 上获取单页信息   B. 创建自定义函数

    C. 构建参数列表   D. 将管理参数插入 URL

2. 在 URL 地址中，管理参数使用（ ）包裹起来。

    A. （ ）   B. [ ]   C. { }   D. " "

3. 调用自定义函数之前，应检查并确认"图书数据明细"表中"页码"列的数据类型为（ ）。

    A. 文本型   B. 数值型   C. 日期型   D. 任意型

三、多选题

1. 在 Power BI 中完成网络爬虫工作通常需要执行哪些工作流程？（　　）

    A. 分析网页结构   B. 创建并使用管理参数

    C. 构建并调用自定义函数   D. 保存数据

2. 在 Power BI 中生成日期表的方式有（　　）。

    A. 在 Excel 中创建后导入   B. 在 Power BI Desktop 中创建

    C. 在 Power Query 中创建   D. 在 Power View 中创建

3. 当生成切片器的内容并不是按特定顺序显示时，需要做哪些工作？（　　）

    A. 建立辅助表   B. 与事实表创建关联

    C. 按内容排序   D. 按列排序

四、实训题

在 Power BI 中使用网络爬虫爬取网页数据，并对爬取的数据进行整理、建模和可视化分析。

项目九

财务数据可视化综合分析

📗 知识目标

1. 了解财务数据获取与整理的内容。
2. 了解财务数据建模思路及过程。
3. 熟悉如何在 Power BI 中进行财务数据可视化分析。

📚 技能目标

1. 学会财务数据的下载、整理、建模。
2. 学会根据"报表数据"本身特点创建并应用度量值。
3. 学会根据财务分析的需要选取不同视觉对象，并对其进行字段设置、格式设置。
4. 能够结合上市公司财务数据，在 Power BI 中实现财务数据的利润表可视化分析、资产负债表可视化分析、现金流量表可视化分析、财务指标可视化分析及同业对比分析。

📗 素养目标

1. 掌握网络爬虫技术。
2. 具备从网络上爬取数据，并对其进行整理、建模、数据可视化分析的能力。

守法

上市公司财务数据主要来自资产负债表、利润表、现金流量表三张基本财务报表，本项目选取光明乳业（600597）、三元股份（600429）等国内 8 家与乳制品相关的上市公司财务报表数据（2013—2022 年），按照财务报表分析的基本框架，进行财务数据可视化智能设计与分析，主要包括资产负债表可视化分析、利润表可视化分析、现金流量表可视化分析、财务指标可视化分析、同业对比可视化分析。这些可视化分析可以直观地展示这几家乳制品企业的财务状况、经营成果和未来发展趋势，使读者掌握在 Power BI 中获取财务数据、整理财务数据、财务数据建模及财务数据可视化智能分析的一些技巧。

任务一　数据准备

一、数据来源

案例数据是从东方财富 choice 金融终端分别下载的光明乳业（600597）、三元股份（600429）、新希望（000876）、燕塘乳业（002732）、西部牧业（300106）、维维股份（600300）、妙可蓝多（600882）、伊利股份（600887）等 8 家乳制品上市公司的三张基本财务报表数据（均为 Excel 文件）。本项目案例数据选取这 8 家上市公司 2013—2022 年的年度合并报表数据（单位为万元）进行分析。本项目所需的所有数据均保存在"源文件"|"项目九"文件夹中，其中，"整理前财务报表"文件夹中存放了从东方财富 choice 金融终端下载的源文件，如图 9-1 所示。

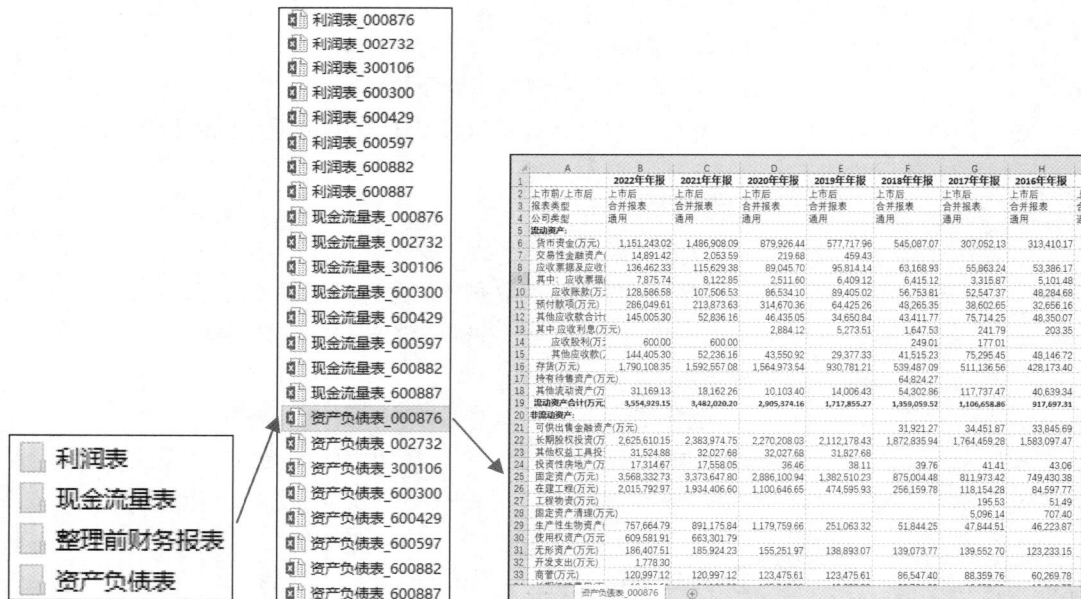

图 9-1　初步整理前财务报表数据

将数据导入 Power BI 之前需要对下载的各个公司财务报表文件（Excel 文件）进行初步规整。

（1）新建利润表、资产负债表、现金流量表三个文件夹，并将下载的利润表、资产负债表、现金流量表的数据分别存放在对应文件夹中。

（2）打开三个文件夹中的每一个 Excel 工作簿，对工作表数据进行规整：删除不必要行数据、修改列标题年度数据、更改 Excel 工作表名称（"利润表_公司代码"改成"利润表"，"资产负债表_公司代码"改成"资产负债表"，"现金流量表_公司代码"改成"现金流量表"），使每一个工作表在格式上完全一致。

对源文件数据进行初步整理的结果如图 9-2 所示，利润表、现金流量表、资产负债表文件夹中分别存放调整后的 8 个公司的利润表、现金流量表、资产负债表数据。

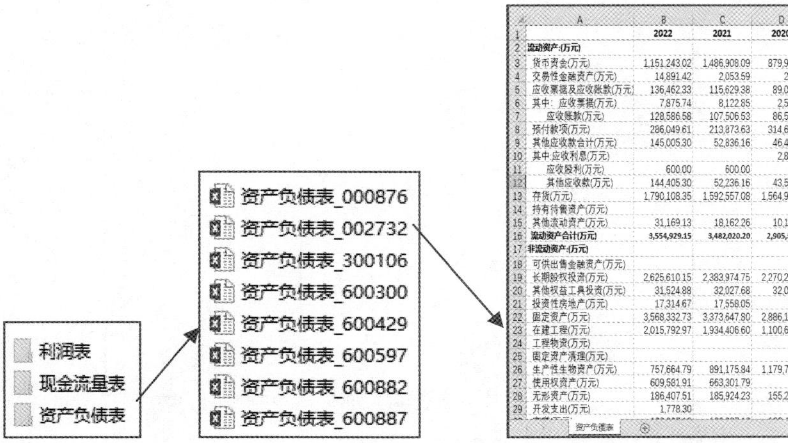

图 9-2　初步整理后的财务报表数据

二、获取数据

本节使用多文件合并的方式分别将利润表、资产负债表、现金流量表文件夹中数据导入 Power BI，所有报表数据都保存在"源文件"|"项目九"文件夹中。

1. 从文件夹中获取资产负债表数据

【实训 9-1】在 Power BI Desktop 中获取"资产负债表"文件夹中的数据。

① 打开 Power BI Desktop，执行"主页"|"获取数据"命令，打开"获取数据"对话框，在"全部"列表中选中"文件夹"，单击"连接"按钮，设置需要连接的文件夹路径，如图 9-3 所示。

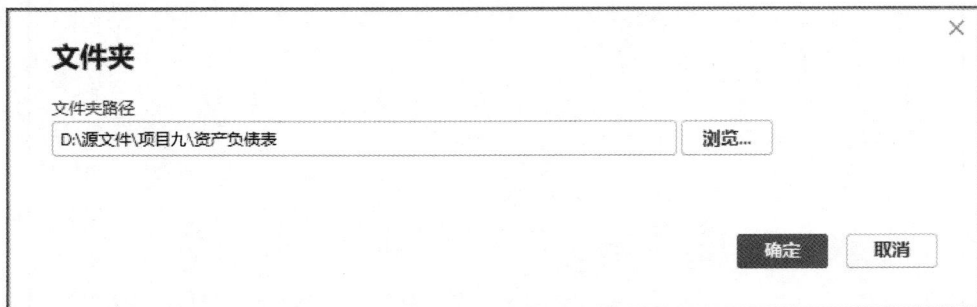

图 9-3　选择文件夹路径

② 单击"确定"按钮，可以显示"资产负债表"文件夹中的所有 Excel 工作簿，如图 9-4 所示。单击"组合"展开按钮，选择"合并并转换数据"选项。

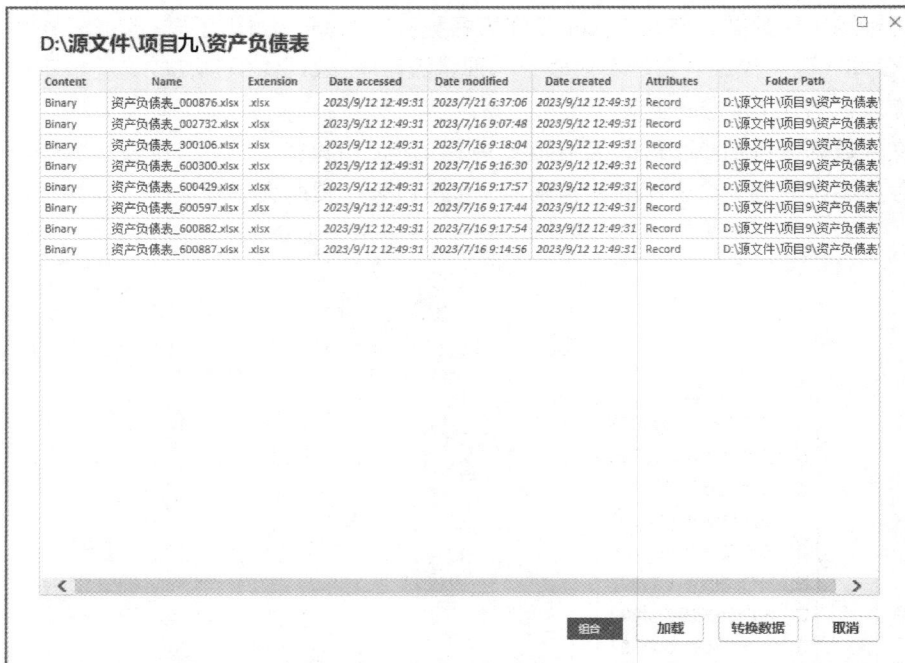

图 9-4　显示文件夹中的所有 Excel 工作簿

③ 打开"合并文件"对话框，如图 9-5 所示。"示例文件"默认为"第一个文件"，选择左侧窗格中的"资产负债表"，在右侧窗格中可看到资产负债表的详细内容。

图 9-5　合并文件

④ 单击"确定"按钮，打开 Power Query 编辑器界面，在界面左侧的"查询"窗格中选择"其他查询"|"资产负债表"，可以查看合并文件的信息。如图 9-6 所示。

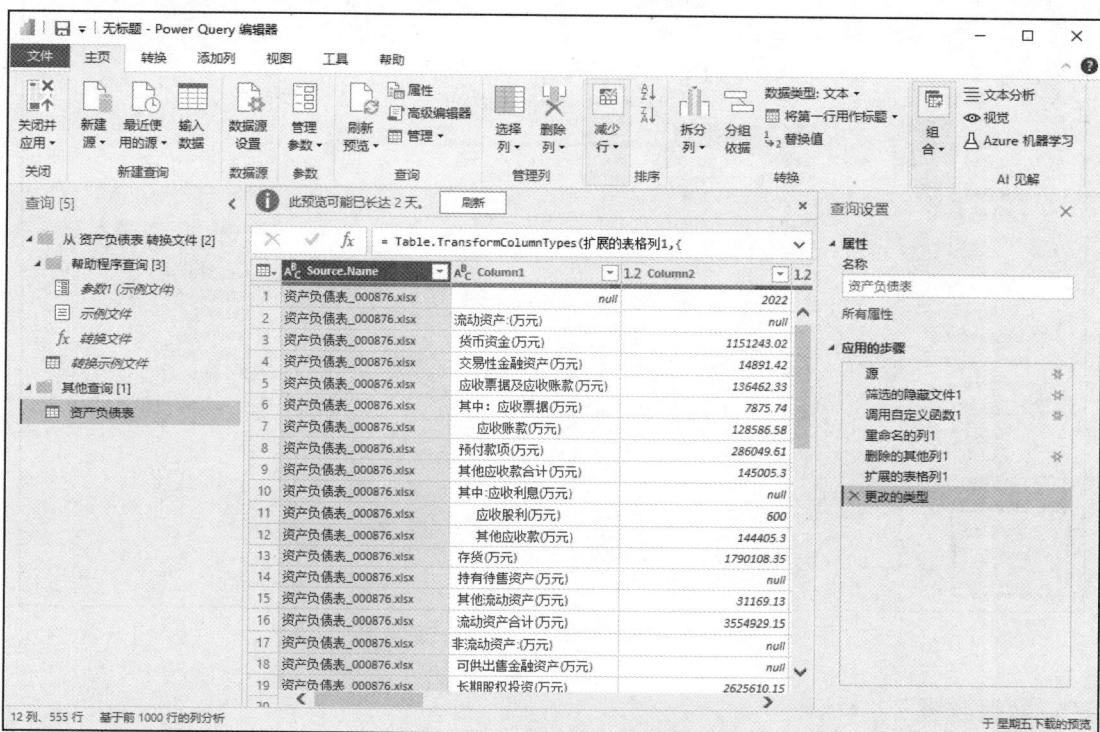

图 9-6 "资产负债表"文件夹中的数据加载完成

2. 从文件夹中获取利润表、现金流量表数据

【实训 9-2】接【实训 9-1】，在 Power Query 编辑器中直接获取"利润表""现金流量表"文件夹中的数据。

① 获取利润表数据。在 Power Query 编辑器中执行"主页"|"新建源"|"更多…"命令，打开"获取数据"对话框。在"全部"列表中选中"文件夹"，单击"连接"按钮，设置需要连接的文件夹路径，选择源数据文件中的"利润表"文件夹。按照【实训 9-1】的步骤将利润表导入 Power BI。

实训 9-2

② 获取现金流量表数据。在 Power Query 编辑器中执行"主页"|"新建源"|"更多…"命令，打开"获取数据"对话框。在"全部"列表中选中"文件夹"，单击"连接"按钮，设置需要连接的文件夹路径，选择源数据文件中的"现金流量表"文件夹。按照【实训 9-1】的步骤将现金流量表导入 Power BI。

③ 查看合并文件信息。在 Power Query 编辑器左侧的"查询"窗格中选择"其他查询"|"利润表"或"现金流量表"，可以查看合并文件的信息，如图 9-7 所示。

④ 保存 Power BI 文件。单击 Power Query 编辑器界面左上侧的"保存"按钮🔲，保存 Power BI 文件，将文件命名为"项目九财务数据可视化综合分析"，并在弹出的"Power BI Desktop"应用更改提示框中单击"应用"按钮。

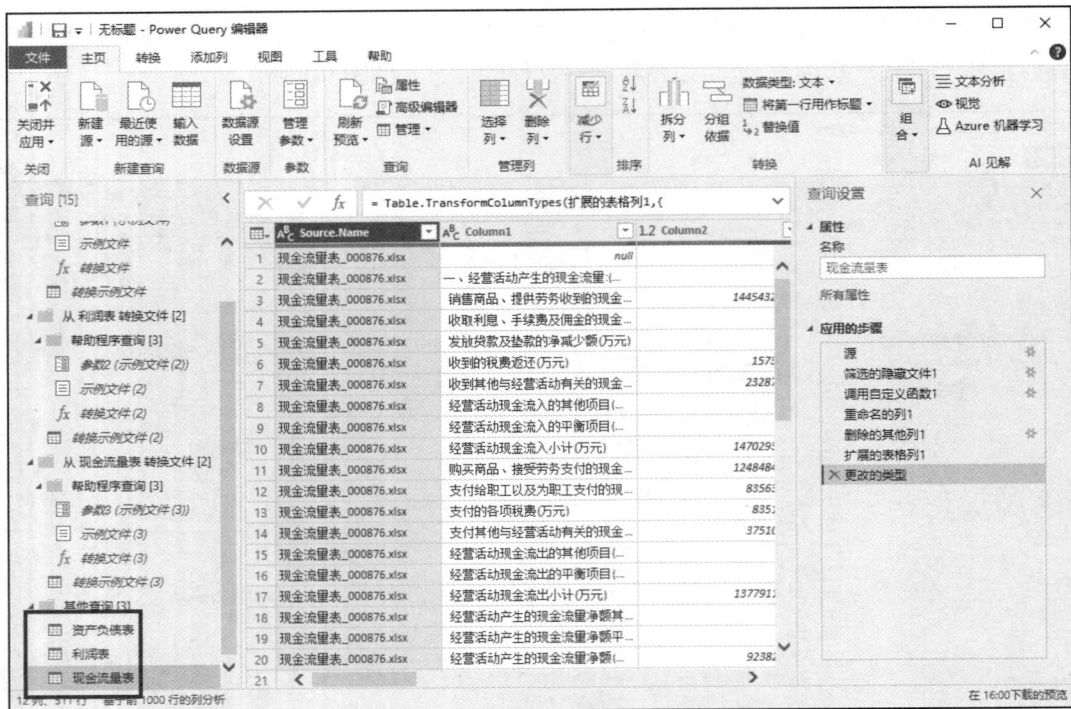

图 9-7 "利润表""现金流量表"文件夹中的数据加载完成

三、数据整理

通过多文件合并方式导入资产负债表、现金流量表、利润表存在很多数据规范化的问题：一方面需要对导入数据进行清洗与转换，另一方面需要将所有财务报表合并成一张事实表，以便达到数据建模和数据可视化分析的要求。

1．资产负债表数据整理

【实训 9-3】在 Power Query 编辑器中整理资产负债表中的数据。

① 提升标题。在 Power Query 编辑器左侧的"查询"窗格中选择"其他查询"|"资产负债表"，执行"转换"|"将第一行用作标题"命令。

实训 9-3

② 删除"Column2"列中的空值，并重命名列。单击"Column2"列右边的"展开"按钮 ▼，选择"删除空"，并将"Column2"列名改为"报表项目"，将数据类型修改为文本型，如图 9-8 所示。

③ 将 null 值替换为 0。按住 Shift 键，同时选中 2013、2014…2022 列数据，执行"转换"|"替换值"|"替换值"命令，将所有 null 值替换为 0。

④ 将第一列数据按分隔符拆分列。选中第一列数据，执行"转换"|"拆分列"|"按分隔符"命令，打开"按分隔符拆分列"对话框，如图 9-9 所示，单击"确定"按钮。将第一列数据拆分成两列，并分别命名为"报表类型"和"公司代码"。

⑤ 提取"公司代码"文本范围。选中"公司代码"列，执行"转换"|"提取"|"范围"命令，打开"提取文本范围"对话框，如图 9-10 所示，将起始索引设置为 0，字符数设置为 6，单击"确定"按钮即可。

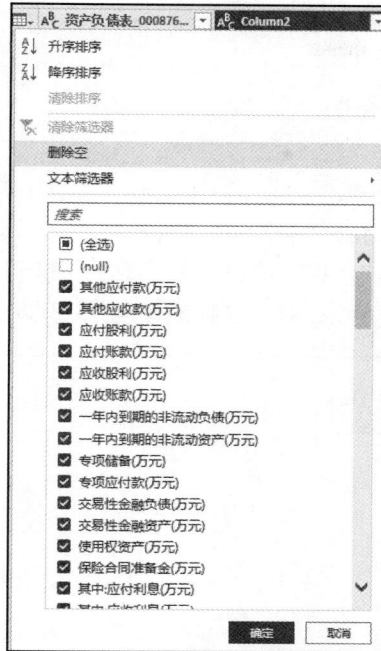

图 9-8　删除空值

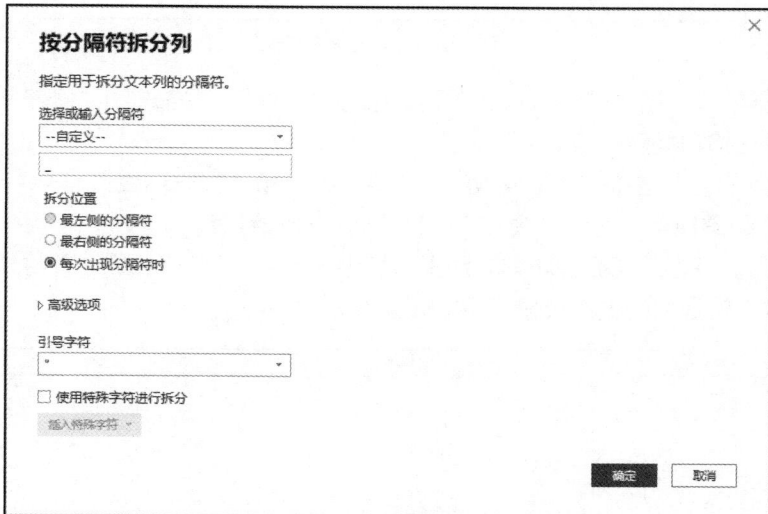

图 9-9　"按分隔符拆分列"对话框

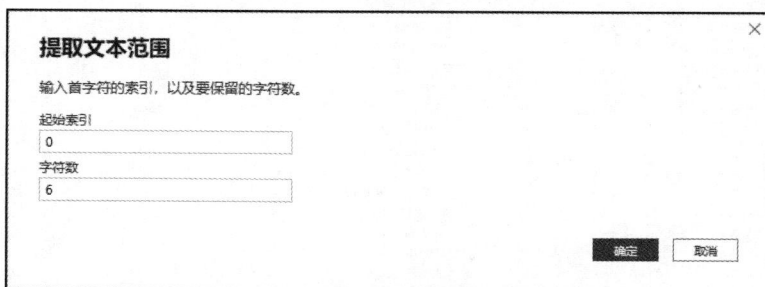

图 9-10　设置提取文本范围

提示

● 起始索引号是从 0 开始的。

⑥ 使用拆分列去掉"报表项目"列中的"(万元)"。选中"报表项目"列，执行"转换"|
"拆分列"|"按字符数"命令，打开"按字符数拆分列"对话框，如图 9-11 所示，将字符数
设置为 4，拆分方式设置为"一次，尽可能靠右"，单击"确定"按钮，将"报表项目"列拆分
成两列。然后删除"报表项目.2"列，并将"报表项目.1"列名改为"报表项目"。

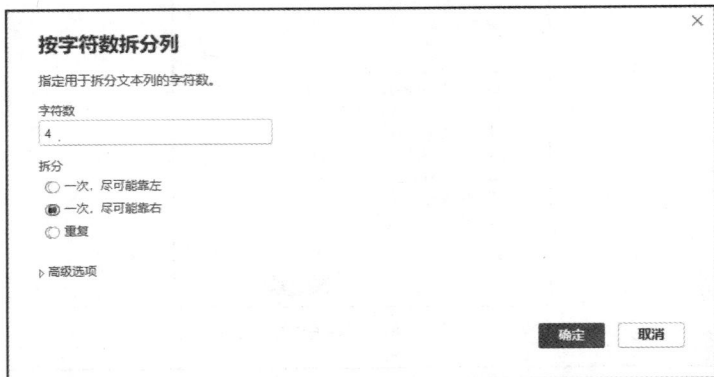

按字符数拆分列

指定用于拆分文本列的字符数。

字符数

4

拆分

○ 一次，尽可能靠左
◉ 一次，尽可能靠右
○ 重复

▷ 高级选项

确定　　取消

图 9-11　设置分隔符之前的文本

⑦ 修整数据格式。选中"报表项目"列，执行"转换"|"格式"|"修整"命令，删除该
列列值中的前导空格和尾随空格。

⑧ 逆透视其他列。选中"报表类型""公司代码"和"报表项目"三列，执行"转换"|
"逆透视列"|"逆透视其他列"命令，将二维表转换成一维表。

⑨ 重命名列。将逆透视后的新列分别重命名为"年度"和"金额"，并将"年度"列的数
据类型改为整数。整理后的资产负债表数据如图 9-12 所示。

	ABC 报表类型	ABC 公司代码	ABC 报表项目	123 年度	1.2 金额
1	资产负债表	000876	货币资金	2021	1486908.09
2	资产负债表	000876	货币资金	2020	879926.44
3	资产负债表	000876	货币资金	2019	577717.96
4	资产负债表	000876	货币资金	2018	545087.07
5	资产负债表	000876	货币资金	2017	307052.13
6	资产负债表	000876	货币资金	2016	313410.17
7	资产负债表	000876	货币资金	2015	372696.68
8	资产负债表	000876	货币资金	2014	329569.57
9	资产负债表	000876	交易性金融资产	2021	2053.59
10	资产负债表	000876	交易性金融资产	2020	219.68
11	资产负债表	000876	交易性金融资产	2019	459.43
12	资产负债表	000876	交易性金融资产	2018	0
13	资产负债表	000876	交易性金融资产	2017	0
14	资产负债表	000876	交易性金融资产	2016	0
15	资产负债表	000876	交易性金融资产	2015	0
16	资产负债表	000876	交易性金融资产	2014	0
17	资产负债表	000876	应收票据及应收账款	2021	115629.38
18	资产负债表	000876	应收票据及应收账款	2020	89045.7
19	资产负债表	000876	应收票据及应收账款	2019	95814.14
20	资产负债表	000876	应收票据及应收账款	2018	63168.93
21	资产负债表	000876	应收票据及应收账款	2017	55863.24
22	资产负债表	000876	应收票据及应收账款	2016	53386.17
23	资产负债表	000876	应收票据及应收账款	2015	40301.72

图 9-12　整理后的资产负债表数据

2. 利润表、现金流量表数据整理

通过观察可知，利润表、现金流量表中的数据与资产负债表一样，需要经过提升标题、删除空值、修改数据类型、替换值、按分隔符拆分列、提取文本范围、提取分隔符之前的文本、格式修整、逆透视其他列、重命名列等操作进行数据清洗与转换。大家自行根据【实训 9-3】中的操作步骤对利润表、现金流量表进行数据整理，整理后的利润表数据如图 9-13 所示，整理后的现金流量表数据如图 9-14 所示。

	报表类型	公司代码	报表项目	年度	金额
1	利润表	000876	一、营业总收入	2021	12626170.26
2	利润表	000876	一、营业总收入	2020	10982522.44
3	利润表	000876	一、营业总收入	2019	8205053.95
4	利润表	000876	一、营业总收入	2018	6906322.53
5	利润表	000876	一、营业总收入	2017	6256684.86
6	利润表	000876	一、营业总收入	2016	6087952.32
7	利润表	000876	一、营业总收入	2015	6151964.98
8	利润表	000876	一、营业总收入	2014	7001223.33
9	利润表	000876	营业收入	2021	12626170.26
10	利润表	000876	营业收入	2020	10982522.44
11	利润表	000876	营业收入	2019	8205053.95
12	利润表	000876	营业收入	2018	6906322.53
13	利润表	000876	营业收入	2017	6256684.86
14	利润表	000876	营业收入	2016	6087952.32
15	利润表	000876	营业收入	2015	6151964.98
16	利润表	000876	营业收入	2014	7001223.33
17	利润表	000876	二、营业总成本	2021	13200677.95
18	利润表	000876	二、营业总成本	2020	10444087.16
19	利润表	000876	二、营业总成本	2019	7749899.8
20	利润表	000876	二、营业总成本	2018	6804265.67
21	利润表	000876	二、营业总成本	2017	6155027.37
22	利润表	000876	二、营业总成本	2016	5974593.07
23	利润表	000876	二、营业总成本	2015	6080842.59
24	利润表	000876	二、营业总成本	2014	6940388.37
25	利润表	000876	营业成本	2021	12423599.11
26	利润表	000876	营业成本	2020	9817515.06

图 9-13 整理后的利润表数据

	报表类型	公司代码	报表项目	年度	金额
1	现金流量表	000876	一、经营活动产生的现金流量	2021	0
2	现金流量表	000876	一、经营活动产生的现金流量	2020	0
3	现金流量表	000876	一、经营活动产生的现金流量	2019	0
4	现金流量表	000876	一、经营活动产生的现金流量	2018	0
5	现金流量表	000876	一、经营活动产生的现金流量	2017	0
6	现金流量表	000876	一、经营活动产生的现金流量	2016	0
7	现金流量表	000876	一、经营活动产生的现金流量	2015	0
8	现金流量表	000876	一、经营活动产生的现金流量	2014	0
9	现金流量表	000876	销售商品、提供劳务收到的现金	2021	12965001.26
10	现金流量表	000876	销售商品、提供劳务收到的现金	2020	11362667.46
11	现金流量表	000876	销售商品、提供劳务收到的现金	2019	8546512.45
12	现金流量表	000876	销售商品、提供劳务收到的现金	2018	7184859.49
13	现金流量表	000876	销售商品、提供劳务收到的现金	2017	6426967.42
14	现金流量表	000876	销售商品、提供劳务收到的现金	2016	6404879.49
15	现金流量表	000876	销售商品、提供劳务收到的现金	2015	6492968.53
16	现金流量表	000876	销售商品、提供劳务收到的现金	2014	7405640.74
17	现金流量表	000876	发放贷款及垫款的净减少额	2021	0
18	现金流量表	000876	发放贷款及垫款的净减少额	2020	0
19	现金流量表	000876	发放贷款及垫款的净减少额	2019	0
20	现金流量表	000876	发放贷款及垫款的净减少额	2018	0
21	现金流量表	000876	发放贷款及垫款的净减少额	2017	0
22	现金流量表	000876	发放贷款及垫款的净减少额	2016	0
23	现金流量表	000876	发放贷款及垫款的净减少额	2015	0
24	现金流量表	000876	发放贷款及垫款的净减少额	2014	0
25	现金流量表	000876	收到的税费返还	2021	4189.77
26	现金流量表	000876	收到的税费返还	2020	5365.09

图 9-14 整理后的现金流量表数据

3. 追加查询，生成一个报表数据

整理后的利润表、现金流量表、资产负债表的数据结构完全一致，均有报表类型、公司代码、报表项目、年度、金额等字段。为了优化数据模型结构，可以使用追加查询功能，将 Power BI 中的利润表、资产负债表、现金流量表三个报表数据合并成一个报表数据。

【实训 9-4】在 Power Query 编辑器中使用追加查询功能将整理后的资产负债表、利润表、现金流量表数据连接成一张报表数据。

① 在 Power Query 编辑器左侧的"查询"窗格中选择"其他查询"|"资产负债表"，执行"主页"|"追加查询"|"将查询追加到新查询"命令，进入"追加"对话框，如图 9-15 所示，选中"三个或更多表"单选按钮，并将现金流量表、资产负债表、利润表添加到"要追加的表"中。

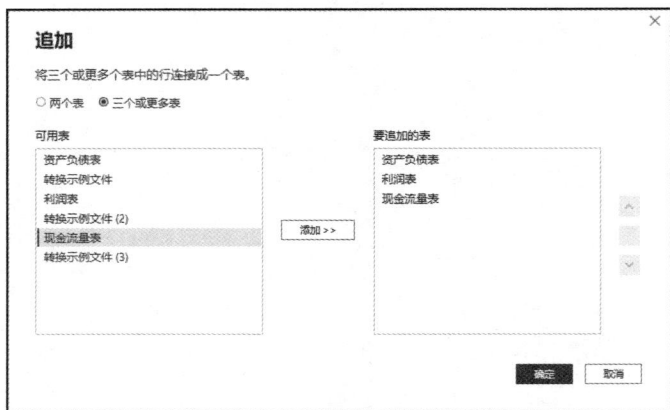

图 9-15　追加查询设置

② 单击"确定"按钮，在界面左侧的"查询"窗格中显示新增加的查询"追加 1"，将此查询的名称修改为"报表数据"，如图 9-16 所示。

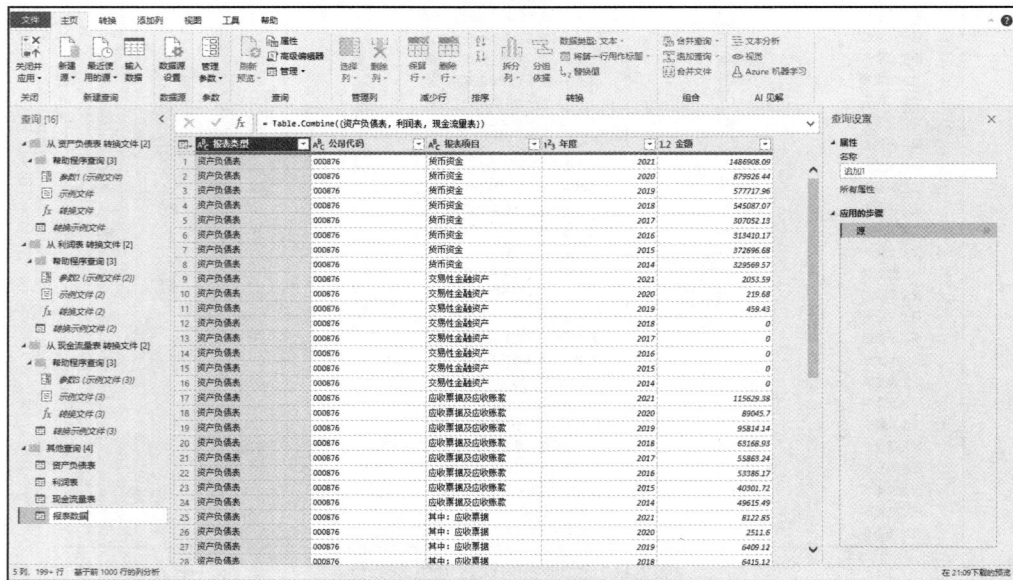

图 9-16　追加查询：报表数据

③ 在 Power Query 编辑器中保存文件，并执行"文件"|"关闭并应用"命令。

四、数据建模

1. 构建维度表

为了满足数据建模的需求，本项目案例分别构建年度表、公司信息表、利润表结构、资产负债表结构、现金流量表结构等几个维度表，用于进行数据可视化分析。具体信息如下。

（1）年度表

年度表主要存放这 8 家上市公司财务报告年度信息（2013—2022 年），如图 9-17 所示。

（2）公司信息表

公司信息表包含公司代码、公司名称两个字段，如图 9-18 所示。

	1²₃ 年度
1	2022
2	2021
3	2020
4	2019
5	2018
6	2017
7	2016
8	2015
9	2014
10	2013

图 9-17　年度表

	Aᴮ_C 公司代码	Aᴮ_C 公司名称
1	000876	新希望
2	002732	燕塘乳业
3	300106	西部牧业
4	600300	维维股份
5	600429	三元股份
6	600597	光明乳业
7	600882	妙可蓝多
8	600887	伊利股份

图 9-18　公司信息表

（3）财报结构表

财报结构表具体包括资产负债表结构（见图 9-19）、现金流量表结构（见图 9-20）和利润表结构（见图 9-21）三张表，分别存放各个财务报表项目的分类信息。

	A	B	C	D	E
1	序号	项目大类	项目中类	项目小类	报表项目
2	1	资产	资产	流动资产	货币资金
3	2	资产	资产	流动资产	交易性金融资产
4	3	资产	资产	流动资产	衍生金融资产
5	4	资产	资产	流动资产	应收票据
6	5	资产	资产	流动资产	应收账款
7	6	资产	资产	流动资产	应收款项融资
8	7	资产	资产	流动资产	预付款项
9	8	资产	资产	流动资产	应收利息
10	9	资产	资产	流动资产	应收股利
11	10	资产	资产	流动资产	其他应收款
12	11	资产	资产	流动资产	买入返售金融资产
13	12	资产	资产	流动资产	存货
14	13	资产	资产	流动资产	划分为持有待售的资产
15	14	资产	资产	流动资产	合同资产
16	15	资产	资产	流动资产	持有待售资产

资产负债表结构　现金流量表结...

图 9-19　资产负债表结构

（4）获取并整理维度表数据

所有维度表数据都保存在"源文件"|"项目九"文件夹中的"维度表.xlsx"文件中。在 Power BI Desktop 中将"维度表.xlsx"数据导入 Power BI，并检查所有维度表信息，对不规范数据进行清洗和转换。

在公司信息表中将"公司代码"列的数据类型设置为文本型。

	A	B	C	D
1	序号	项目大类	项目小类	报表项目
2	1			一、经营活动产生的现金流量:
3	2	一、经营活动产生的现金流量	经营活动现金流入	销售商品、提供劳务收到的现金
4	3	一、经营活动产生的现金流量	经营活动现金流入	客户存款和同业存放款项净增加额
5	4	一、经营活动产生的现金流量	经营活动现金流入	向中央银行借款净增加额
6	5	一、经营活动产生的现金流量	经营活动现金流入	向其他金融机构拆入资金净增加额
7	6	一、经营活动产生的现金流量	经营活动现金流入	收取利息、手续费及佣金的现金
8	7	一、经营活动产生的现金流量	经营活动现金流入	发放贷款及垫款的净减少额
9	8	一、经营活动产生的现金流量	经营活动现金流入	回购业务资金净增加额
10	9	一、经营活动产生的现金流量	经营活动现金流入	收到的税费返还
11	10	一、经营活动产生的现金流量	经营活动现金流入	收到其他与经营活动有关的现金
12	11			经营活动现金流入小计
13	12	一、经营活动产生的现金流量	经营活动现金流出	购买商品、接受劳务支付的现金
14	13	一、经营活动产生的现金流量	经营活动现金流出	客户贷款及垫款净增加额
15	14	一、经营活动产生的现金流量	经营活动现金流出	存放中央银行和同业款项净增加额
16	15	一、经营活动产生的现金流量	经营活动现金流出	支付利息、手续费及佣金的现金

图 9-20　现金流量表结构

	A	B	C
1	序号	项目小类	报表项目
2	1		一、营业总收入
3	2	一、营业总收入	营业收入
4	3	一、营业总收入	利息收入
5	4	一、营业总收入	手续费及佣金收入
6	5	一、营业总收入	其他业务收入
7	6		二、营业总成本
8	7	二、营业总成本	营业成本
9	8	二、营业总成本	利息支出
10	9	二、营业总成本	手续费及佣金支出
11	10	二、营业总成本	研发费用
12	11	二、营业总成本	其他业务成本
13	12	二、营业总成本	税金及附加
14	13	二、营业总成本	销售费用
15	14	二、营业总成本	管理费用
16	15	二、营业总成本	财务费用
17	16		其中:利息费用

... 利润表结构 公司信息 ...

图 9-21　利润表结构

2. 关联数据表

在前面的数据整理中已经将利润表、资产负债表、现金流量表数据整合在一张事实表（报表数据）中，模型中自动识别的与这三张报表之间关联关系是不必要的，需要在模型中删除，仅将维度表与事实表（报表数据）关联即可。

【实训 9-5】在模型视图中建立维度表与事实表之间的关联。

实训 9-5

① 删除关系。打开 Power BI 文件，进入模型视图，执行“主页”|“管理关系”命令，进入“管理关系”对话框，如图 9-22 所示，分别选中与现金流量表、资产负债表、利润表相关联的关系，单击“删除”按钮，进入“删除关系”对话框，如图 9-23 所示，单击“删除”按钮即可。

提示

● 除了保留“报表数据”与“年度表”“公司信息表”之间的自动识别关系外，其他默认关系都要删除。

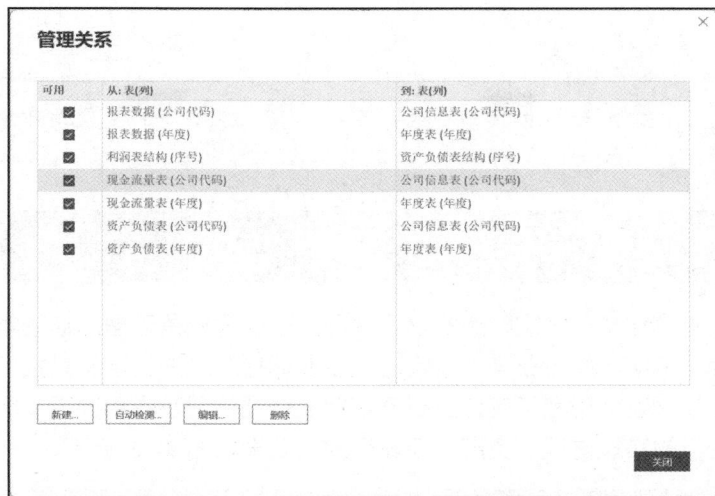

图 9-22 "管理关系"对话框

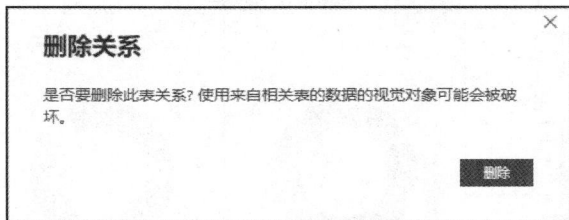

图 9-23 "删除关系"对话框

② 建立数据模型。在模型视图中建立维度表与事实表之间的关联，构建的数据模型如图 9-24 所示。

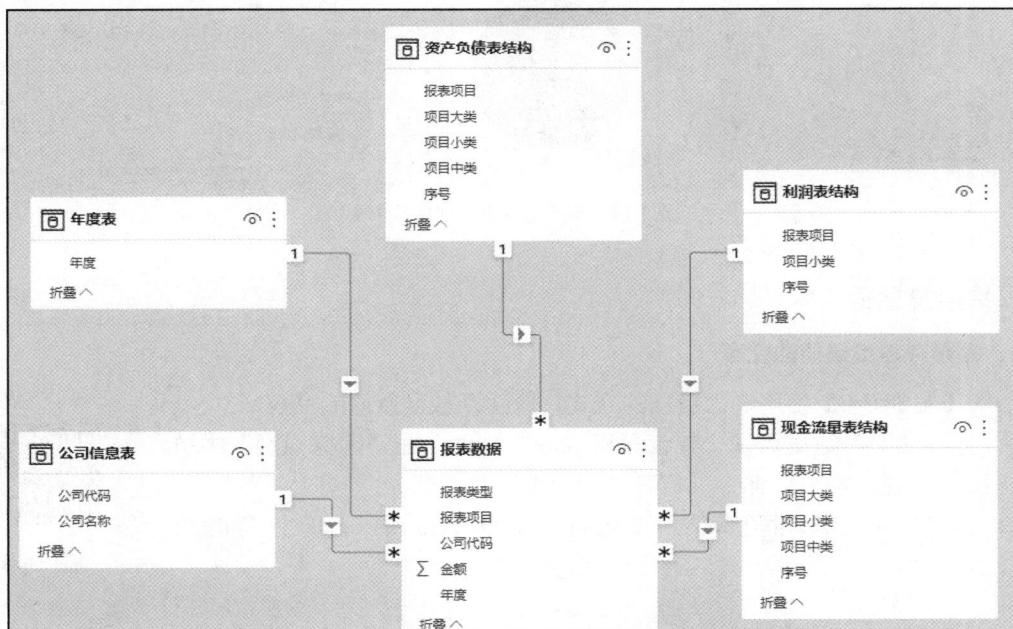

图 9-24 数据模型

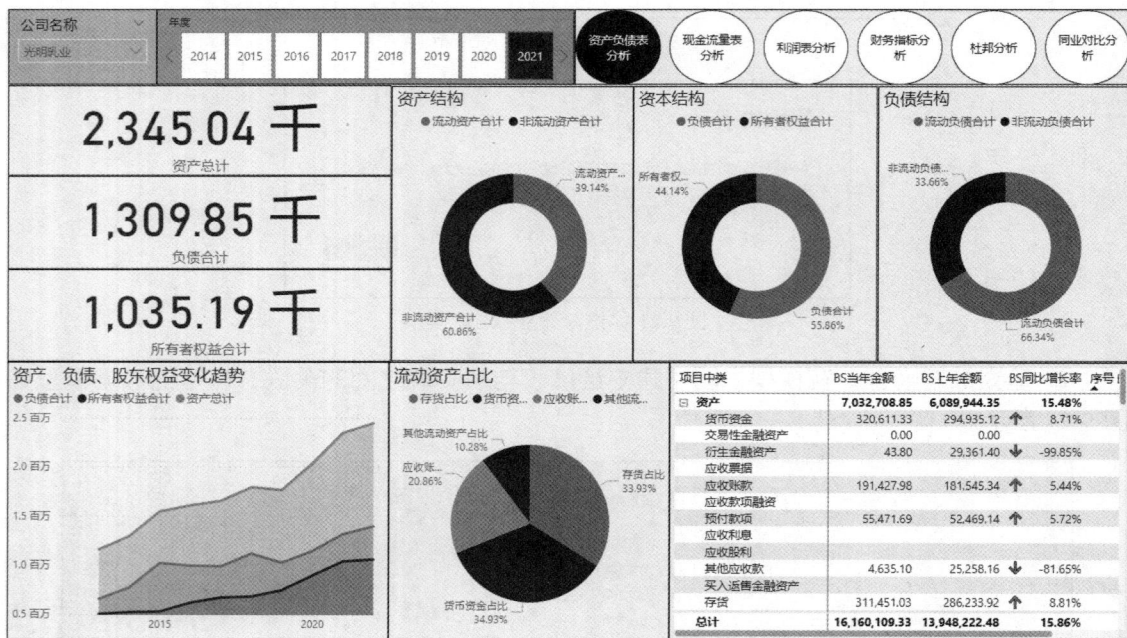

提示

● 只保留图 9-24 所示数据模型中的关系线，其他不必要的关系均删除。

任务二 资产负债表可视化分析

资产负债表反映企业某一特定时点的财务状况，是公司经营管理活动的集中体现。通过资产负债表分析，用户能够了解企业某一特定时点企业拥有的经济资源及其投资安排，以及企业资金的来源构成，让报表使用者了解企业财务状况的变动情况及变动原因。本任务主要介绍资产负债表可视化分析的实现过程。资产负债表可视化效果如图 9-25 所示。

图 9-25　资产负债表可视化效果图

一、构建度量值

1. 新建存放度量值的空表

【实训 9-6】使用输入数据的方式，新建存放度量值的空表。

① 打开"财务数据可视化综合分析.pbix"文件，在"表格视图"中执行"主页"|"输入数据"命令，打开"创建表"对话框。

② 在"名称"文本框中输入"度量值"，如图 9-26 所示，单击"加载"按钮。

实训 9-6

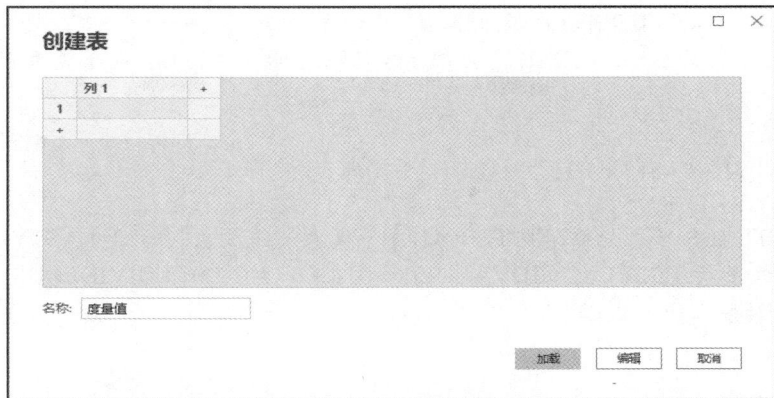

图 9-26　创建存放度量值空表

2. 创建资产负债表分析度量值

根据"报表数据"本身的特点和进行资产负债表可视化分析的需要，在 Power BI 中创建 BS 当年金额、资产总计、负债合计、所有者权益合计、流动资产合计、非流动资产合计等度量值用于资产负债表分析。

实训 9-7

【实训 9-7】使用 DAX 函数创建资产负债表分析所需的度量值。

① 在"表格视图"中选择"度量值"表，执行"主页"|"新建度量值"命令，在公式编辑栏中依次输入下列创建度量值公式：

BS 当年金额 = CALCULATE(SUM('报表数据'[金额]),'报表数据'[报表类型]="资产负债表")

资产总计 = CALCULATE ([BS 当年金额] ,FILTER(ALL('资产负债表结构'),'资产负债表结构'[报表项目]="资产总计"))

负债合计 = CALCULATE ([BS 当年金额] ,FILTER(ALL('资产负债表结构'),'资产负债表结构'[报表项目]="负债合计"))

所有者权益合计 = CALCULATE ([BS 当年金额] ,FILTER(ALL('资产负债表结构'),'资产负债表结构'[报表项目]="股东权益合计"))

流动资产合计 = CALCULATE ([BS 当年金额] ,FILTER(ALL('资产负债表结构'),'资产负债表结构'[报表项目]="流动资产合计"))

流动负债合计 = CALCULATE ([BS 当年金额] ,FILTER(ALL('资产负债表结构'),'资产负债表结构'[报表项目]="流动负债合计"))

非流动资产合计 = CALCULATE ([BS 当年金额] ,FILTER(ALL('资产负债表结构'),'资产负债表结构'[报表项目]="非流动资产合计"))

非流动负债合计 = CALCULATE ([BS 当年金额] ,FILTER(ALL('资产负债表结构'),'资产负债表结构'[报表项目]="非流动负债合计"))

存货 = CALCULATE ([BS 当年金额] ,FILTER(ALL('资产负债表结构'),'资产负债表结构'[报表项目]="存货"))

货币资金 = CALCULATE ([BS 当年金额] ,FILTER(ALL('资产负债表结构'),'资产负债表结构'[报表项目]="货币资金"))

应收账款 = CALCULATE ([BS 当年金额] ,FILTER(ALL('资产负债表结构'),'资产负债表结构'[报表项目]="应收账款"))

存货占比 = DIVIDE([存货],[流动资产合计])

货币资金占比 = DIVIDE([货币资金],[流动资产合计])

应收账款占比 = DIVIDE([应收账款],[流动资产合计])

其他流动资产占比 = DIVIDE([流动资产合计]-[应收账款]-[存货]-[货币资金],[流动资产合计])

BS 上年金额 =

VAR LASTYEAR=SELECTEDVALUE('年度表'[年度])-1

  RETURN

CALCULATE([BS 当年金额],FILTER(ALL('年度表'),'年度表'[年度]=LASTYEAR))

BS 同比增长率 = IF(SELECTEDVALUE('年度表'[年度])>2013,DIVIDE([BS 当年金额]-[BS 上年金额],ABS([BS 上年金额])),BLANK())

提示

● 新建度量值时，需要将度量值"存货占比""货币资金占比""应收账款占比""BS 同比增长率"的数据类型设置为百分比。

② 删除"度量值"表中的"列 1"。展开"度量值"表，选择"列 1"，单击鼠标右键，在弹出的快捷菜单中选择"从模型中删除"。这样，"度量值"表中只剩下新建的各种度量值，并自动调到"数据"窗格的最上面。

③ 将度量值存放在文件夹中。进入"模型视图"，按住 Ctrl 键，在"数据"窗格中，同时选取 BS 当年金额、资产总计、负债合计、所有者权益合计、流动资产合计、非流动资产合计等度量值，在"属性"窗格中的"显示文件夹"中输入文件夹名称"资产负债表分析"，如图 9-27 所示，将新建的度量值都存放在"资产负债表分析"文件夹中。

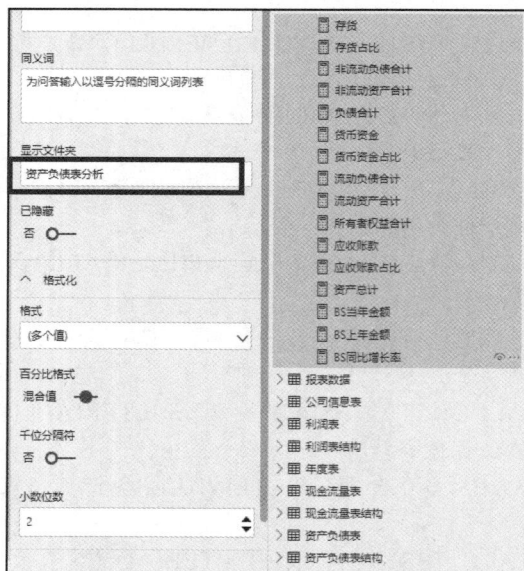

图 9-27 存放"资产负债表分析"度量值

二、报表页面及表头设计

财务数据可视化综合分析主要包括资产负债表分析、现金流量表分析、利润表分析、财务指标分析、杜邦分析和同业对比分析六个报表页面设计，这六个报表页面的表头部分均由两个切片器和一个页面导航器组成。用户一方面可以通过切片器筛选不同公司不同年度的数据；另一方面可以通过页面导航器很方便地从当前页面跳转到其他报表页面，如图 9-28 所示。本节主要对所有报表的表头进行统一设计。

图 9-28　报表页面及表头设计效果

1. "资产负债表分析"页面设置

【实训 9-8】设置"资产负债表分析"页面，并在该页面中设置两个切片器：公司名称切片器和年度切片器。

① 页面设置。在"报表视图"中将"第 1 页"页面名称改为"资产负债表分析"。单击"可视化"窗格中的设置报表页面的格式按钮，单击"画布背景"，选择颜色"白色，10%较深"，设置透明度为 50%。

② 新建公司名称切片器。在"资产负债表分析"页面中插入切片器，设置字段为公司信息表中的"公司名称"列；设置切片器样式为"下拉"；在"常规"格式设置中选择"效果"|"背景"，将颜色设置为"白色，50%较深"，设置"视觉对象边框"为"开"；调整切片器的位置和大小，将其放在页面左上角，如图 9-28 所示。

③ 新建年度切片器。在"资产负债表分析"页面中插入切片器，设置字段为年度表中的"年度"列；设置切片器样式为"磁贴"；在"常规"格式设置中选择"效果"|"背景"，将颜色设置为"白色，50%较深"，设置"视觉对象边框"为"开"；调整切片器的位置和大小，将其放在公司名称切片器的旁边，如图 9-28 所示。

2. 复制报表页面：插入页面导航器

【实训 9-9】复制"资产负债表分析"页面，分别命名为现金流量表分析、利润表分析、财务指标分析、杜邦分析和同业对比分析，并在每个页面中插入页面导航器。

① 复制报表页面。选定"资产负债表分析"页面名称，单击鼠标右键，在弹出的快捷菜单中选择"复制页"，在报表视图中新增加一页"资产负债表分析的副本"，将该页名称改为"现金流量表分析"。同理，继续复制页（4 次），分别将其命名为"利润表分析""财务指标分析""杜邦分析""同业对比分析"，如图 9-29 所示。

图 9-29　复制、重命名报表页面

② 插入页面导航器。分别选择"资产负债表分析""现金流量表分析""利润表分析"等报表页面，执行"插入"|"按钮"|"导航器"|"页面导航器"命令，在"视觉对象"格式设置中将其形状设置为"椭圆"，在"常规"格式设置中选择"效果"|"背景"，将透明度设置为 100%，设置"视觉对象边框"为"开"，如图 9-30 所示；调整页面导航器的位置和大小，将其放在页面右上方。

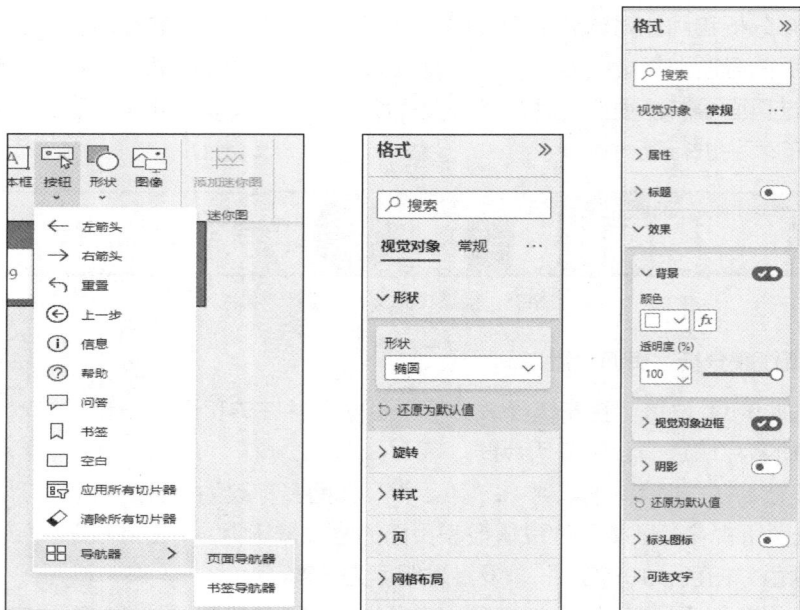

图 9-30　插入、设置页面导航器

三、资产负债表关键指标

在资产负债表分析中，我们经常需要突出显示公司的资产合计、负债合计、所有者权益合计等三个关键数据。

【实训 9-10】进入"资产负债表分析"页面，使用卡片图突出显示资产合计、负债合计、所有者权益合计等三个关键数据。

① 插入卡片图。在报表视图"资产负债表分析"页面中单击"可视化"窗格中的"卡片图"图标，插入一个卡片图可视化对象

② 字段设置。将度量值"资产总计"拖动到"字段"中。

③ 格式设置—常规。选择"效果"|"背景"，将透明度设置为"100%"；设置"视觉对象边框"为"开"。

④ 格式设置—视觉对象。设置"标注值"显示单位为"千"。

⑤ 同理，继续插入"负债合计"和"所有者权益合计"卡片图，并进行格式设置。选择公司名称"光明乳业"，年度选择"2021"，资产负债表关键指标显示如图 9-31 所示。

图 9-31　资产负债表关键指标（卡片图）

四、资产负债表结构分析

资产负债表结构分析是通过计算资产负债表中各项目在总资产或总资本中所占的比重，分析评价企业资产结构和资本结构的合理程度，主要包括资产结构、负债结构和资本结构分析，本节还会针对流动资产结构做进一步分析。

1. 插入环形图

【实训 9-11】进入"资产负债表分析"页面，使用环形图反映流动

资产和非流动资产、流动负债和非流动负债、负债与所有者权益之间的比例关系。

① 插入环形图。单击"可视化"窗格中的"环形图"图标 ◎ ，插入一个"环形图"。

② 字段设置。将度量值"流动资产合计""非流动资产合计"拖动到"值"中。

③ 格式设置—视觉对象。选择"图例"|"选项"，将位置设置为"靠上居中"；选择"详细信息标签"|"选项"，将标签内容设置为"类别，总百分比"，如图 9-32 所示。

④ 格式设置—常规。选择"标题"|"文本"，在文本框中输入"资产结构"；选择"效果"|"背景"，将透明度设置为"100%"；设置"视觉对象边框"为"开"。

⑤ 调整位置和大小。设置完成后的"资产结构"环形图如图 9-33 所示。

图 9-32 设置环形图格式

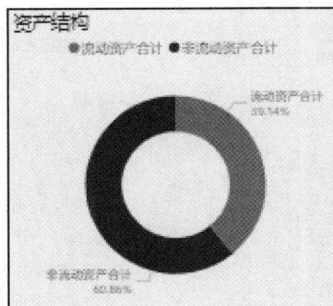

图 9-33 "资产结构"环形图

⑥ 同理，继续绘制"资本结构""负债结构"的环形图，如图 9-34 所示。

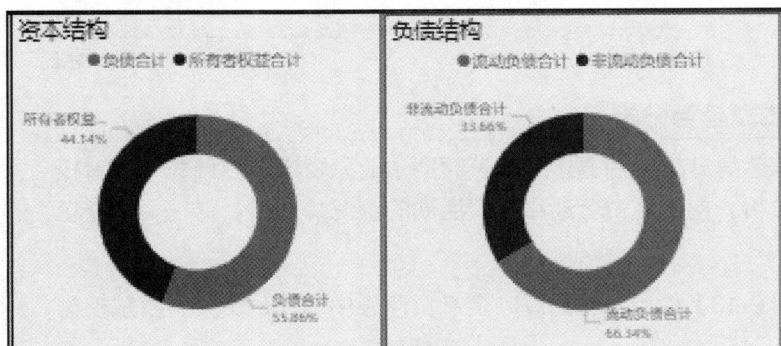

图 9-34 "资本结构""负债结构"环形图

2. 插入饼图

【实训 9-12】使用饼图进一步反映流动资产中货币资金、存货、应收账款占比情况。

① 插入环形图。单击"可视化"窗格中的"饼图"图标 ◔，插入一个饼图。

② 字段设置。将度量值"存货占比""货币资金占比""应收账款占比""其他流动资产占比"拖动到"值"中。

③ 格式设置—视觉对象。选择"图例"|"选项"，将位置设置为"靠上居中"；选择"详细信息标签"|"选项"，将标签内容设置为"类别，数据值"，如图 9-35 所示。

④ 格式设置—常规。选择"标题"|"文本"，在文本框中输入"流动资产占比"；选择"效果"|"背景"，将透明度设置为"100%"；设置"视觉对象边框"为"开"。

⑤ 调整位置和大小。设置完成后的"流动资产占比"饼图如图 9-36 所示。

图 9-35　设置饼图格式

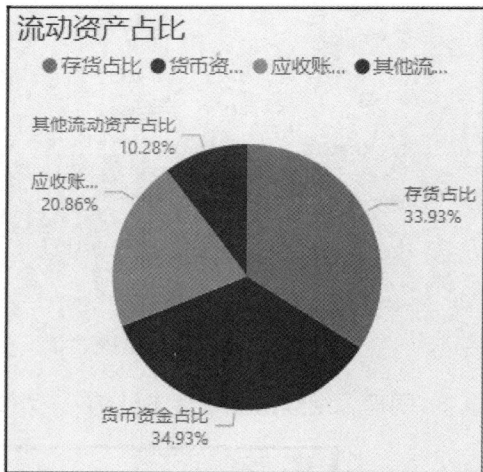

图 9-36　"流动资产占比"饼图

五、资产负债表趋势分析

资产负债表趋势分析就是通过对较长时期企业总资产、负债、所有者权益变化趋势的分析，揭示筹资活动和投资活动的状况、规律及特征，推断企业发展的前景。

【实训 9-13】使用分区图反映资产负债表中资产、负债、股东权益的变动趋势。

① 插入分区图。在报表视图的"资产负债表分析"页面中单击"可视化"窗格中的"分区图"图标▲，在页面中插入一个分区图。

② 字段设置。将年度表中的"年度"列拖动到"X轴"中，将度量值"资产总计""负债合计""所有者权益合计"拖动到"Y轴"中。

③ 格式设置—视觉对象。在"视觉对象"选项卡中选择"Y轴"|"标题"，设置"标题"为"关"。

④ 格式设置—常规。选择"标题"|"文本"，在文本框中输入"资产、负债、股东权益变动趋势"；选择"效果"|"背景"，将透明度设置为"100%"；设置"视觉对象边框"为"开"。

⑤ 调整位置和大小。完成后的"资产、负债、股东权益变化趋势"分区图如图9-37所示。

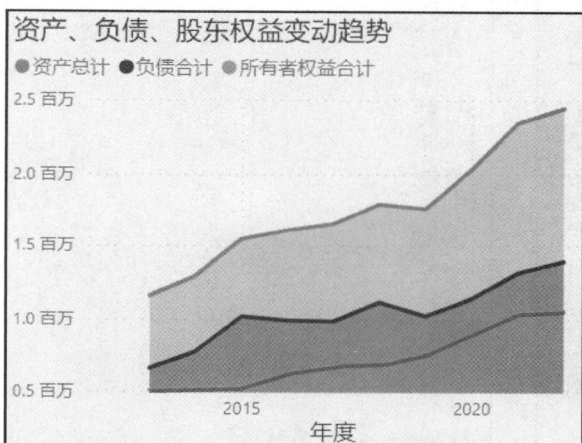

图9-37 "资产、负债、股东权益变动趋势"分区图

⑥ 编辑交互。选中"年度"切片器，执行"格式"|"编辑交互"命令，单击"资产、负债、股东权益变化趋势"分区图右上角的⊘图标，使其变成◍，取消两个视觉对象之间的自动关联。

六、资产负债表项目同比分析

资产负债表项目同比分析是指通过资产负债表各个项目的本年金额与上年金额进行对比，根据增减变化情况来分析变动原因。

【实训9-14】 使用矩阵表反映资产负债表项目同比分析。

① 插入矩阵表。单击"可视化"窗格中的"矩阵表"按钮▦，插入一个矩阵表。

② 字段设置。将"数据"窗格中资产负债表结构中的"项目中类""报表项目"列拖动到"行"中；将度量值"BS当年金额""BS上年金额""BS同比增长率"及资产负债表结构中的"序号"列拖动到"值"中，并将值中的"序号的计数"改成"序号的最小值"（目的是使矩阵表中的项目可以按照序号大小排序），如图9-38所示。

③ 排序设置。将鼠标指针移动到矩阵表中"序号的最小值"名称上，出现"排序"按钮▼，单击该按钮，矩阵表的数据按照"序号"降序排列，继续单击该按钮，此时按钮图标变成▲，矩阵表的数据相应地按照"序号"升序排列。

④ 为"BS 同比增长率"列设置图标。选定矩阵表，在"可视化"窗格中单击"字段设置"按钮▦，选择"BS 同比增长率"值字段右侧的⌄按钮，执行"条件格式"|"图标"命令，打开"图标-BS 同比增长率"对话框，在此对话框中设置条件格式信息，如图 9-39 所示，单击"确定"按钮。

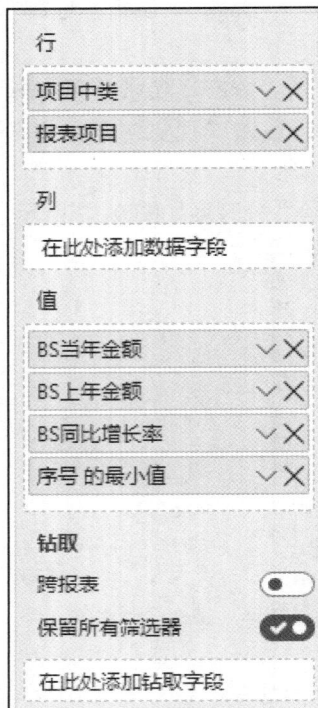

行
项目中类 ⌄ ✕
报表项目 ⌄ ✕
列
在此处添加数据字段
值
BS当年金额 ⌄ ✕
BS上年金额 ⌄ ✕
BS同比增长率 ⌄ ✕
序号 的最小值 ⌄ ✕
钻取
跨报表 ⚪
保留所有筛选器 ✓
在此处添加钻取字段

图 9-38　字段设置

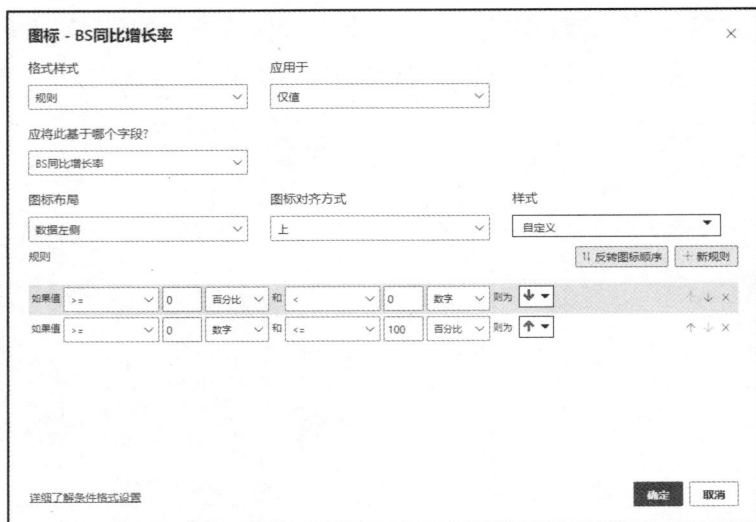

图标 - BS同比增长率　✕

格式样式　　　　　　　　　　应用于
规则　　　　　　　　　　　　仅值

应将此基于哪个字段？
BS同比增长率

图标布局　　　　　图标对齐方式　　　样式
数据左侧　　　　　上　　　　　　　自定义

规则　　　　　　　　　　　　⇅ 反转图标顺序　＋ 新规则

如果值 >= 0 百分比 和 < 0 数字 则为 ↓ ▾
如果值 >= 0 数字 和 <= 100 百分比 则为 ↑ ▾

详细了解条件格式设置　　　　　　　　　　　确定　取消

图 9-39　"图标-BS 同比增长率"对话框

⑤ 格式设置—常规。选择"效果"|"背景"，将透明度设置为"100%"；设置"视觉对象边框"为"开"。

⑥ 调整位置和大小。完成"资产负债表同比分析矩阵表"，如图 9-40 所示。

项目中类	BS当年金额	BS上年金额		BS同比增长率	序号
⊟ **资产**	**7,032,708.85**	**6,089,944.35**		**15.48%**	
货币资金	320,611.33	294,935.12	↑	8.71%	
交易性金融资产	0.00	0.00			
衍生金融资产	43.80	29,361.40	↓	-99.85%	
应收票据					
应收账款	191,427.98	181,545.34	↑	5.44%	
应收款项融资					
预付款项	55,471.69	52,469.14	↑	5.72%	
应收利息					
应收股利					
其他应收款	4,635.10	25,258.16	↓	-81.65%	
买入返售金融资产					
存货	311,451.03	286,233.92	↑	8.81%	
总计	**16,160,109.33**	**13,948,222.48**		**15.86%**	

图 9-40　资产负债表同比分析矩阵表

任务三　现金流量表可视化分析

现金流量表提供了企业经营活动、投资活动、筹资活动的现金流入、现金流出和净现金流量的情况，通过现金流量表分析，我们能够看到企业现金流的主要来源和主要去向，进而了解企业生产经营活动产生现金流量的能力、投资活动的活跃程度，以及筹资活动获得现金的能力。本节主要介绍现金流量表可视化分析的实现过程。现金流量表可视化效果如图 9-41 所示。

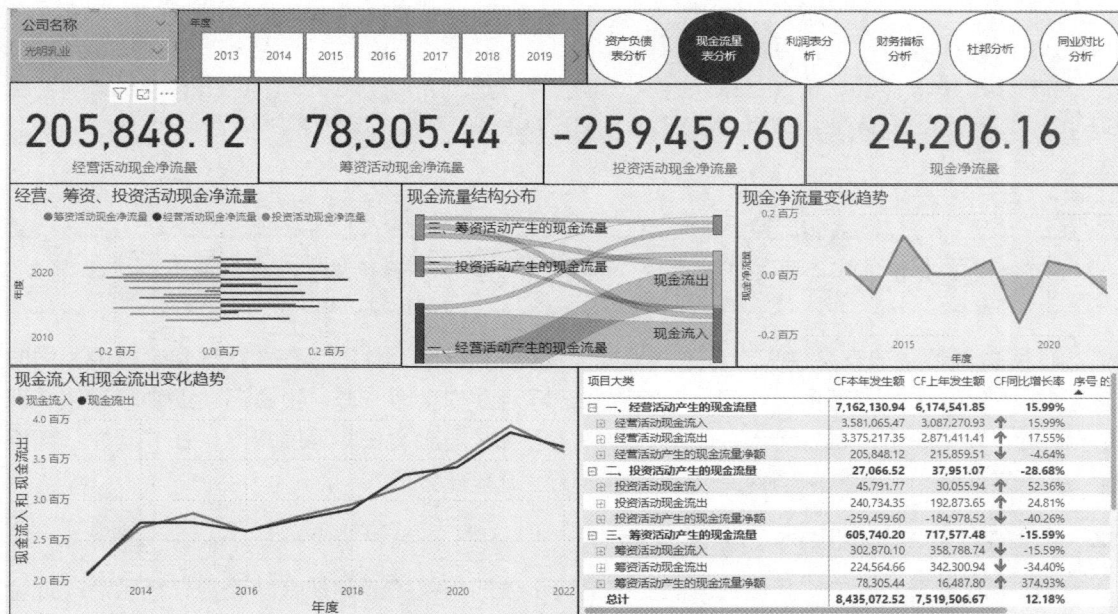

图 9-41　现金流量表可视化效果

一、构建度量值

根据"报表数据"本身的特点和进行现金流量表可视化分析的需要，在 Power BI 中创建 CF 本年发生额、筹资活动现金净流量、经营活动现金净流量、投资活动现金净流量、现金净流量、现金流出、现金流入、CF 上年发生额、CF 同比增长率等度量值用于现金流量表分析。

【操作指导】

① 新建度量值。使用 DAX 函数创建现金流量表分析所需的度量值，创建度量值公式如下：

CF 本年发生额 = CALCULATE (SUM('报表数据'[金额]),'报表数据'[报表类型]="现金流量表")

筹资活动现金净流量 = CALCULATE ([CF 本年发生额] ,FILTER(ALL('现金流量表结构'),'现金流量表结构'[报表项目]="筹资活动产生的现金流量净额"))

经营活动现金净流量 = CALCULATE ([CF 本年发生额] ,FILTER(ALL('现金流量表结构'),'现金流量表结构'[报表项目]="经营活动产生的现金流量净额"))

投资活动现金净流量 = CALCULATE ([CF 本年发生额] ,FILTER(ALL('现金流量表结构'),'现金流量表结构'[报表项目]="投资活动产生的现金流量净额"))

现金净流量 = CALCULATE ([CF 本年发生额] ,FILTER(ALL('现金流量表结构'),'现金流量表结构'[报表项目]="五、现金及现金等价物净增加额"))

现金流出 = CALCULATE([CF 本年发生额],FILTER(ALL('现金流量表结构'),'现金流量表结构'[项目中类]="现金流出"))

现金流入 = CALCULATE([CF 本年发生额],FILTER(ALL('现金流量表结构'),'现金流量表结构'[项目中类]="现金流入"))

CF 上年发生额 =
        VAR LASTYEAR=SELECTEDVALUE('年度表'[年度])-1
        RETURN
            CALCULATE([CF 本年发生额],FILTER(ALL('年度表'),'年度表'[年度]=LASTYEAR))

CF 同比增长率 = IF(SELECTEDVALUE('年度表'[年度])>2013,DIVIDE([CF 本年发生额]-[CF 上年发生额],ABS([CF 上年发生额])),BLANK())

提示

● 新建度量值时，需要将度量值"CF 同比增长率"的数据类型设置为百分比。

② 将度量值存放在文件夹中。进入"模型视图"，按住 Ctrl 键，在"数据"窗格中，同时选取 CF 本年发生额、筹资活动现金净流量、经营活动现金净流量、投资活动现金净流量、现金净流量、现金流出、现金流入、CF 上年发生额、CF 同比增长率等度量值，在"属性"窗格的"显示文件夹"文本框中输入文件夹名称"现金流量表分析"。

二、现金流量表关键指标

在现金流量表分析中，我们经常需要突出显示公司的筹资活动现金净流量、经营活动现金净流量、投资活动现金净流量、现金净流量等关键数据。

【操作指导】

插入卡片图。进入"现金流量表分析"页面，使用卡片图突出显示筹资活动现金净流量、经营活动现金净流量、投资活动现金净流量、现金净流量等关键数据。

三、现金流量表结构分析

现金流量表结构分析是指同一时期现金流量表中不同项目间的比较与分析，分析企业现金流入的主要来源和现金流出的方向，并评价现金流入流出对净现金流量的影响。

【操作指导】

① 插入簇状条形图。进入"现金流量表分析"页面，使用条形图反映近几年筹资活动现金净流量、经营活动现金净流量、投资活动现金净流量构成情况。

② 插入桑基图。使用桑基图反映现金流量结构分布情况。

字段设置：如图 9-42 所示。

筛选器设置：在"筛选器"窗格中单击"项目大类"右侧的展开筛选器卡按钮，在"基本筛选"列表中仅选中"一、经营活动产生的现金流量""二、投资活动产生的现金流量""三、筹资活动产生的现金流量"，如图 9-43 所示。

图 9-42　字段设置

图 9-43　筛选器设置

四、现金流量表趋势分析

现金流量表趋势分析是指通过观察企业连续数期的现金流量状况，考察企业现金流入和现金流出发生了怎样的变化，其变动趋势如何、变动的原因何在，以及这种变动对企业是有利还是不利。趋势分析揭示企业资金的主要来源和使用方向，为预测企业未来财务业绩提供基础。

【操作指导】

① 插入折线图。进入"现金流量表分析"页面，使用折线图反映现金流出和现金流入的变化趋势。"X 轴"设置为年度表中的"年度"列，"Y 轴"设置为度量值"现金流入""现金流出"。

② 插入分区图。使用分区图反映现金净流量的变动趋势。"X 轴"设置为年度表中的"年度"列，"Y 轴"设置为度量值"现金净流量"。

③ 编辑交互。使用编辑交互功能需要取消"年份"切片器与折线图、分区图之间的交互关系。

五、现金流量表项目同比分析

现金流量表项目同比分析是指通过现金流量表各个项目的本年发生额与上年发生额进行对比，根据增减变化情况来分析变动原因。

【操作指导】

① 插入矩阵表。使用矩阵表反映现金流量表项目同比分析。

② 字段设置。行字段设置为现金流量表结构中的"项目大类""项目小类""报表项目"列，"值"字段设置为度量值"CF 本年发生额""CF 上年发生额""CF 同比增长率"及现金流量表结构中的"序号"列。

③ 其他设置可以参考资产负债表项目同比分析矩阵表。

任务四　利润表可视化分析

利润表是反映企业在一定会计期间经营成果的财务报表，它可以全面揭示企业在该期间的收入、费用成本、利润情况。通过分析利润表中企业经营业绩的主要来源和构成，信息使用者可全面了解企业的经营成果，分析企业的获利能力及盈利增长趋势，从而为其做出经济决策提供依据。本任务主要介绍利润表可视化分析的实现过程。利润表可视化效果如图 9-44 所示。

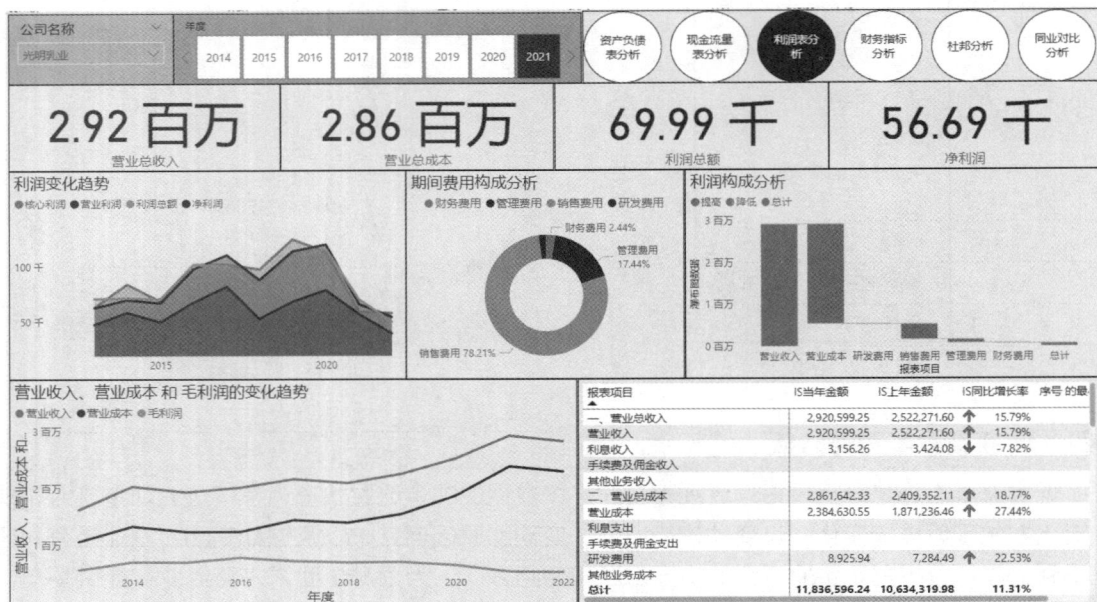

图 9-44　利润表可视化效果

一、构建度量值

根据报表数据本身的特点和进行利润表可视化分析的需要，在 Power BI 中创建 IS 当年金额、营业总收入、营业总成本、营业收入、营业成本、营业利润、利润总额、净利润、销售费用、管理费用、IS 当年金额、IS 同比增长率等度量值用于利润表分析。

【操作指导】

① 新建度量值。使用 DAX 函数创建利润表分析所需的度量值，创建度量值公式如下：

IS 当年金额 = CALCULATE(SUM('报表数据'[金额]),'报表数据'[报表类型]="利润表")

营业总收入 = CALCULATE([IS 当年金额] ,FILTER(ALL('利润表结构'),'利润表结构'[报表项目]="一、营业总收入"))

营业总成本 = CALCULATE([IS 当年金额] ,FILTER(ALL('利润表结构'),'利润表结构'[报表项目]="二、营业总成本"))

营业收入 = CALCULATE([IS 当年金额] ,FILTER(ALL('利润表结构'),'利润表结构'[报表项目]="营业收入"))

营业成本 = CALCULATE([IS 当年金额] ,FILTER(ALL('利润表结构'),'利润表结构'[报表项目]="营业成本"))

营业利润 = CALCULATE([IS 当年金额] ,FILTER(ALL('利润表结构'),'利润表结构'[报表项目]="四、营业利润"))

利润总额 = CALCULATE([IS 当年金额] ,FILTER(ALL('利润表结构'),'利润表结构'[报表项目]="五、利润总额"))

净利润 = CALCULATE([IS 当年金额] ,FILTER(ALL('利润表结构'),'利润表结构'[报表项目]="六、净利润"))

销售费用 = CALCULATE([IS 当年金额] ,FILTER(ALL('利润表结构'),'利润表结构'[报表项目]="销售费用"))

管理费用 = CALCULATE([IS 当年金额] ,FILTER(ALL('利润表结构'),'利润表结构'[报表项目]="管理费用"))

财务费用 = CALCULATE([IS 当年金额] ,FILTER(ALL('利润表结构'),'利润表结构'[报表项目]="财务费用"))

研发费用 = CALCULATE([IS 当年金额] ,FILTER(ALL('利润表结构'),'利润表结构'[报表项目]="研发费用"))

税金及附加 = CALCULATE([IS 当年金额] ,FILTER(ALL('利润表结构'),'利润表结构'[报表项目]="税金及附加"))

毛利润 = [营业收入]-[营业成本]

核心利润 =[毛利润]-[管理费用]-[研发费用]-[销售费用]-[税金及附加] -[财务费用]

瀑布图数据 = SWITCH(SELECTEDVALUE('利润表结构'[报表项目]),
                "营业收入",[营业收入],
              -[IS 当年金额]
)

IS 上年金额 =
        VAR LASTYEAR=SELECTEDVALUE('年度表'[年度])-1
        RETURN
           CALCULATE([IS 当年金额],FILTER(ALL('年度表'),'年度表'[年度]=LASTYEAR))

IS 同比增长率 = IF(SELECTEDVALUE('年度表'[年度])>2013, DIVIDE([IS 当年金额]-[IS 上年金额],ABS([IS 上年金额])),BLANK())

提示

● 新建度量值时，需要将度量值"IS 同比增长率"的数据类型设置为百分比。

② 将新建的度量值存放在"利润表分析"文件夹中。

二、利润表关键指标

在利润表分析中，我们经常需要突出显示公司的营业总收入、营业总成本、利润总额、净利润等关键数据。

【操作指导】

插入卡片图。进入"利润表分析"页面，使用卡片图突出显示营业总收入、营业总成本、利润总额、净利润等关键数据。

三、利润表结构分析

利润表结构分析是指对利润表中各个项目的构成情况进行分析，揭示企业营业利润、利润总额及净利润水平，分析企业盈利的稳定性和持续性。

【操作指导】

① 插入瀑布图。进入"利润表分析"页面，使用瀑布图反映企业利润的主要构成情况。

字段设置：类别设置为"报表项目"，Y 轴设置为度量值"瀑布图数据"。

筛选器设置：在"筛选器"窗格中单击"报表项目"右侧的"展开筛选器卡"按钮 ，在基本筛选列表中仅选中"营业收入""营业成本""管理费用""销售费用""研发费用"和"财务费用"。

② 插入环形图。使用环形图反映期间费用的构成比例关系，将"值"设置为度量值"销售费用""管理费用""研发费用""财务费用"。

四、利润表趋势分析

利润表的趋势分析实质上是采用趋势分析法，从利润的形成角度，反映形成利润的各要素的变动情况，揭示企业在利润形成过程中的管理业绩及存在的问题。

【操作指导】

① 插入分区图。使用分区图反映核心利润、营业利润、利润总额、净利润的变动趋势。将"X 轴"设置为年度表中的"年度"列，将"Y 轴"设置为度量值"核心利润""营业利润""利润总额""净利润"。

② 插入折线图。使用折线图反映营业收入、营业成本和毛利润的变化趋势。

> **提示**
>
> ● 在"利润表分析"页面中需要取消"年度"切片器与分区图、折线图之间的交互关系。

五、利润表项目同比分析

利润表项目同比分析是指通过利润表各个项目的本年金额与上年金额进行对比，根据增减变化情况来分析变动原因。

【操作指导】

① 插入矩阵表。使用矩阵表反映利润表项目同比分析。

② 字段设置。行字段设置为利润表结构中的"项目小类""报表项目"列，"值"字段设置为度量值"IS 当年金额""IS 上年金额""IS 同比增长率"及利润表结构中的"序号"列。

③ 其他设置可以参考资产负债表项目同比分析矩阵表。

任务五 财务指标可视化分析

财务指标分析是指总结和评价企业财务状况与经营成果的分析指标，包括偿债能力分析、营运能力分析、盈利能力分析和发展能力分析。本任务主要介绍财务指标可视化分析的实现过程。财务指标可视化效果如图 9-45 所示。

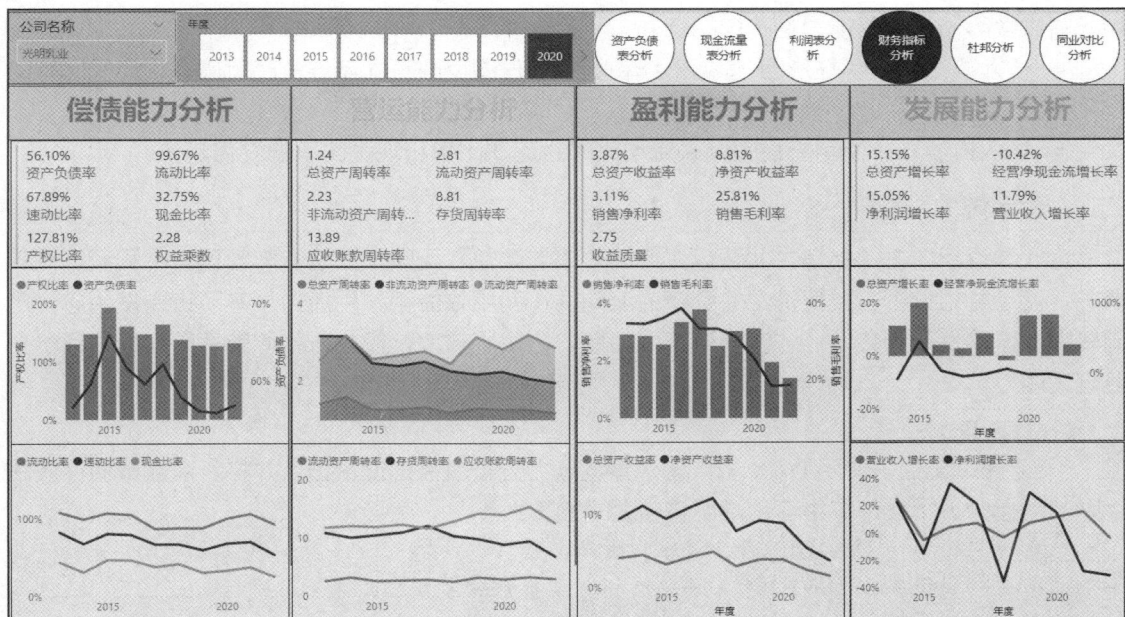

图 9-45　财务指标可视化效果

一、偿债能力分析

　　企业偿债能力对企业管理者、投资者、债权人等至关重要，是企业生存和发展的基本前提。偿债能力分析是指企业对其到期债务清偿的能力和现金的保障程度进行分析。本节主要使用资产负债率、流动比率、速动比率、现金比率、产权比率和权益乘数等指标来衡量企业偿债能力。

【操作指导】

　　① 新建度量值。使用 DAX 函数创建偿债能力分析所需的度量值，并将新建度量值存放在"财务指标分析"文件夹中。度量值公式如下：

　　资产负债率 = DIVIDE([负债合计],[资产总计])

　　流动比率 = DIVIDE([流动资产合计] ,[流动负债合计])

　　速动比率 = DIVIDE([流动资产合计] -[存货],[流动负债合计])

　　现金比率 = DIVIDE([货币资金],[流动负债合计])

　　产权比率 = DIVIDE([负债合计],[所有者权益合计])

　　权益乘数 = DIVIDE([资产总计],[所有者权益合计])

🔍　提示

　　● 新建度量值时，需要将度量值"资产负债率""产权比率"的数据类型设置为百分比。

　　② 插入文本框。在"财务指标分析"页面中使用"文本框"设置"偿债能力分析""营运能力分析""盈利能力分析""发展能力分析"主题，并设置文本框格式。

　　③ 插入多行卡。使用多行卡展现资产负债率、流动比率、速动比率、现金比率、产权比率

和权益乘数等衡量偿债能力的关键指标。

④ 插入折线和簇状柱形图。使用折线和簇状柱形图反映不同年份资产负债率和产权比率的变化情况。

⑤ 插入折线图。使用折线图反映流动比率、速动比率和现金比率的变化趋势。

二、营运能力分析

企业营运能力主要是指企业营运资产的效率与效益，反映企业的资产管理水平和资产周转情况，营运能力分析主要评价企业资产的流动性、利用效益和利用潜力，本节主要使用总资产周转率、流动资产周转率、非流动资产周转率、存货周转率、应收账款周转率等指标来评价企业营运能力。

【操作指导】

① 新建度量值。使用 DAX 函数创建营运能力分析所需的度量值，并将新建度量值存放在"财务指标分析"文件夹中。创建度量值公式如下：

总资产周转率 = DIVIDE([营业收入],[资产总计])

流动资产周转率 = DIVIDE([营业收入],[流动资产合计])

非流动资产周转率 = DIVIDE([营业收入],[非流动资产合计])

存货周转率 = DIVIDE([营业收入],[存货])

应收账款周转率 = DIVIDE([营业收入],[应收账款])

提示

● 营运能力指标中涉及的资产、存货、应收账款平均数均使用当年金额代替。

② 插入多行卡。使用多行卡展现总资产周转率、流动资产周转率、非流动资产周转率、存货周转率、应收账款周转率等衡量营运能力的关键指标。

③ 插入分区图。插入分区图反映不同年份总资产周转率、流动资产周转率和非流动资产周转率的变化情况。

④ 插入折线图。使用折线图反映流动资产周转率、存货周转率和应收账款周转率的变化趋势。

三、盈利能力分析

盈利能力是指企业一定时期内获取利润的能力，是通过将利润与一定的资源投入或一定的收入相比较而获得的。企业经营业绩的好坏最终可以通过企业盈利能力来反映。盈利能力分析是企业财务分析的重点。本节主要使用总资产收益率、净资产收益率、销售净利率、销售毛利率和收益质量等指标来衡量企业盈利能力。

【操作指导】

① 新建度量值。使用 DAX 函数创建盈利能力分析所需的度量值，并将新建度量值存放在"财务指标分析"文件夹中。创建度量值公式如下：

总资产收益率 = DIVIDE([净利润],[资产总计])

净资产收益率 = DIVIDE([净利润],[所有者权益合计])

销售净利率 = DIVIDE([净利润],[营业收入])

销售毛利率 = DIVIDE([毛利润],[营业收入])

收益质量 = DIVIDE([经营活动现金净流量],[净利润])

提示

● 新建度量值时，需要将度量值"总资产收益率""净资产收益率""销售净利率""销售毛利率"的数据类型设置为百分比。

② 插入多行卡。绘制多行卡展现总资产收益率、净资产收益率、销售净利率、销售毛利率和收益质量等衡量盈利能力的关键指标。

③ 插入折线和簇状柱形图。使用折线和簇状柱形图反映不同年份销售净利率和销售毛利率的变化情况。

④ 插入折线图。使用折线图反映总资产收益率、净资产收益率的变化趋势。

四、发展能力分析

发展能力也称为成长能力，通常是指企业未来生产经营活动的发展趋势和发展潜能。从财务角度看，发展能力是提高企业盈利能力最重要的前提，也是实现企业价值最大化的基本保证。本节主要使用总资产增长率、经营净现金流增长率、净利润增长率、营业收入增长率等指标来衡量企业发展能力。

【操作指导】

① 新建度量值。使用 DAX 函数创建盈利能力分析所需的度量值，并将新建度量值存放在"财务指标分析"文件夹中。创建度量值公式如下：

上年总资产 =
    VAR   LASTYEAR=SELECTEDVALUE('年度表'[年度])−1
    RETURN
        CALCULATE([资产总计],FILTER(ALL('年度表'),'年度表'[年度]=LASTYEAR))

上年经营净现金流量 =
    VAR   LASTYEAR=SELECTEDVALUE('年度表'[年度])−1
    RETURN
        CALCULATE([经营活动现金净流量],FILTER(ALL('年度表'),'年度表'[年度]=LASTYEAR))

上年净利润 =
    VAR LASTYEAR=SELECTEDVALUE('年度表'[年度])−1
    RETURN
        CALCULATE([净利润],FILTER(ALL('年度表'),'年度表'[年度]=LASTYEAR))

上年营业收入 =
    VAR   LASTYEAR=SELECTEDVALUE('年度表'[年度])−1
    RETURN
        CALCULATE([营业收入],FILTER(ALL('年度表'),'年度表'[年度]=LASTYEAR))

总资产增长率 = IF(SELECTEDVALUE('年度表'[年度])>2013, DIVIDE([资产总计]−[上年总资产],ABS([上年总资产])),BLANK())

经营净现金流增长率 = IF(SELECTEDVALUE('年度表'[年度])>2013, DIVIDE([经营活动现金净流量]−[上年经营净现金流量],ABS([上年经营净现金流量])),BLANK())

净利润增长率 = IF(SELECTEDVALUE('年度表'[年度])>2013,DIVIDE([净利润]-[上年净利润],ABS([上年净利润])),BLANK())

营业收入增长率 = IF(SELECTEDVALUE('年度表'[年度])>2013,DIVIDE([营业收入]-[上年营业收入],ABS([上年营业收入])),BLANK())

> **提示**
> ● 新建度量值时，需要将度量值"总资产增长率""经营净现金流增长率""净利润增长率""营业收入增长率"的数据类型设置为百分比。

② 插入多行卡。使用多行卡展现总资产增长率、经营净现金流增长率、净利润增长率、营业收入增长率等衡量发展能力的关键指标。

③ 插入折线和簇状柱形图。使用折线和簇状柱形图反映不同年份总资产增长率、经营净现金流增长率的变化情况。

④ 插入折线图。使用折线图反映净利润增长率、营业收入增长率的变化趋势。

> **提示**
> ● 在"财务指标分析"页面中需要取消"年度"切片器与所有变动趋势图表之间的交互关系。

任务六　杜邦分析

杜邦分析法（DuPont Analysis）利用几种主要的财务比率之间的关系来综合分析企业的财务状况。具体来说，它是一种用来评价企业盈利能力和股东权益回报水平，从财务角度评价企业绩效的一种经典方法。其基本思想是将企业净资产收益率逐级分解为多项财务比率乘积，这样有助于深入分析比较企业经营业绩。由于这种分析方法最早由美国杜邦公司使用，故得名杜邦分析法。本节主要介绍杜邦分析可视化的实现过程。杜邦分析可视化效果如图 9-46 所示。

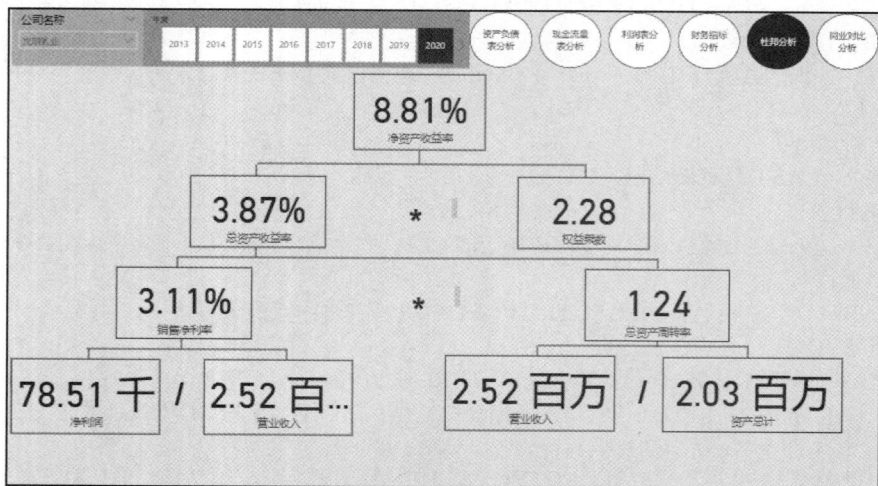

图 9-46　杜邦分析可视化效果

【操作指导】

① 插入卡片图。进入"杜邦分析"页面，使用卡片图分别显示净资产收益率、总资产收益率、权益乘数、销售净利率、总资产周转率等指标数据。

② 插入直线。使用直线连接各个卡片图。注意"竖线"线条格式设置是通过在"格式"窗格中执行"形状"|"旋转"命令，将"所有（°）"设置为"90"度来完成的。

③ 插入文本框。使用文本框存放乘法、除法符号。

任务七　同业对比可视化分析

本任务主要对光明乳业（600597）、三元股份（600429）、新希望（000876）、燕塘乳业（002732）、西部牧业（300106）、维维股份（600300）、妙可蓝多（600882）、伊利股份（600887）等八家乳制品上市公司的财务数据进行同业对比分析。同业对比可视化分析效果如图 9-47 所示。

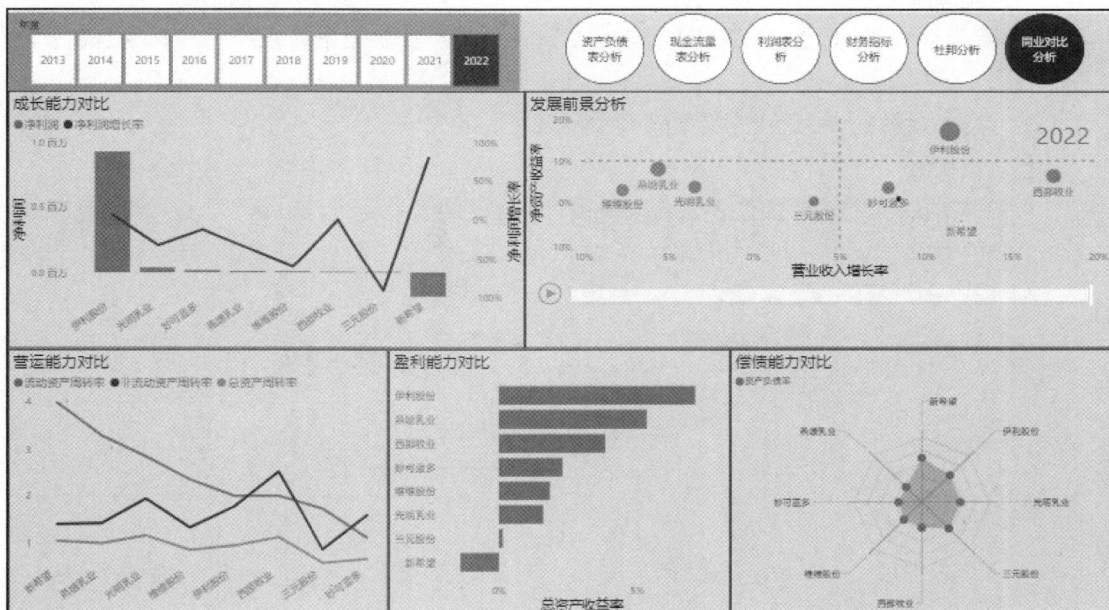

图 9-47　同业对比可视化分析效果

【操作指导】

① 插入折线和簇状柱形图。在"同业对比分析"页面中插入折线和簇状柱形图，使用净利润和净利润增长率两个指标反映不同公司各个年度成长能力对比情况。

② 插入折线图。使用流动资产周转率、非流动资产周转率和总资产周转率三个指标反映不同公司各个年度的营运能力对比情况。

③ 插入条形图。使用总资产收益率反映几家公司不同年度盈利能力对比情况。

④ 插入雷达图。使用资产负债率反映几家公司不同年度偿债能力对比情况，将"类别"设置为公司信息表中的"公司名称"列，将"Y 轴"设置为度量值"资产负债率"。

⑤ 插入散点图。从营业收入增长率和净资产收益率两个维度对这 8 家公司 2022 年度的发展前景进行分析。

字段设置："X 轴"设置为度量值"营业收入增长率"，"Y 轴"设置为度量值"净资产收益率"，"图例"设置为公司信息表中的"公司名称"，"播放轴"设置为年度表中的"年度"列，"大小"设置为度量值"净资产收益率"。

格式设置：在"视觉对象"选项下选择"Y 轴"|"范围"，修改 Y 轴刻度范围，将最大值设置为"0.3"，将最小值设置为"-0.1"。

分析设置：执行"X 轴恒线"|"添加行"命令，设定"直线"的值为 0.05，为 X 轴设置一条恒线；同理，执行"Y 轴恒线"|"添加行"命令，设定"直线"的值为 0.1，为 Y 轴设置一条恒线。

通关测试

一、判断题

1. 使用合并查询功能可以将利润表、资产负债表、现金流量表合并为一个数据表。（　　）

2. 数据建模时一般只建立维度表和事实表之间的关联。（　　）

二、单选题

1. 在本项目案例资产负债表分析表头设计中，使用了（　　）实现不同表页间的跳转。

    A. 切片器　　　　　B. 按钮　　　　　C. 书签　　　　　D. 导航器

2. 以下图形称为（　　）。

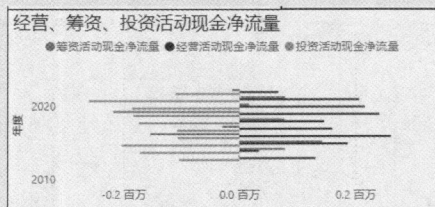

    A. 条形图　　　　　B. 簇状条形图　　　　　C. 柱形图　　　　　D. 簇状柱形图

三、多选题

1. 在本项目案例数据建模中，以下哪些表之间应建立联系？（　　）

    A. 年度表与报表数据　　　　　　　　B. 公司信息表与资产负债表结构

    C. 资产负债表结构与报表数据　　　　D. 资产负债表结构与利润表数据

2. 以下哪种图形为分区图？（　　）

A. 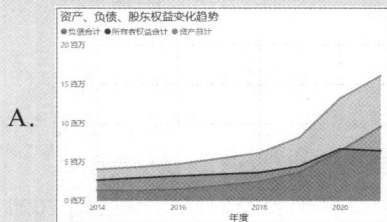　　　　　B.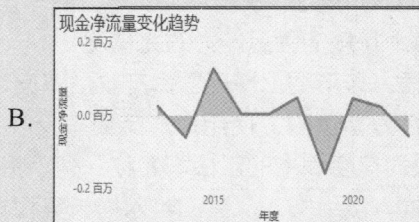

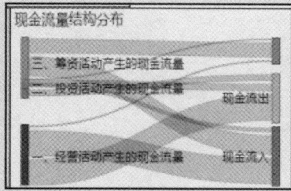

C.

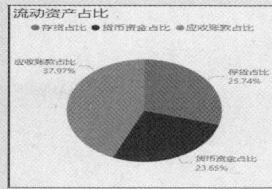

D.

四、实训题

1. 根据任务三中的【操作指导】，在 Power BI 中完成现金流量表可视化分析与设计。
2. 根据任务四中的【操作指导】，在 Power BI 中完成利润表可视化分析与设计。
3. 根据任务五中的【操作指导】，在 Power BI 中完成财务指标可视化分析与设计。
4. 根据任务六中的【操作指导】，在 Power BI 中完成杜邦分析可视化设计。
5. 根据任务七中的【操作指导】，在 Power BI 中完成同业对比可视化分析与设计。

项目十

应收账款数据可视化分析

📖 知识目标

1. 了解应收账款数据获取与整理的内容。
2. 了解应收账款数据建模思路及过程。
3. 熟悉如何在 Power BI 中进行应收账款数据可视化分析与设计。

📚 技能目标

1. 学会应收账款数据的获取、整理、建模。
2. 学会根据"应收账款数据"本身的特点创建并应用度量值。
3. 学会根据分析的需要选取不同视觉对象，并对其进行字段设置、格式设置。
4. 学会报表页面设计，完成应收账款整体可视化分析和应收账款绩效可视化分析。

🔷 素养目标

1. 了解财务数据来源及财务数据规范化处理方法。
2. 掌握财务数据可视化综合分析的全过程。

诚信

一、数据来源

××商贸有限公司（后称××商贸）应收账款分析数据主要来自于销售数据台账和绩效方案，销售数据台账中的"销售数据"为核心数据源，销售数据台账表中的"分公司""员工""客户"，以及绩效方案为数据分析的主要维度和参数。通过对××商贸的应收账款进行分析，直观展示公司各期间应收账款情况、应收账款账龄分布、各客户应收账款情况，以及根据公司绩效方案，展示各分公司及各员工绩效结果。

应收账款数据可视化分析案例数据来源于××商贸销售数据台账和绩效方案，本案例选取2020—2023 年销售数据台账（单位为元）。本项目所需源数据均保存在"源文件"｜"项目十"文件夹中。

二、获取并整理数据

1. 获取数据

✎【实训 10-1】从 Excel 工作簿中获取"销售数据台账"和"绩效方案"的数据。

① 获取"销售数据台账.xlsx"中的数据。打开 Power BI Desktop，执行"主页"｜"获取数据"｜"Excel 工作簿"命令，设置"销售数据台账.xlsx"文件路径后，打开"导航器"对话框，如图 10-1 所示，在左侧的"显示选项"下选中"分公司""客户""销售数据""员工"四个工作表，单击"转换数据"按钮，打开 Power Query 编辑器。

实训 10-1

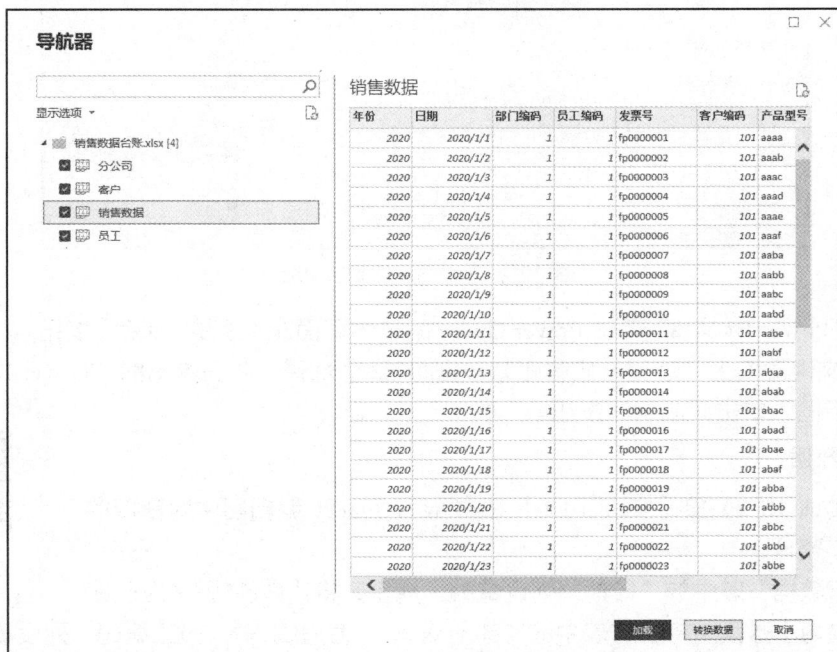

图 10-1　获取"销售数据台账.xlsx"中的数据

② 获取"绩效方案.xlsx"中的数据。在 Power Query 编辑器中执行"主页"|"新建源"|"Excel 工作簿"命令，设置"绩效方案.xlsx"文件路径后，打开"导航器"对话框，如图 10-2 所示，在左侧的"显示选项"下选中"应收账款绩效方案"工作表，单击"确定"按钮。

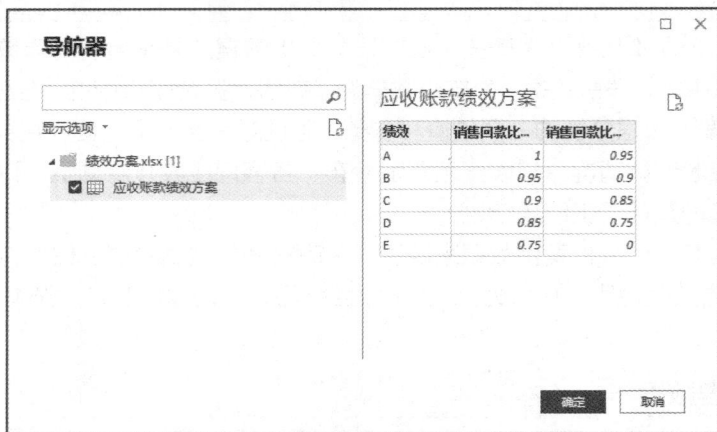

图 10-2　获取"绩效方案.xslx"中的数据

③ 在 Power Query 编辑器界面左侧的"查询"窗格中，可以查看导入 Power BI 的"分公司""客户""销售数据""员工""应收账款绩效方案"等表格信息，如图 10-3 所示。

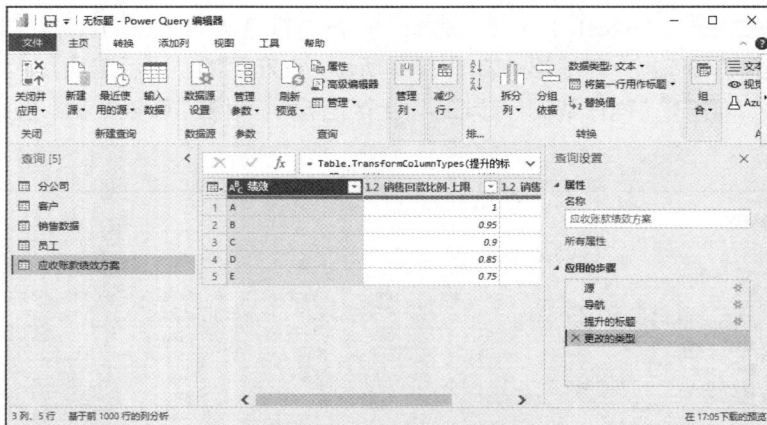

图 10-3　加载完成的表格数据

④ 保存 Power BI 文件。单击 Power Query 编辑器界面左上侧的"保存"按钮，保存 Power BI 文件，将文件命名为"项目十应收账款数据可视化分析"，并在弹出的"Power BI Desktop"应用更改提示框中单击"应用"按钮。

2. 整理数据

【实训 10-2】接【实训 10-1】，在 Power Query 编辑器中对获取的数据进行初步整理。

将"销售数据"表中的"日期"列设置为日期型，将"销售额""应收账款"两列修改为小数型，将所有表中的"部门编码""客户编码""员工编码"列设置为文本型。数据类型修改后的"销售数据"表如图 10-4 所示。

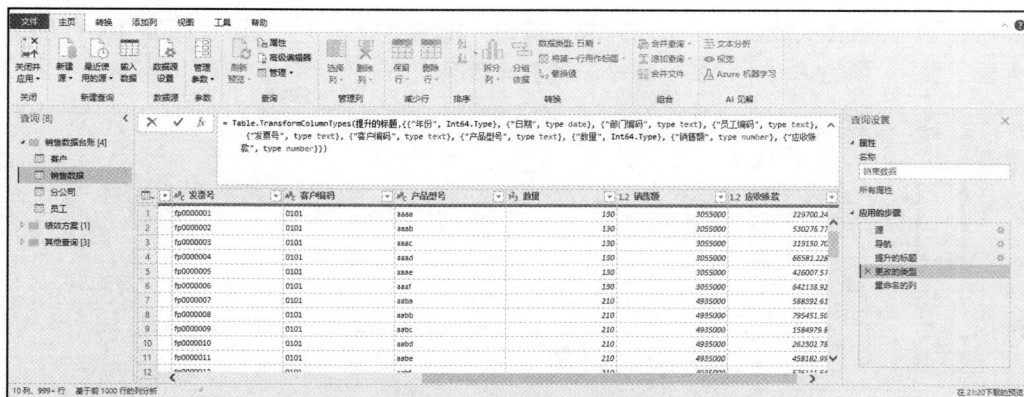

图 10-4　修改"销售数据"表的数据类型

三、数据建模

为了满足数据建模的需求，本案例中需要增加日期表和账龄排序表：日期表用于按照不同日期维度进行数据分析；账龄排序表便于按照一定顺序展示账龄数据。

1. 构建维度表：日期表

【实训 10-3】在 Power Query 编辑器中使用 M 语言建立日期表（2020.1.1—2023.12.31），并在 Power BI Desktop 中使用"新建列"功能增加"季度""年份"两列数据。

实训 10-3

① 使用 M 语言建立日期表。打开 Power Query 查询器，执行"主页"|"新建源"|"空查询"命令，然后单击"高级编辑器"按钮，在打开的"高级编辑器"对话框中输入日期表代码，如图 10-5 所示。

```
let
开始日期=#date(2020,1,1),
结束日期=#date(2023,12,31),
日期表={Number.From(开始日期)..Number.From(结束日期)}
in
日期表
```

图 10-5　使用 M 语言建立日期表

② 将日期列表转换成表。单击"完成"按钮，生成"查询 1"列表，如图 10-6 所示，执行"列表工具"|"转换"|"到表"命令，将查询转换成表。

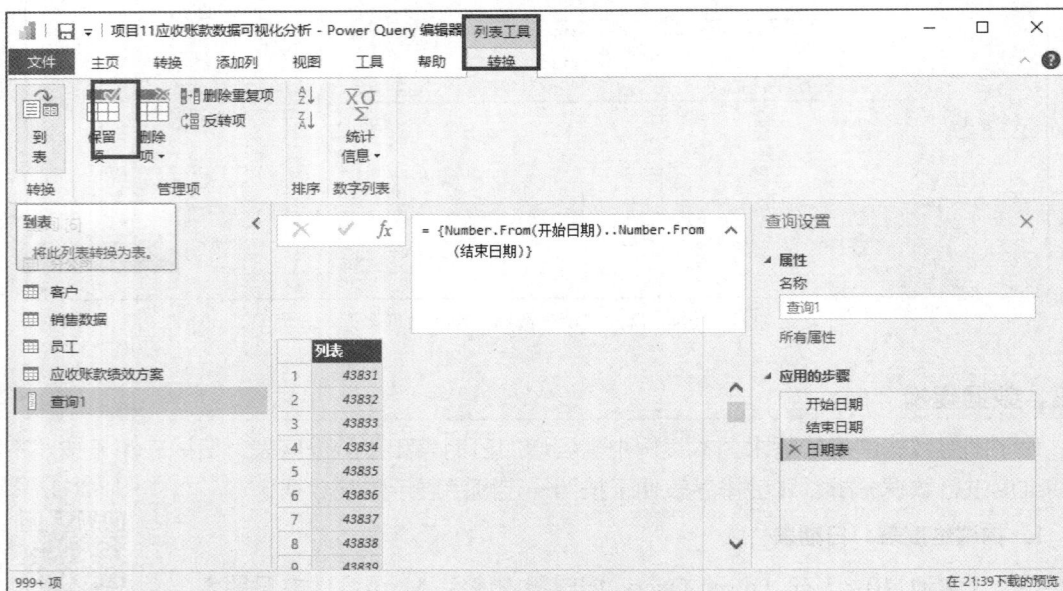

图 10-6 将日期列表转换成表

③ 修改表名、列名。将生成的"查询 1"表名改为"日期表"，将列名修改为"日期"，修改该列的数据类型为日期型，生成"2020.1.1—2023.12.31"期间的日期表。

④ 关闭并应用。执行"文件"|"关闭并应用"命令，返回 Power BI Desktop 界面。

⑤ 新建列：季度、年份。在"表格视图"中选中"日期表"，分别执行"表工具"|"新建列"命令，输入"季度 = "Q"&QUARTER([日期])"，建立"季度"列；输入"年份 = YEAR([日期])"，建立"年份"列，生成的日期表如图 10-7 所示。

图 10-7 整理后的日期表

2. 新建辅助表：账龄排序表

【实训 10-4】建立账龄排序表。

① 输入数据。打开 Power BI Desktop，执行"主页"|"输入数据"命令，在打开的"创建表"对话框中输入"账龄"和"排序"两列数据，如图 10-8 所示，修改表名称为"账龄排序表"，单击"加载"按钮。

实训 10-4

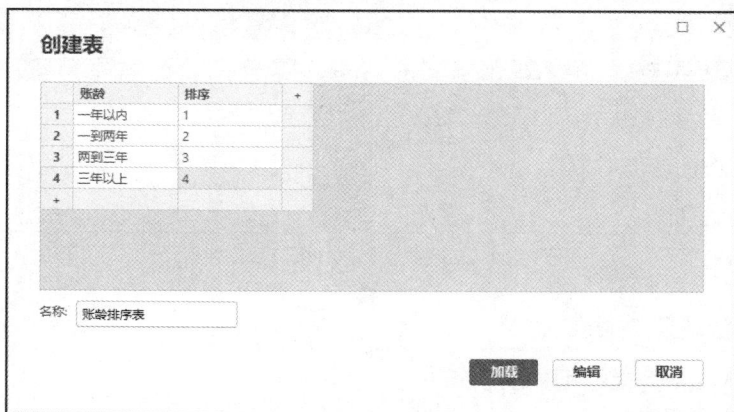

图 10-8 建立账龄排序表

② 按列排序。在"表格视图"中选中账龄排序表中的"账龄"列，执行"列工具"|"按列排序"|"排序"命令，效果如图 10-9 所示。

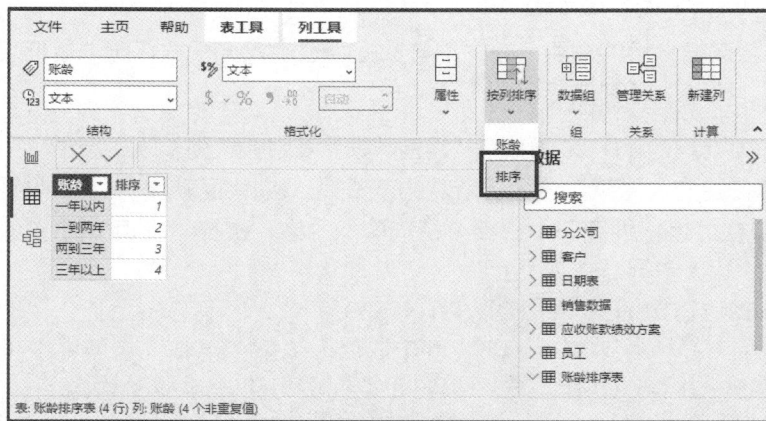

图 10-9 按列排序

任务二 应收账款整体分析

应收账款是伴随企业的销售行为发生而形成的一项债权，通过对应收账款的分析，一方面需要判断各期间销售策略的变化对应收账款的影响，另一方面需要通过公司各客户应收账款情况，以及对应的坏账准备计提情况，为次年制定客户策略提供依据。本任务主要介绍应收账款整体分析可视化分析的实现过程。应收账款整体分析可视化效果如图 10-10 所示。

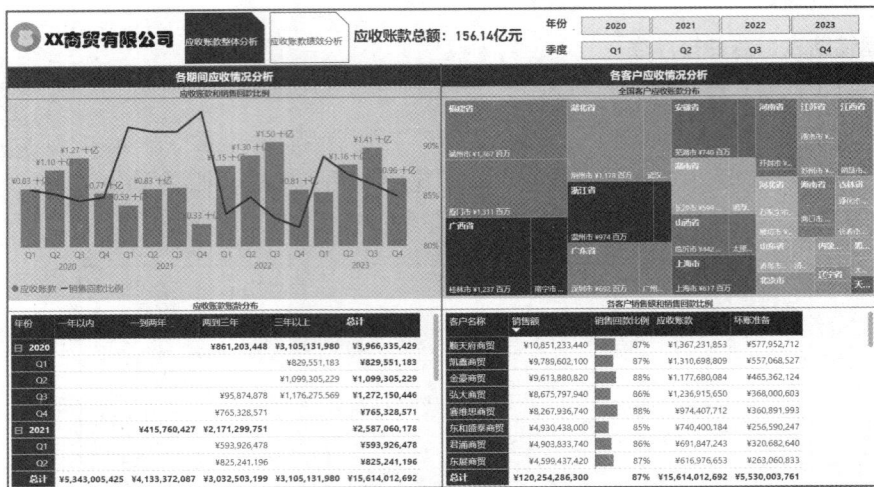

图 10-10　应收账款整体分析可视化效果

一、新建列与新建度量值

××商贸坏账准备计提的相关规定如下。

半年内：不计提坏账；

半年～一年：计提 5%；

一年～两年：计提 20%；

两年～三年：计提 50%；

超过三年：计提 100%。

根据应收账款数据分析的需要，在"销售数据"表中需要根据坏账准备信息计算"账龄天数""坏账准备""账龄"等列值。

【实训 10-5】使用 DAX 函数在"销售数据"表中新建列："账龄天数""坏账准备""账龄"，并根据需要创建应收账款整体分析所需的度量值："销售回款比例""应收账款—标题栏"。

① 新建列。在"表格视图"中选择"销售数据"表，执行"主页"|"新建列"命令，在公式编辑栏中依次输入下列新建列公式：

账龄天数 = DATEDIFF([日期],TODAY(),DAY)

坏账准备 = IF([账龄天数]<=180,0,IF([账龄天数]<=360,[应收账款]×0.05,IF([账龄天数]<=720,[应收账款]×0.2,IF([账龄天数]<=1080,[应收账款]×0.5,[应收账款]))))

账龄 = IF([账龄天数]<=360,"一年以内",IF([账龄天数]<=720,"一到两年",IF([账龄天数]<=1080,"两到三年","三年以上")))

> **提示**
>
> ● 新建"账龄"列值需要和账龄排序表保持一致。

② 新建度量值。在"表格视图"中选择"销售数据"表，执行"主页"|"新建度量值"命令，在公式编辑栏中依次输入下列创建度量值公式。

销售回款比例 = DIVIDE((SUM('销售数据'[销售额])-SUM('销售数据'[应收账款])),SUM('销

售数据'[销售额]))

应收账款-标题栏 ＝"应收账款总额："&ROUND(SUM('销售数据'[应收账款])/100000000, 2)&"亿元"

> **提示**
>
> ● 新建"销售回款比例"度量值时，需要将数据类型设置为百分比。

二、数据建模

数据建模就是在事实表与维度表之间建立关联，本案例是在"销售数据"表与"分公司""客户""员工""日期表""账龄排序表"间建立关系。对应收账款绩效方案表无须建立关系。在模型视图中建立维度表与事实表之间关联，如图 10-11 所示。

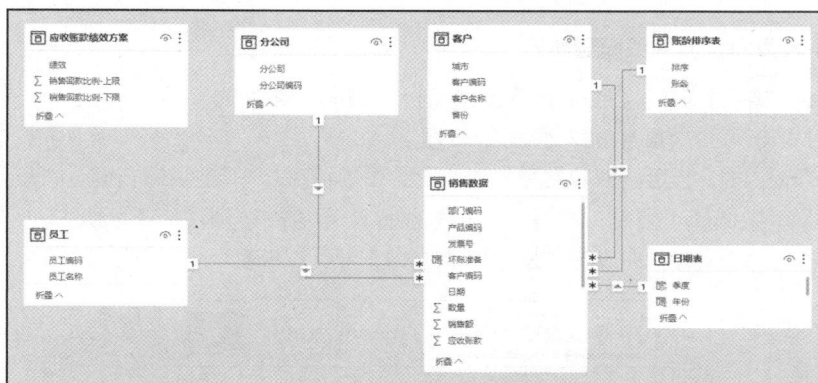

图 10-11　数据建模

> **提示**
>
> ● 只保留图 10-10 所示数据模型中的关系线，其他不必要的关系均删除。

三、报表页面及表头设计

应收账款数据可视化分析包括应收账款整体分析和应收账款绩效分析，两个报表表头部分由公司 Logo、页面导航器、核心指标结果、切片器组成，通过公司 Logo、核心指标结果直观反映报表关键信息。页面导航器一方面实现页面间快速跳转，另一方面起到报表标题的作用，展示报表主要内容。切片器实现页面内不同维度筛选。报表页面及表头设计效果如图 10-12 所示。

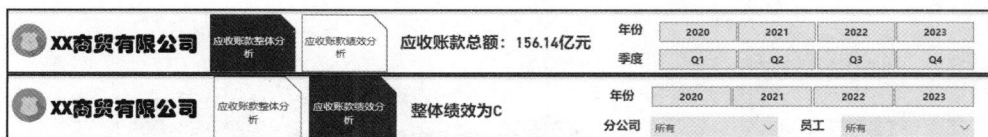

图 10-12　报表页面及表头设计效果

本节仅对公司 Logo、页面导航器、切片器进行统一设计，核心指标结果将在下一节说明。

1."应收账款整体分析"页面设置

【实训 10-6】 设置"应收账款整体分析"页面。

① 新建公司 Logo。在"报表视图"中修改"第 1 页"页面名称为"应收账款整体分析"，并执行"插入"|"图像"命令，插入公司 Logo。

② 新建年度和季度切片器。在"应收账款整体分析"页面中分别插入切片器，字段设置为日期表中的"年份""季度"列；切片器样式设置为"磁贴"；切片器标头"关"，"视觉对象"格式设置"值"字体颜色为深蓝色，字号为 10，"背景"为灰色。

③ 插入文本框。分别执行"插入"|"文本框"命令，输入"年份""季度"文字，字号为 12，字体颜色为深蓝色。调整文本框和切片器的位置和大小，将其放在标题栏最右侧，如图 10-13 所示。

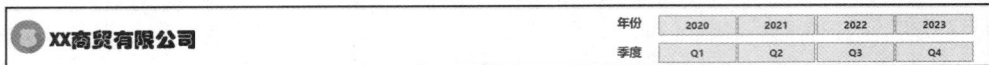

图 10-13　应收账款整体分析表头设计效果

2．复制报表页面：插入页面导航器

【实训 10-7】 复制"应收账款整体分析"页面，命名为"应收账款绩效分析"，分别在每个页面中插入页面导航器。

① 复制报表页面。选定"应收账款整体分析"页面名称，单击鼠标右键，在弹出的快捷菜单中选择"复制"命令，在报表视图中新增加一页"应收账款整体分析的副本"，将该页名称改为"应收账款绩效分析"，如图 10-14 所示。

图 10-14　复制、重命名报表页面

② 插入页面导航器。选择"应收账款整体分析"报表页面，执行"插入"|"按钮"|"导航器"|"页面导航器"命令；在"视觉对象"格式设置中将其形状设置为"剪裁选项卡，右上角"；调整页面导航器的位置和大小，将其放在公司 Logo 右侧，如图 10-15 所示。使用时，按住 Ctrl 键的同时，单击导航页选项，即可实现页面的快速切换。

图 10-15　插入、设置页面导航器

四、应收账款整体分析关键指标

应收账款整体分析中需要突出应收账款总额数据指标。

【实训 10-8】插入卡片图，突出显示应收账款总额。

① 插入卡片图。在"应收账款整体分析"页面中插入"卡片图"视觉对象。

② 字段与格式设置。在"可视化"窗格字段选择"应收账款—标题栏"度量值，在"视觉对象"格式设置中，将"标注值"中"值"的字体设为 16号，加粗，取消勾选"类别标签"。

③ 调整位置和大小，放在标题栏页面导航器右侧。完成后的关键指标如图 10-16 所示。

图 10-16　应收账款整体分析关键指标（卡片图）

五、应收账款整体分析：时间维度

在应收账款整体分析中，需要按照时间维度分析应收账款变化和应收账款的账龄分布情况，分析各期间公司战略和销售策略的变化对应收账款的影响。

1. 页面布局框架

【实训 10-9】页面布局框架设置：在"应收账款整体分析"页面中插入直线，对页面进行分区，并设置"各期间应收情况分析"文本框。

① 插入横线。执行"插入"|"形状"命令，插入"直线"，在格式设置中，将"样式"颜色设置为蓝色，将直线调整至标题栏下。

② 插入竖线。继续插入直线，"格式"选项卡中选择"形状"|"旋转"，将"所有（°）"设置为"90"度，"样式"颜色设置为蓝色，将直线调整至页面中轴线，对页面进行左右基本分区。

③ 插入文本框。执行"插入"|"文本框"命令，输入"各期间应收情况分析"，字号为 12，字体颜色为白色，居中。在格式设置"效果"中，设置"背景"为深蓝色，调整文本框的大小和位置，放在左侧页面，如图 10-17 所示。

图 10-17　时间维度分析页面布局框架

2. 插入折线和堆积柱形图

【实训 10-10】使用折线和堆积柱形图反映各时间阶段应收账款变化和销售回款比例。

① 在报表视图的"应收账款整体分析"页面中单击"可视化"窗格中的

"折线和堆积柱形图"图标 ，插入一个折线和堆积柱形图。

② 字段设置。将日期表中的"年份""季度"拖动到"X 轴"中；将销售数据表中的"应收账款"拖动到"列 Y 轴"中，并将拖入字段名称由"应收账款的总和"改为"应收账款"；将度量值"销售回款比例"拖动到"行 Y 轴"中。

③ 格式设置—视觉对象。在"视觉对象"选项卡中选择"图例"|"选项"，将位置设置为"左下方"，样式设置为"标记"；选择"数据标签"|"将设置应用于"，将数据条设置为"销售回款比例"，并关闭"显示数据标签"，如图 10-18 所示。

图 10-18　设置折线和堆积柱形图格式

④ 格式设置—常规。选择"标题"|"文本"，在文本框中输入"应收账款和销售回款比例"，设置字号为 8 号，加粗，居中；勾选"分隔线"；选择"效果"|"背景"，设置颜色为浅黄色。

⑤ 单击可视化对象右上角"更多选项"按钮，选择"排列轴"|"年份季度"，并选择"按升序排列"，调整位置和大小。设置完成后的"应收账款和销售回款比例"折线和堆积柱形图如图 10-19 所示。

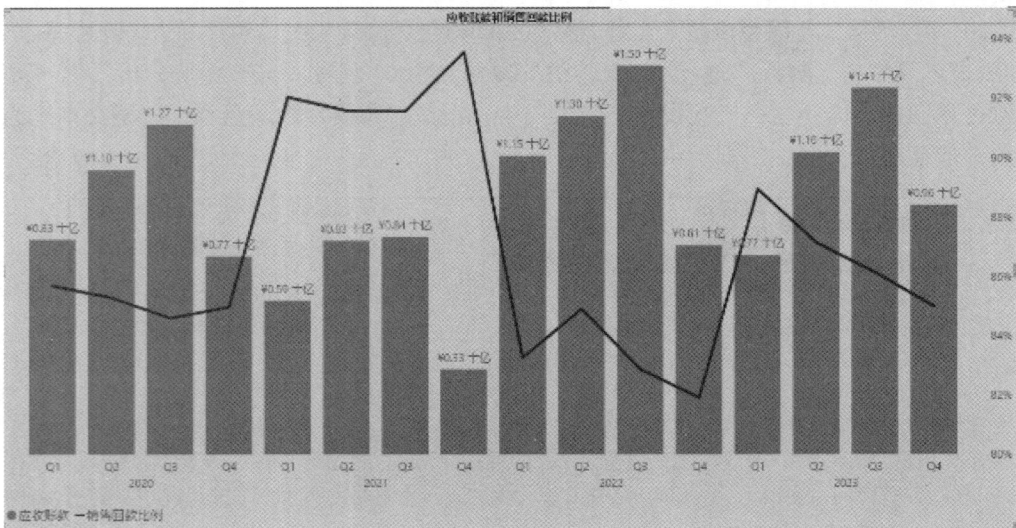

图 10-19　"应收账款和销售回款比例"折线和堆积柱形图

3. 插入矩阵

【实训 10-11】使用矩阵表格展示各期间应收账款账龄分布情况。

① 单击"可视化"窗格中的"矩阵"图标 ▦，插入一个矩阵。

② 字段设置。将日期表中的"年份""季度"拖动到"行"中；将销售数据表中的"应收账款"拖动到"值"中；将账龄排序表中的"账龄"拖动到"列"中，如图 10-20（1）所示。

③ 格式设置—视觉对象。在"视觉对象"选项卡中将"样式预设"设置为"加粗标题"，选择"值"|"值"，设置字号为 10，如图 10-20（2）和图 10-20（3）所示。

④ 格式设置—常规。选择"标题"|"文本"，在文本框中输入"应收账款账龄分布"，设置字号为 8 号，加粗，居中；勾选"分隔线"，如图 10-20 所示（4）。

（1）　　　　（2）　　　　（3）　　　　（4）

图 10-20　设置矩阵格式

⑤ 单击可视化对象，在对象右上角展开的选项中单击 ⅄ 图标，展开层次结构的所有下移级别，同时展示年份和季度维度；调整位置和大小。设置完成后的"应收账款账龄分布"矩阵如图 10-21 所示。

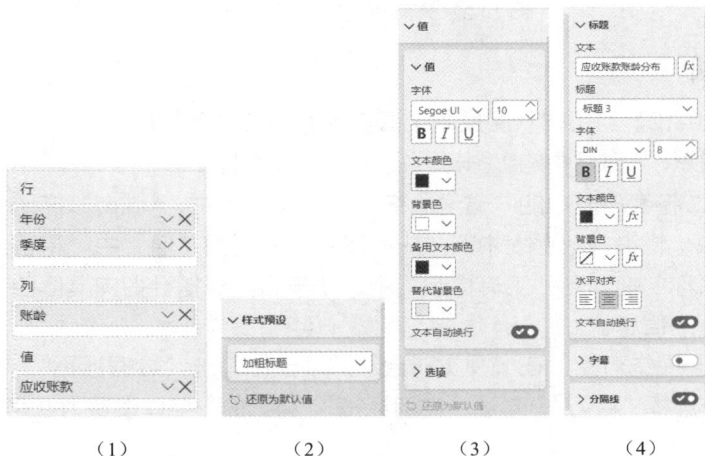

年份	一年以内	一年到两年	两年到三年	三年以上	总计
⊟ 2020			¥1,101,027,489	¥2,865,307,940	¥3,966,335,429
Q1				¥829,551,183	¥829,551,183
Q2				¥1,099,305,229	¥1,099,305,229
Q3			¥335,698,918	¥936,451,528	¥1,272,150,446
Q4				¥765,328,571	¥765,328,571
⊟ 2021		¥523,239,897	¥2,063,820,280		¥2,587,060,178
Q1			¥593,926,478		¥593,926,478
Q2			¥825,241,196		¥825,241,196
总计	¥5,615,786,836	¥3,968,070,147	¥3,164,847,769	¥2,865,307,940	¥15,614,012,692

图 10-21　"应收账款账龄分布"矩阵

六、应收账款整体分析：客户维度

应收账款整体分析的客户维度分析，通过公司各客户应收账款情况，以及对应的坏账准备计提情况，为次年制定区域和客户策略提供依据。

1. 页面布局框架

执行"插入"|"文本框"命令，输入"各客户应收情况分析"，设置字号为 12，字体颜色为白色，在格式设置"效果"中设置"背景"为深蓝色，调整文本框的大小和位置，放在右侧

页面，如图 10-22 所示。

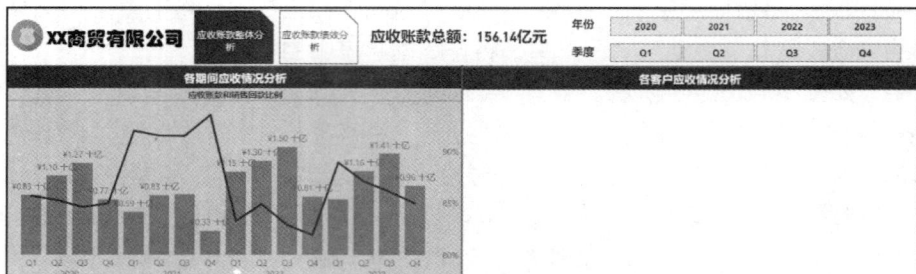

图 10-22　"客户维度"页面布局框架

2．插入树状图

【实训 10-12】利用树状图反映全国各地客户应收账款情况。

① 单击"可视化"窗格中的 图标，插入一个树状图。

② 字段设置。将客户表中的"省份"拖动到"类别"中，"城市"拖动到"详细信息"中；将销售数据表中的"应收账款"拖动到"值"中，将客户表中的"客户名称"拖动到"工具提示"中，便于当鼠标指针指向具体色块时，展开具体客户信息。

③ 格式设置—视觉对象。在"视觉对象"选项卡中勾选"数据标签"，将"值"字体设置为 8 号，显示单位选择"百万"；勾选"类别标签"，将"值"字体设置为 9 号，加粗；取消"图例"勾选。

④ 格式设置—常规。选择"标题"|"文本"，在文本框中输入"全国客户应收账款分布"，设置字号为 8 号，加粗，居中；勾选"分隔线"；选择"标题"|"文本"，设置"背景"为浅黄色；勾选"工具提示"，如图 10-23 所示。

图 10-23　设置树状图格式

⑤ 调整位置和大小。设置完成后的"全国客户应收账款分布"树状图如图 10-24 所示。

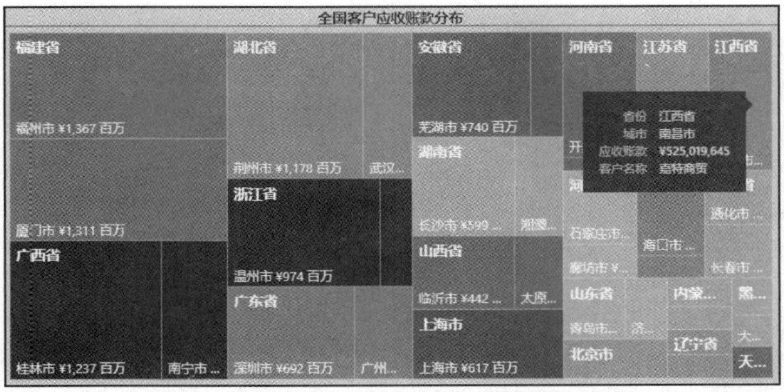

图 10-24 "全国客户应收账款分布"树状图

3. 插入矩阵

【实训 10-13】使用矩阵表格展示各客户应收账款、销售回款比例和计提坏账准备情况。

① 单击"可视化"窗格中的"矩阵"图标▦，在画布中插入一个矩阵。

② 字段设置。将客户表中的"客户名称"拖动到"行"中；将销售数据表中的"销售额"、度量值"销售回款比例"、销售数据表中的"应收账款"和"坏账准备"依次拖动到"值"中。

③ 格式设置—视觉对象。在"视觉对象"选项卡中将"样式预设"设置为"加粗标题"，选择"值"|"值"，设置字号为 10，修改"值"中的名称，单击"销售回款比例"右侧▾，从列表中选择"条件格式""数据条"，自定义最小值为 0.8，最大值为 1，选择正值条形图为蓝色，负值条形图为红色。

④ 格式设置—常规。选择"标题"|"文本"，在文本框中输入"各客户销售额和销售回款比例"，设置字号为 8 号，加粗，居中；勾选"分隔线"，如图 10-25 所示。

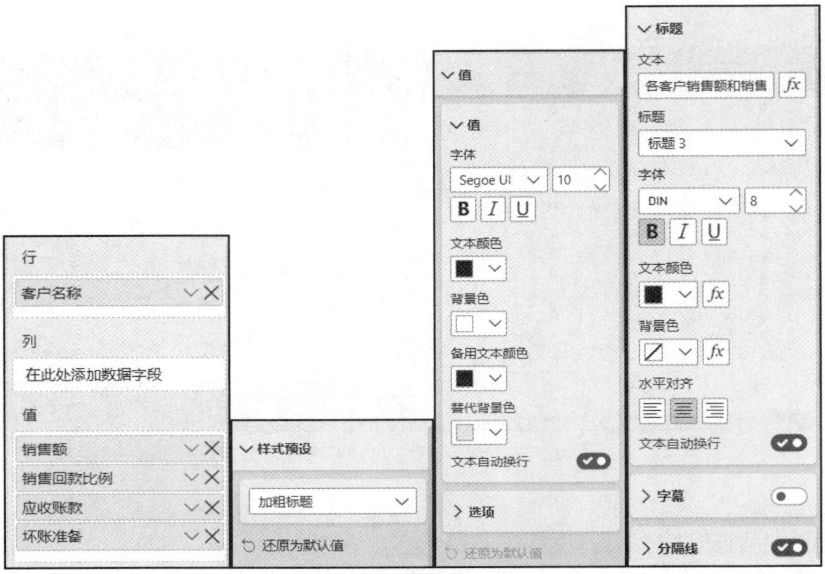

图 10-25 设置矩阵格式

⑤ 调整位置和大小。设置完成后的"各客户销售额和销售回款比例"矩阵如图 10-26 所示。

各客户销售额和销售回款比例				
客户名称	销售额	销售回款比例	应收账款	坏账准备
顺天府商贸	¥10,851,233,440	87%	¥1,367,231,853	¥577,952,712
凯鑫商贸	¥9,789,602,100	87%	¥1,310,698,809	¥557,068,527
金豪商贸	¥9,613,880,820	88%	¥1,177,680,084	¥434,150,147
弘大商贸	¥8,675,797,940	86%	¥1,236,915,650	¥353,589,871
赛维思商贸	¥8,267,936,740	88%	¥974,407,712	¥357,447,486
东和盛泰商贸	¥4,930,438,000	85%	¥740,400,184	¥207,482,407
君涌商贸	¥4,903,833,740	86%	¥691,847,243	¥320,682,640
东展商贸	¥4,599,437,420	87%	¥616,976,653	¥261,727,742
总计	¥120,254,286,300	87%	¥15,614,012,692	¥5,326,823,920

图 10-26 "各客户销售额和销售回款比例"矩阵

任务三 应收账款绩效分析

绩效是一种管理学概念，在企业等组织中，绩效通常用于评定员工工作完成情况、职责履行程度和成长情况等，是企业管理中的重要工具。企业通过绩效的设置，可以推动企业内各组织、各人员按照一致的目标发展，实现资源有效配置。本任务设定××商贸将"销售回款比例"作为绩效考核的内容之一，考核周期为年度考核，便于各分公司和员工在规定时间内快速回款，优化公司的现金流情况。应收账款绩效分析可视化效果如图 10-27 所示。

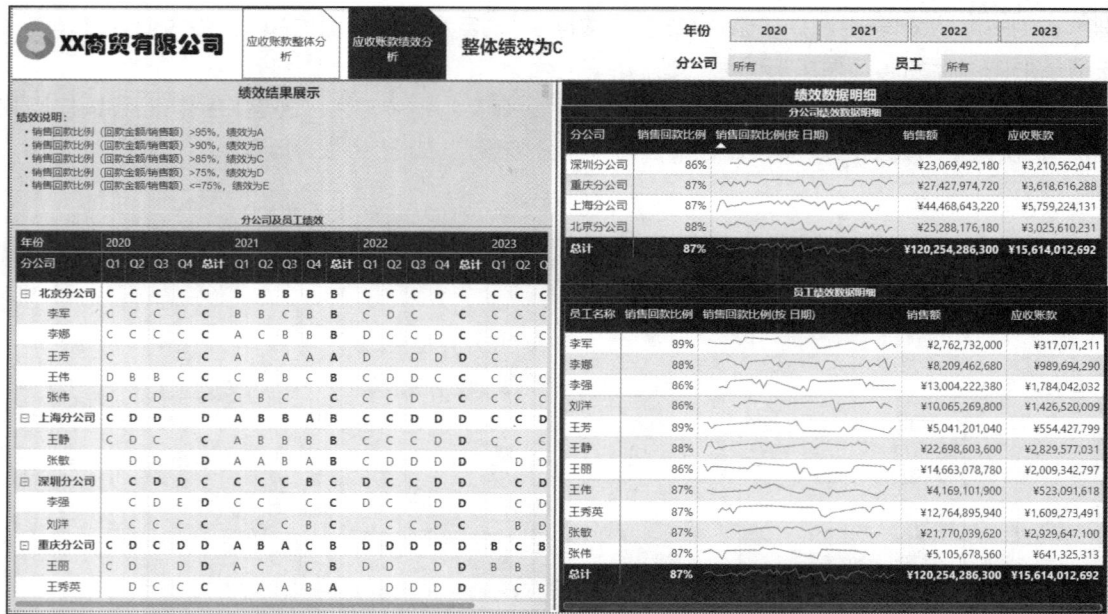

图 10-27 应收账款绩效分析可视化效果

一、构建度量值

根据报表数据本身的特点和进行应收账款绩效分析的需要，在 Power BI 中创建"绩效""绩效—标题栏"度量值用于应收账款绩效分析。

✎ 【实训 10-14】使用 DAX 函数创建应收账款绩效分析所需的度量值。

在"表格视图"中选择"销售数据"表，执行"主页"|"新建度量值"命令，在公式编辑栏中依次输入下列创建度量值公式：

绩效 = IF(HASONEVALUE('应收账款绩效方案'[绩效]),"",CALCULATE(MAX('应收账款绩效方案'[绩效]),FILTER('应收账款绩效方案',AND([销售回款比例]>'应收账款绩效方案'[销售回款比例-下限],[销售回款比例]<=[销售回款比例-上限]))))

绩效-标题栏 = "整体绩效为"&[绩效]

实训 10-14

二、报表页面及表头设计

应收账款绩效分析报表表头部分由公司 Logo、页面导航器、核心指标结果、切片器组成，如图 10-28 所示。通过公司 Logo、核心指标结果直观反映报表关键信息。

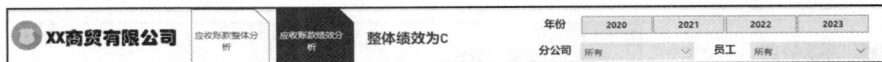

图 10-28　应收账款绩效分析报表页面及表头设计效果

在【实训 10-7】复制"应收账款整体分析"页面时，已经完成"应收账款绩效分析"页面中公司 Logo、年份切片器的制作，本节只需继续完成下面的操作。

① 删除季度切片器。

② 新建分公司、员工切片器。切片器样式设置为"磁贴"；设置"视觉对象"格式设置下"值"中字体颜色为深蓝色，字号为 10，"背景"为灰色。

③ 插入文本框。分别执行"插入"|"文本框"命令，输入 "分公司""员工"文字，设置字号为 12，字体颜色为深蓝色。

④ 调整文本框和切片器的位置和大小，将其放在标题栏最右侧。

⑤ 插入页面导航器。选择"应收账款绩效分析"报表页面，执行"插入"|"按钮"|"导航器"|"页面导航器"命令，在"视觉对象"格式设置中将其形状设置为"剪裁选项卡，右上角"，调整页面导航器的位置和大小，将其放在公司 Logo 右侧。

三、应收账款绩效分析关键指标

在应收账款整体分析中需要突出整体绩效指标。

1. 新建核心指标结果卡片

在"应收账款绩效分析"页面中插入"卡片图"视觉对象，在"可视化"窗格字段选择"绩效—标题栏"度量值，在"视觉对象"格式设置中，设置"标注值"中"值"字体为 16 号，加粗，取消勾选"类别标签"；"卡"中取消勾选"边框"。

2. 调整位置和大小

放在标题栏页面导航器右侧。

四、应收账款绩效分析：绩效结果

在应收账款绩效分析中，需要说明绩效评价规则，展示各分公司和各员工绩效评价结果，进而确定奖惩方案。

1. 页面布局框架

【实训 10-15】页面布局框架设置：在"应收账款绩效分析"页面中插入直线，对页面进行分区，并设置"绩效结果展示"文本框。

① 插入横线。执行"插入"|"形状"命令，插入"直线"，在"格式"窗格中执行"形状"|"样式"命令，将颜色设置为蓝色，将直线调整至标题栏下。

② 插入竖线。继续插入直线，在"格式"选项卡中选择"形状"|"旋转"，将"所有（°）"设置为"90"度，设置"样式"颜色为蓝色，将直线调整至页面中轴线，对页面进行左右基本分区。

③ 插入文本框。执行"插入"|"文本框"命令，输入"绩效结果展示"，设置字号为12，字体颜色为黑色，居中。在格式选项卡中选择"效果"，将"背景"设置为黄色，调整文本框大小和位置，放在左侧页面，如图 10-29 所示。

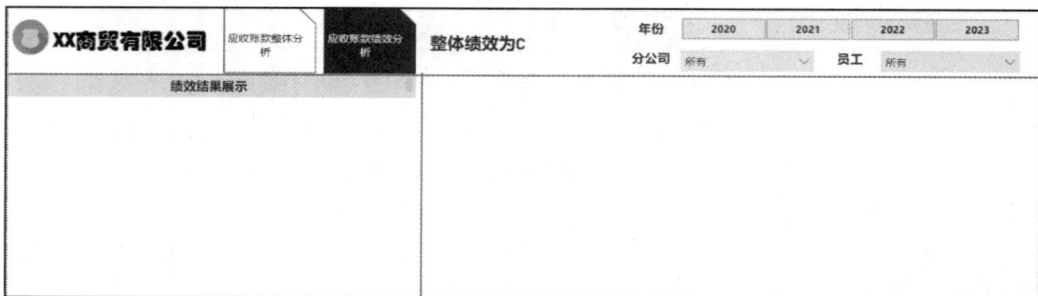

图 10-29 "绩效结果展示"页面布局框架

2. 插入"绩效说明"文本框

【实训 10-16】使用"绩效说明"文本框说明绩效规则。

① 插入文本框。在报表视图的"应收账款绩效分析"页面中执行"插入"|"文本框"命令。

② 文本设置。输入图 10-30 所示的绩效规则，设置字号为 10 号，首行加粗，其余行添加项目符号列表。

③ 格式设置—常规。选择"效果"|"背景"，设置颜色为浅黄色。

④ 调整位置和大小。设置完成后的"绩效说明"文本框如图 10-30 所示。

绩效说明：
- 销售回款比例（回款金额/销售额）>95%，绩效为A
- 销售回款比例（回款金额/销售额）>90%，绩效为B
- 销售回款比例（回款金额/销售额）>85%，绩效为C
- 销售回款比例（回款金额/销售额）>75%，绩效为D
- 销售回款比例（回款金额/销售额）<=75%，绩效为E

图 10-30 "绩效说明"文本框

3. 插入矩阵

【实训 10-17】使用矩阵表格展示各分公司各员工的绩效结果情况。

① 插入矩阵。单击"可视化"窗格中的"矩阵"图标▦，插入一个矩阵。

② 字段设置。将分公司表中的"分公司"、员工表中的"员工名称"拖动到"行"中；将日期表中的"年份""季度"拖动到"列"中；将度量值"绩效"拖动到"值"中。

③ 格式设置—视觉对象。在"视觉对象"选项卡中将"样式预设"设置为"加粗标题"，选择"值"|"值"，设置字号为 10。

实训 10-17

④ 格式设置—常规。选择"标题"|"文本"，在文本框中输入"分公司及员工绩效"，设置字号为 8 号，加粗，居中；勾选"分隔线"。

⑤ 单击可视化对象，在对象右上角展开的选项中分别单击"钻取"|"行"，"钻取"|"列"，单击 ⼌ 图标，展开层次结构的所有下移级别，同时展示年份和季度维度、分公司和员工维度。设置完成后的"分公司及员工绩效"矩阵如图 10-31 所示。

图 10-31 "分公司及员工绩效"矩阵

五、应收账款整体分析：绩效明细

应收账款整体分析的绩效明细，通过保留绩效数据以供逐年核查和验证，同时展示绩效数据趋势，从而反映各分公司和各员工业绩完成情况和变化趋势。

1. 页面布局框架

执行"插入"|"文本框"命令，输入"绩效数据明细"，设置字号为 12，字体颜色为白色，居中；在格式设置"效果"中，设置"背景"为深蓝色，调整文本框的大小和位置，放在右侧页面，如图 10-32 所示。

图 10-32 "绩效数据明细"页面布局框架

2. 插入矩阵

✎【实训 10-18】使用矩阵表格展示各分公司的绩效数据明细。

① 插入矩阵。单击"可视化"窗格中的"矩阵"图标▦，插入一个矩阵。

② 字段设置。将分公司表中的"分公司"拖动到"行"中；将度量值"销售回款比例"、销售数据表中的"销售额""应收账款"拖动到"值"中，修改值名称。单击可视化面板中"销售回款比例"右侧的"向下拓展"按钮∨，选择"添加迷你图"，打开"添加迷你图"对话框，Y 轴选择"销售回款比例"，X 轴选择日期表中的"日期"，单击"创建"按钮。在"值"中将迷你图顺序移到"销售回款比例"后。

③ 格式设置—视觉对象。在"视觉对象"选项卡中将"样式预设"设置为"加粗标题"，选择"值"|"值"，设置字号为 10。

④ 格式设置—常规。选择"标题"|"文本"，在文本框中输入"分公司绩效数据明细"，设置字号为 8 号，加粗，文本颜色"白色"，居中；勾选"分隔线"。选择"效果"|"背景"，设置颜色为深蓝色，如图 10-33 所示。

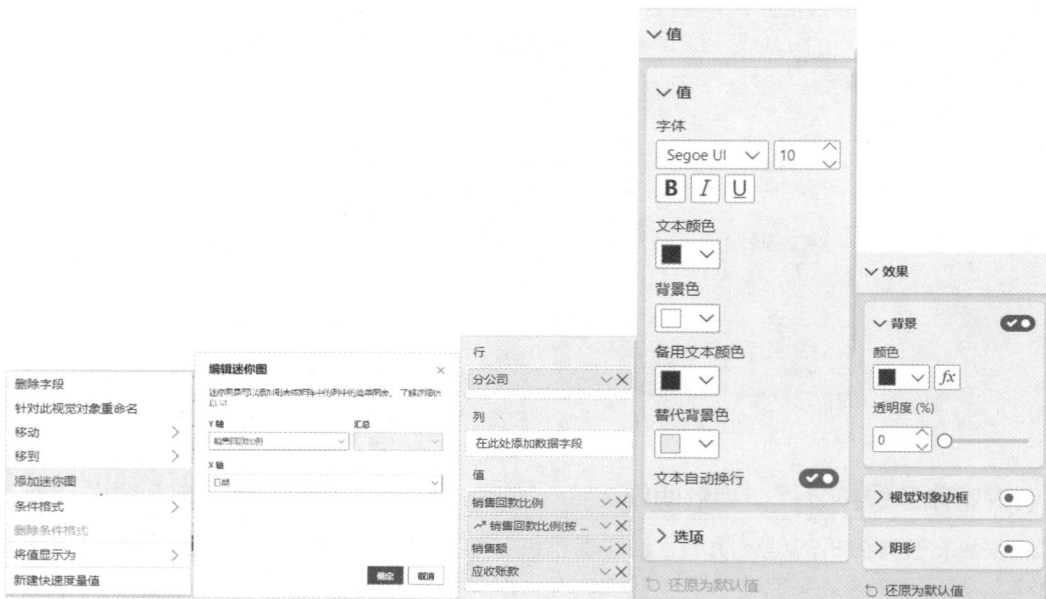

图 10-33 设置矩阵格式

⑤ 调整位置和大小。设置完成后的"分公司绩效数据明细"矩阵如图 10-34 所示。

分公司绩效数据明细				
分公司	销售回款比例	销售回款比例(按 日期)	销售额	应收账款
深圳分公司	86%	〰〰	¥23,069,492,180	¥3,210,562,041
重庆分公司	87%	〰〰	¥27,427,974,720	¥3,618,616,288
上海分公司	87%	〰〰	¥44,468,643,220	¥5,759,224,131
北京分公司	88%	〰〰	¥25,288,176,180	¥3,025,610,231
总计	87%		¥120,254,286,300	¥15,614,012,692

图 10-34 "分公司绩效数据明细"矩阵

3. 插入矩阵

【实训 10-19】 使用矩阵表格展示各员工的绩效数据明细。

① 复制矩阵。单击页面上"分公司绩效数据明细"矩阵，按"Ctrl+C"组合键，再按"Ctrl+V"组合键。

② 字段设置。删除"行"中的"分公司"，将员工表中的"员工名称"拖动到"行"中。

③ 修改矩阵标题。在格式设置—常规中，设置标题文本为"员工绩效数据明细"。

④ 调整位置和大小。设置完成后的"员工绩效数据明细"矩阵如图 10-35 所示。

实训 10-19

员工名称	销售回款比例	销售回款比例(按 日期)	销售额	应收账款
李军	89%		¥2,762,732,000	¥317,071,211
李娜	88%		¥8,209,462,680	¥989,694,290
李强	86%		¥13,004,222,380	¥1,784,042,032
刘洋	86%		¥10,065,269,800	¥1,426,520,009
王芳	89%		¥5,041,201,040	¥554,427,799
王静	88%		¥22,698,603,600	¥2,829,577,031
王丽	86%		¥14,663,078,780	¥2,009,342,797
王伟	87%		¥4,169,101,900	¥523,091,618
王秀英	87%		¥12,764,895,940	¥1,609,273,491
张敏	87%		¥21,770,039,620	¥2,929,647,100
张伟	87%		¥5,105,678,560	¥641,325,313
总计	**87%**		**¥120,254,286,300**	**¥15,614,012,692**

图 10-35 "员工绩效数据明细"矩阵

🏆 通关测试

一、判断题

1. 数据建模时必须将模型中的所有数据表与事实表关联。（　　　）

2. 在高级编辑器中输入建立日期表的代码后，还需要通过列表工具，才能将列表转换为日期表。（　　　）

3. 在"销售数据"表中新建"账龄"时，其列值需要和账龄排序表保持一致。（　　　）

二、单选题

1. 本案例中，新建辅助表"账龄排序表"的目的是（　　　）。

    A. 维度分析　　　B. 排序　　　　　　C. 计算　　　　　　D. 筛选

2. 在本案例的表头设计中，使用（　　　）实现不同页面间的跳转。

    A. 切片器　　　　B. 按钮　　　　　　C. 书签导航器　　　D. 页面导航器

3. 以下图形称为（　　　）。

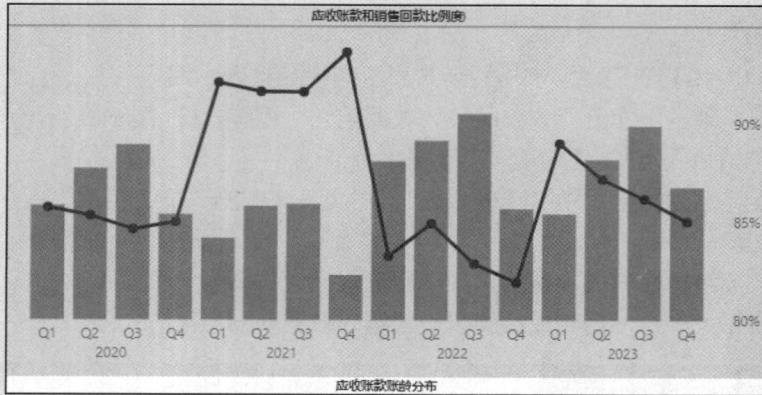

A．折线与堆积柱形图　　　　　　　　　B．折线与簇状柱形图

C．条形图　　　　　　　　　　　　　　D．簇状柱状图

三、多选题

1．关于页面导航器的作用，说法正确的有（　　　）。

　　A．实现页面间快速跳转　　　　　　　B．展示报表标题

　　C．在页面上单击鼠标左键直接跳转　　D．按住 Ctrl 键单击才能跳转

2．在矩阵表中为"销售回款比例"添加迷你图的具体做法是（　　　）。

　　A．单击"可视化"窗格中"销售回款比例"右侧的"向下拓展"按钮

　　B．在弹出的"添加迷你图"对话框中设置 X 轴、Y 轴

　　C．在矩阵表中移动迷你图的顺序

　　D．在值设置中移动迷你图的顺序

3．本案例的新建日期表及其列值的过程中使用了（　　　）。

　　A．在 Power Query 中的添加列　　　　B．M 语言

　　C．DAX 公式　　　　　　　　　　　　D．新建列